Band II - Bergwerke Höhlen Heilquellen
Südtirol

Herbert Kuntscher

SüdTirol

BERGWERKE HÖHLEN HEILQUELLEN

Bildwanderbuch Band 2

STEIGER VERLAG

CIP–Kurztitelaufnahme der Deutschen Bibliothek
Kuntscher, Herbert:
Bergwerke, Höhlen, Heilquellen : Bildwanderbuch/Herbert Kuntscher.
– Berwang/Tirol : Steiger.
Bd. 1 u. d. T.: Kuntscher Herbert: Höhlen, Bergwerke, Heilquellen
in Tirol und Vorarlberg.

Bd. 2 Südtirol. – 1990
ISBN 3-85423-073-7

Umschlagbild:
Trasse des Vierzehn-Nothelfer-Wassertonnenaufzuges
(Länge 834 m, Höhenunterschied 161 m) von St. Martin/Schneeberg
zum Kaindlstollen (2.525 m).

Druck und Bindearbeit: TYROLIA, Innsbruck

Printed in Austria

Inhalt

Vorwort

Das unterirdische Tirol fand in der Landeskunde bisher wenig Beachtung. Gegenüber der Erschließung der Täler, Überwindung der Pässe, Ersteigung der Berggipfel, Inbesitznahme des Luftraumes usw. ergeben sich beim Vordringen in den „sechsten Kontinent" vielfältige Schwierigkeiten. In geologisch langen Zeiten hat die Kraft des Wassers Höhlen gebildet, die zu Archiven der Natur wurden. Jahrhundertelang werkten Bergleute in Stollen, Schächten und Tagbauten auf der Suche nach Rohstoffen. Seit Jahrzehnten weiß man um die Bedeutung der Versorgung mit reinem Wasser. In unserem Jahrhundert nimmt die Tendenz zu, die Verkehrswege unter die Erdoberfläche zu legen. Die Eroberung der Tiefe ist ein aktuelles Thema.

Die Grundlagen für dieses Buch wurden in mehreren Jahren zusammengetragen. Sie wurden durch Literaturangaben und Archivdaten ergänzt. Die Liste der vielen, die direkt oder indirekt mitgeholfen haben, ist lang. Ihnen allen gilt mein Dank! Hervorheben möchte ich meinen Freund Prof. Dr. G. Mutschlechner, Innsbruck, der als Geologe und Bergbauhistoriker gleichermaßen erfahren, mich oft im Gelände begleitete und das Manuskript durchsah. Für den Bereich „Höhlen" erhielt ich Unterlagen und Hinweise von P. Zambotto, Trient, Dr. Andergassen, Bozen, Prof. E. Rottanara, Stern, und Prof. Dr. V. Welponer, Bozen.

Das „Heilquellen-ABC" konnte dank der Mithilfe von Univ.-Prof. Dr. C. Job, Innsbruck und seiner in der Wasseranalytik versierten Gattin zu einer Bestandsaufnahme ausgebaut werden.

Das Tiroler Landesarchiv, Innsbruck, die Berghauptmannschaft Innsbruck (HR Dr. P. Mernik, Dipl.-Ing. H. Jungwirth) und das Südtiroler Bergbauamt (Dr. I. Furlan, P. Domanegg), in dessen Amtsbereich auch die Mineralwässer fallen, unterstützten mich mit Informationen und Archivalien. Dipl.-Ing. V. Campedel, Cavalese, ermöglichte die Befahrung der Fluorit-Bergbaue. Experten wie Dipl.-Ing. P. Egger, Fieberbrunn, H. Fink, Brixen, Dr. J. K. Bauer, Jenbach, u. a., an die ich mich gelegentlich wandte, halfen bereitwillig. Hilfsbereit - wie immer - waren die Teams von Ferdinandeums- und Universitätsbibliothek in Innsbruck.

Einen besonderen Dank schulde ich dem Landtagsabgeordneten Karl Oberhauser, Sterzing, der unermüdlich für die museale Aufbereitung der Bergwerksvergangenheit eintritt. Er ermöglichte mir die Mitwirkung in der Südtiroler Bergwerkskommission. In diesem Kreis habe ich viele Freunde gefunden, die bereitwillig Auskunft gaben. Genannt seien K. Lanthaler, Moos im Passeier, H. Schölzhorn und S. Braunhofer, Ridnaun, Dr. R. Tasser und J. Steger, Ahrntal.

Text und Bilder vermögen nur einen Abglanz der unvergeßlichen Erlebnisse und Erinnerungen zu vermitteln, welche mit der Spurensuche im Gebirge verbunden sind. Der Jugend, allen Lesern und künftigen Wanderern ein herzliches Glückauf!

Dr. Herbert Kuntscher

BERGWERKE

VOM BERGBAU IN SÜDTIROL

Die Bedeutung der Bergbaugeschichte nimmt zu, wenn man sie als Vorstufe zur Industriegesellschaft betrachtet. Wie kein anderer Wirtschaftszweig reicht das Montanwesen weit in politische, soziale, technische und kulturelle Bereiche hinein. Die Darstellung der Wechselwirkung zwischen den Bodenschätzen, den Methoden ihrer Gewinnung, der Struktur der Gewerken und Bergwerksverwandten, der Organisation der frühkapitalistischen Wirtschaft, den Wünschen der Regalbesitzer wie Landesherrn und Bischöfe und schließlich dem Umfang der Handelswege ist verwirrend und birgt die Gefahr, eine einseitige Sicht zu vermitteln. Dies dürfte der Grund sein, warum die Montangeschichte in der Tiroler Landesgeschichte eine Nebenrolle einnimmt. Eine Übersicht der historischen Entwicklung bringt die Chronologie auf den folgenden Seiten.
Nach mehrhundertjährigem Abstand und dem Aufhören des alpinen Erzbergbaues erinnert man sich wieder daran, daß das europäische Ansehen Tirols im 15. und 16. Jahrhundert vom Bergbau stammt. Das allgemeine Interesse am historischen Bergbau nimmt zu.
Das Buch möchte zur Vertiefung der Kenntnisse über den Südtiroler Montanbereich in der Form beitragen, daß versucht wird, den Bergbauspuren im Gelände nachzugehen, diese zu beschreiben und ihre Bedeutung anhand geschichtlicher Daten, naturwissenschaftlicher Gegebenheiten und von Literaturhinweisen zu erklären. Damit ist der bedeutsame Schritt in die Industriearchäologie getan. Darunter versteht man die Dokumentation „dinglicher Quellen" der Vergangenheit.

Welche Erkennungsmerkmale gibt es?

STOLLEN

In Südtirol gibt es hunderte von „Knappenlöchern". Name und Kenntnis werden oft nur mündlich weitergegeben. Sie stammen von manchmal erfolgreichen, öfter aber erfolglosen Abbauversuchen, über die es nur wenig schriftliche Unterlagen gibt. Stollen und Schächte sind in der Hochgebirgsregion und im festen Fels oft über Jahrhunderte erhalten geblieben. In tieferen oder von rutschigem Material bedeckten Regionen „verstürzen" sie in kurzer Zeit. Manchmal wurden Mundlöcher auch aus Sicherheitsgründen künstlich verschlossen. Verschüttete Mundlöcher erkennt man an den Resten der Verzimmerung, den Steinmauern oder Schneestollen, die zu ihrem Eingang führen.
Ein wichtiger Hinweis: Die Begehung alter Stollen ist mit Gefahren verbunden, vor allem, wenn Erfahrung und Ausrüstung fehlen. Weder Verlag noch Autor können eine Verantwortung für die Befahrung von Untertag-Anlagen übernehmen!

Halden

Wenn das gebrochene erzarme Material nicht als „Versatz“ in der Grube blieb, so wurde es vor dem Mundloch abgelagert. Das Hauwerk wurde teils schon im Berg, teils außerhalb des Stollens „geschieden“, d. h. händisch oder halbmechanisch in *edles* oder *taubes* getrennt. Die Halden bestehen zum Teil aus vielen hundert Kubikmetern Material. Aus der Ausdehnung kann man die Untertagstrecke abschätzen. Im Gelände fallen Halden durch ihre Form und Vegetationslosigkeit auf.

Bauten

Die Reste von Berghäusern, Knappenunterkünften, Wirtschaftsgebäuden, Aufbereitungs- und Schmelzanlagen, Wasserkanälen usw. ermöglichen die Rekonstruktion der Anlagen. In Talorten findet man alte Knappenwohnhäuser oder andere baulich auffallende Gebäude, die seinerzeit Sitz des Bergrichters oder der Bergbauverwaltung (Faktoramt) waren.

Transportwege

In Grubenrevieren verbanden Wege die einzelnen Arbeitsstätten. Im Gelände fallen sie häufig durch den gemauerten Unterbau auf. Ehemalige Karrenwege erkennt man durch die im Bodenfels eingefurchten Spurrillen, der von Pferden gezogenen Wägen. Nach dem Aufkommen der Eisenbahn wurden innerhalb und außerhalb der Stollen die Holzschienen durch Eisengeleise ersetzt, auf denen die Hunte fuhren. Flachstrecken wurden zu Pferdebahnstrecken ausgebaut. Auf Bremsbergen wurde Material zu Tal befördert. Schrägaufzüge, die durch mit Wasser gefüllte Tonnen, den „Wassertonnenaufzug“, bewegt wurden, dienten zum Bergauf-Transport. In unserem Jahrhundert kamen Material- und Personen-Seilbahnen dazu. In der letzten Phase wurden Straßen gebaut und die Transporte per Lastkraftwagen besorgt.

Bergbaukultur

Die Knappenzeit hat ihre Spuren nicht nur in technischen Denkmälern hinterlassen. Die eigene Welt und die Tradition vom *Glanz aus der Tiefe* ist in vielen Zeugnissen im kirchlichen und profanen Bereich, in Flurnamen, Liedern, Musikstücken und im Brauchtum erhalten geblieben. G. Heilfurth hat die Fülle, die es gibt, in seinem Buch über Bergbaukultur dargestellt.[56]

Landeskunde

Die Wanderungen in den Südtiroler Bergbaurevieren bieten die Möglichkeit, die enge Verflechtung des Montanwesens im historischen, ungeteilten Tirol, das die Landesteile nördlich und südlich des Brenners umfaßt, kennenzulernen. „Die große Bergbauzeit hat dem alpinen Territorium die Konzentration vieler Kräfte gebracht, Austausch und Mobilität in der regionalen und sozialen Dimension. Lage und Schicksal des alten Durchgangslandes mit seinen Kontakten aber auch Auseinandersetzungen zwischen dem zentraleuropäischen und mediterranen Bereich haben so in das Bild seiner Montankultur mit ihren mannigfachen materiellen und geistigen Komponenten ihre unverkennbaren Züge eingeprägt.” (G. Heilfurth).

Hinweise zu den Wanderungen

Alle beschriebenen Routen wurden in den Jahren 1986 bis 1990 begangen. Es wurde getrachtet, die Beschreibungen so verständlich als möglich zu halten und Fachausdrücke einschließlich der Bergmannssprache auf das notwendigste Maß zu beschränken. Gelegentlich wird zum Aufsuchen bestimmter Örtlichkeiten das markierte Wegnetz verlassen. Orientierungsvermögen und Trittsicherheit sind erforderlich. Die Wegskizzen sind als Orientierungshilfe gedacht und können Karte und Kompaß nicht ersetzen. Neben den jeweiligen Wanderkarten wird auch die italienische Militärkarte (IGM) im Maßstab 1:25.000 angeführt.

Abschließend eine Bitte: Alle Begeher der beschriebenen Wege werden erinnert, die Gebote des Naturschutzes, sowie der Grundeigentümer genau zu beachten und die Landschaft so unberührt wie möglich und sauber zu verlassen!

Chronologie des Südtiroler Bergbaues

Frühgeschichte
Vermuteter Kupferbergbau im Ahrntal und im Raum Trient; bestätigte Erzschmelze auf der Villanderer Alm/Seeberg (Bronzezeit).

11. Jahrhundert
Silberbergbau am Calis- und Kühberg (Trient); Goldwäscherei im Nons- und Etschtal.

12. Jahrhundert
Silberbergbau Villanders (Klausen); Eisenbergbau Fursil (Buchenstein).

13. Jahrhundert
Silber vom Schneeberg (1237); Bergordnung *Codex Wangianus* (1214); Besitzrechtskontroversen zwischen den Bischöfen von Brixen und Trient und den Grafen von Tirol.

14. Jahrhundert
Nachrichten von Erzfunden: Unterengadin, Vinschgau, Villanders, Fersental, Persen/Pergine und Primör/Primiera (1339). Einführung des *Zehent* (*Fron*) als Abgabe für den Landesherrn (1352). Ab 1360 Stillstand für ca. 60 Jahre.

15. Jahrhundert
Gossensasser Bergordnung (1427); Dualismus Bergrichter/Landrichter. Suche nach Gold, Silber, Kupfer, Blei, Eisen und Arsen: Pflersch-, Pfitsch-, Ridnaun-, Passeier-, Ahrntal usw., sowie im Trentino und übergreifend auf Nordtirol (Schwaz). Berggerichte in Gossensass-Sterzing, Taufers, Klausen, Nals-Terlan, Persen, Primör. Silber und Blei am Schneeberg. Bergbau in Deutschnofen, Altenburg, Martell, Afers, Pfunderer Berg, Nals und Terlan. Einführung des Haller Silbertalers (1486) als Währung.

16. Jahrhundert
Tiroler Bergbau hat Weltruf, ca. 50.000 Beschäftigte. Wirtschaftswunder; Sozialpartnerschaft (Bergwerksverwandte); Spannungsfeld: Bodenschätze - Habsburgisches Weltreich - Kapitalgeber (Fugger). Schwazer Bergbuch (1556, illustrierte Darstellung der Tiroler Bergbautechnik). Neueröffnungen: Sarntal, Valsugana, Latemar, Radein, Prad (Eisenhütte). Beginn des Niederganges.

17. Jahrhundert
Bergbaukrise, Dreißigjähriger Krieg; keine Neueröffnungen. Beginn der Sprengstoffverwendung (Ahrntal 1641). Unterfahrungsstollen (Carl-Stollen, Beginn 1660) am Schneeberg.

18. Jahrhundert
Weiterer Rückgang; Rationalisierung am Schneeberg (Kaindl-Stollen 1726), im Ahrntal (Ignaz-Stollen 1761) und Pfunderer-Berg (Theresia-Stollen 1778).

19. Jahrhundert
Aufschwung u. a. durch Eisenbahnbau und wachsenden Bedarf an Zink: Übertagförderanlage am Schneeberg (1875), Straße zum Pochwerk Gernstein (1845). Letzte Phase des Kupferbergbaues im Ahrntal (Ende 1893). Beginn des zunehmenden Abbaues von Steinen (Laaser Marmor, Porphyr, Kalk usw.).

20. Jahrhundert
Wechselnde Ereignisse durch die Weltkriege 1914–18 und 1939–45. Ab ca. 1950 Investitionen und kurzer Aufschwung: Schneeberg, Ahrntal, Sarntal, Deutschnofen, Terlan u. a. Ende des Erzbergbaues am Schneeberg 1979.
Stand Betriebsstättenzählung 1981: 2 aktive Bergbaubetriebe (Fluorit in Rabenstein und Brantental), ferner 64 Betriebe (494 Mitarbeiter) zur Gewinnung von Steinen und Erden.
Schneeberg und Ahrntal: Außenstellen des Südtiroler Bergbaumuseums mit Sitz in Sterzing.

KAPELLEN, KNAPPENLÖCHER UND ZEICHENSTEINE IM PFLERSCHTAL 1

Den Platz, auf dem die Barbarakapelle neben der Pfarrkirche Gossensass steht, zeichnen Bergbaukultur und Natur in gleicher Weise aus. Hier die zweistöckige Kapelle *geweiht der edlen jungckfraw sand barbara* mit dem Bergwerkswappen und dem Totenkopf am Spitzbogenportal und dem gotischen Flügelaltar im Innern. Dort der Blick auf das offen daliegende Pflerschtal, einst *Silbertal* genannt, in dem in zahlreichen Stollen bis hinauf zu den Gletschern oberhalb der Magdeburger Hütte (2.423 m) nach *silberhältigem Bleyglanz mit eisenschüssiger schwarzer Zinkblende, auch wildem weissen Kies und etwas Antimon gemischt*[54] geschürft wurde.

Die Zeit ist lange vorbei, in der das Berggericht Gossensass-Sterzing seine große Zeit erlebte. Die Gossensasser Bergordnung von 1427 diente später als Vorbild für Schwaz.
Der Sitz des Berggerichtes, nahe der heutigen Straßenkurve im Ortsbereich, ist durch ein im Jahre 1586 entstandenes Freskogemälde mit Erzstufe gekennzeichnet. Das Gericht übersiedelte später nach Sterzing, bis es 1744 aufgelöst und seine Agenden dem Landgericht übertragen wurden.
Als Zeugnis dieser Zeit ist die Barbarakapelle übrig geblieben. Nach Vernachlässigung – nach dem Aufhören des Bergbaues im 18. Jahrhundert und einem Besitzerwechsel im 19. Jahrhundert – wurde sie später (1895, 1980) wiederhergestellt. Ihr Glanzstück ist der Flügelaltar, der M. Stöberl zugeschrieben wird und dessen Mittelschrein die Statuen der hl. Barbara, des hl. Laurentius und hl. Sebastian zieren. An den Predellaflügeln finden sich weitere Bergbau-Heilige wie Vitus, Nikolaus, Barbara und Katharina. Besonders interessant sind die Darstellungen der Bergarbeit vor Ort und des heiligen Daniel.
Am Tor der Pfarrkirche findet sich ebenfalls ein Bergwerkssymbol, und im Innern erinnern Plastiken der Hl. Barbara und Katharina an die Verbundenheit mit der *Welt, in der es keine Fenster gibt*[56]. Auch in der Fuggerstadt Sterzing findet man viele Zeugnisse des künstlerischen Nachlasses der Bergwerksverwandten.[60, 141, 148]
Im Pflerschtal siedelten nicht nur Bauern, sondern in den Söllhäusern die Bergleute: *Jeder Knappe brauchte natürlich seine Unterkunft. Sein Häuschen konnte er nur auf dem Grundstück eines Hofbesitzers erbauen. Dafür mußte er dem betreffenden Besitzer einen Hilfszins zahlen, d. h. er mußte einen kleinen Teil der Abgaben an den Grundherrn übernehmen.*[4] Die Sölleute waren ärmer als die Bauern.
Die Gruben erstreckten sich beiderseits des Pflerschtales. Isser[43] berichtet von 7 örtlich voneinander getrennten Revieren, darunter vom 780 m langen Erbstollen im *Gansen*, etwa in der Nähe des heutigen Eisenbahntunnels. Am Taleingang gibt es noch den Flurnamen *Silbergasse*. Exel[33] nennt 14 Abbaureviere. Die Jahresförderung betrug 1503 rund 11.000 Kübel Erz, das sind rund 924 t (1 Kübel = 150 Wiener Pfund à 0,56 kg). Über den Bleigehalt liegen keine Angaben vor. Der Silberanteil wird mit umgerechnet 1,5 g/kg Erz angegeben, so daß sich aus der genannten Fördermenge nicht mehr als 138 kg Silber ergaben. Angesichts der Ausbeuten im Schwazer Fahlerz scheint die Menge gering.
Durch den beträchtlichen Straßen-, Güterwege-, Eisenbahntunnel- und Liftbau im Tal hat sich vieles verändert, und historisch erwähnte Örtlichkeiten sind nicht mehr aufzufinden oder unlohnend zu besuchen. Die im folgenden beschriebene Wanderung in die „Hölle" am Talende führt zu einigen interessanten Plätzen und ist landschaftlich besonders reizvoll.

Man fährt bis Innerpflersch/Boden und dann über eine Brücke auf der geographisch rechten Bachseite bis zur Pension Feuerstein (Parkplatz!). Nächstes Ziel sind die Höfe von Außerstein. Man erreicht sie nach Überschreitung der Bachbrücke auf einem nur schwach kenntlichen Steig, der bei einem Stadel in das dort dichte Gehölz führt, dann aber ausgeprägter wird. Über diesen alten Fußweg geht es aufwärts bis zu einem Sattel mit schönem Talblick und dann zu den drei Höfen des Weilers Außerstein; (1.440 m). Bis hierher führt

ein Fahrweg von Hinterstein, auch Stein genannt, herauf. Man benützt zum Weitergehen nicht diesen, sondern geht hinter den Häusern zu einem Holzzaun hinauf, hinter dem der alte Weg liegt. Er führt unter dem 81 m hohen Gansörbach-Fall vorbei nach Westen. Nach dem Bach kommt man in steilen Bergwald und betritt oberhalb der Häuser eine freie Fläche. Der Weg führt neuerlich in ein kurzes Waldstück, und gleich nach dessen Beginn sieht man rechts oberhalb ein Knappenloch. Es handelt sich um einen Versuchsschurf, der sechs Meter einwärts führt. Auffallend sind die kleinen weißen Zinksalzkristalle, die sich an den Wänden abgesetzt haben. Von diesem Loch steigt man zum Steinhoferhaus hinunter. An der nördlichen Hausecke sind auf und neben dem Weg elf Schalensteine; zu finden. Über Sinn und Zweck dieser geriebenen Felsschalen, von denen es in Südtirol mehrere Hundert gibt, ist schon viel geschrieben und gerätselt worden. Man kann sie als frühgeschichtliche Kultzeichen[53] einschätzen, man kann aus deren Lage untereinander und in Beziehung mit anderen Vorkommen verblüffende Koordinatensysteme[122] entwickeln. Man kann sie aber auch als Spielerei von Hirten nicht ernst nehmen. Jedenfalls ist der Name des Weilers Stein in Beziehung zu diesen menschlichen Zeichen zu bringen. Sie deuten zumindest auf eine sehr frühe Besiedelung hin.
Von den Häusern geht man zur Brücke über den in der Schlucht brausenden Pflerscher Bach hinunter. Geht man am nördlichen Brückenende auf einem Pfad rund zehn Meter schluchtabwärts, so kommt man zum „Pflerscher Zeichenstein“. In der senkrechten Fläche sind zwei linksdrehende Hakenkreuze, ein gleichschenkeliges Kreuz und ein Rad mit vier Speichen eingemeisselt. Für diesen Stein gibt es eine Reihe von Datierungen, die von frühgeschichtlich bis mittelalterlich alle Zeiträume umfassen.
Oberhalb des Steins entdeckt man ein verbrochenes Mundloch, dessen Boden mit herabfallenden Steinen bedeckt ist. Auch unterhalb des Zeichensteins, bacheinwärts, öffnet sich ein Stollen, der unter Wasser steht. Weitere Einbauten befinden sich tiefer unten in der Hölle, in der Nähe des Wasserfalls. Das Erreichen dieser Stollen in der abschüssigen Schlucht ist gefährlich! Dort befindet sich auch ein Stollen mit der Jahreszahl 1734. Einen guten Blick auf diese Örtlichkeit hat man von der rechten Bachseite und oberhalb der Brücke, wo über dem Bachbett ein kleiner Stadel steht.
Wann dieser Bergbau betrieben wurde, ist nicht belegt. Wahrscheinlich schon sehr früh, denn die ersten Abbauversuche (urkundlich 1350 erwähnt) wurden auf der Schafalpe in 2.000 m Seehöhe vorgenommen. Anfang des 17. Jh.s wurde der Bergbau aufgelassen. Oben sind noch Spuren von Einbauten zu finden. Überlieferungen erzählen, daß die Hirten lange Zeit das Grubenholz aus den aufgelassenen Stollen für Brennzwecke verwendet haben. Wer will, kann sich im Gelände gegen die Magdeburger Hütte zu auf Entdeckungssuche begeben.

Zum Abstieg wählen wir nicht die am orographisch rechten Ufer verlaufende Fahrstraße, sondern bleiben auf der linken Bachseite, wo der alte Weg abwärts führt. Dann entlang des Baches zur Brücke und zum Ausgangspunkt. *Der reiche Bergsegen an Silber, Kupfer und Blei hat aufgehört* schreibt J. J. Staffler 1844 und fügt hinzu: *Der Pflerscher, einst Knappe, wandert nun mit Sense, Sichel und Wetzstein nach Beendigung der Feldarbeit aus dem Tal, um einen kargen Gewinn nach Hause zu bringen.*

In unserem Jahrhundert hat eine weitere Periode des Zusatzverdienstes, nämlich der Fremdenverkehr, begonnen. Die Schönheit der Landschaft wurde entdeckt.[128]

WEGVERLAUF
Ausgangspunkt: Innerpflersch/Boden (1.245 m); Straßenende bei der Pension Feuerstein. Außerstein (1.440 m)—Stein (1.418 m) 1/2 Std.; —Höll 1/2 Std.; —Ausgangspunkt 1/2 Std.
Gesamtzeit: 1 1/2 –2 Std.
Auskünfte: Kurverwaltung Gossensass, I-39040 Gossensass.
Karten: Freytag & Berndt, S 8 Passeier, Timmelsjoch, Jaufen; Kompass Nr. 44 Sterzing; IGM Blatt 4, I, N.E. (Colle Isarco) und N.O. (Montarso).

LADURNS UND SILBERBÖDEN 2

Daß Bergleute einmal Vorarbeiten für das Wintersportvergnügen des 20. Jh.s leisten würden, haben sie sich wohl nicht träumen lassen. Die Skiabfahrt von der Ladurnser Alm benützt geschickt ehemalige Halden und Bergwege. Im aufgelockerten Material wurden schöne Pisten angelegt. Wer die Mühe des anderthalbstündigen Fußweges Nr. 34/35 A, der westlich der Liftstation beginnt, nicht scheut, entdeckt Bergbauspuren. Etwa auf halbem Weg kommt man beim seinerzeitigen Hauptförderstollen, dem Barbarastollen vorbei, der durch Versatz mit Holzresten unzugänglich gemacht wurde. Unterhalb der beginnenden Almwiesen läßt ein Haldenfeld auf rege Abbautätigkeit schließen. Eine solche fand auch im Talbereich statt, denn östlich der Talstation des Liftes liegen Halden und Pingen.
Das Gebiet von Ladurns, mit Schreyer- und Röckengraben und dem benachbarten Pocherbrand, dem Toffringerwald und dem weiter talein liegenden Allrißtal wurden von altersher bis in die jüngste Zeit beschürft. Sehr alte Einbauten liegen über der Waldgrenze. Unser Wanderziel, die Silberböden, ermöglichen interessante Beobachtungen im alpinen Ödland.
Der Doppelsessellift bringt uns in kurzer Fahrzeit vom Pflerschtal zur Ladurnser Alm (1.742 m). Man sollte die Fahrt dazu benützen, den Boden zu betrachten. Im oberen Teil, dort wo von links her ein Forstweg unter dem Lift durchgeht, fallen einem unbewachsene Flächen auf, die vom Bergbau stammen.
Von der Bergstation führt unser Weg zur Edelweißhütte (1.982 m). Sie ist im Sommer und Winter ein gern besuchter Ausflugsort und liegt inmitten von Wiesen am Fuß des steil aufstrebenden Telfer Weißen (2.588 m). Vom Sattel oberhalb der Hütte sehen wir im Westen die Wetterspitze. Ca. 600 Höhenmeter darunter erkennt man den flachen Silberboden mit dem steilen Abfall zur Toffringalm.
Dem Weg Nr. 34 folgend steigt man mit einigem Höhenverlust in das Schuttkar ab. Man überschreitet den Bach und verfolgt den Steig westlich aufwärts bis dieser von der südöstlichen Seite her die Silberböden (ca. 2.050 m) erreicht. Schon vorher kommt man bei den Mauerresten eines Berghauses

vorüber. In der sanften Mulde der Silberböden entspringt eine Quelle und liegt ein kleiner See. Dahinter erblickt man einen Haufen von grobblockigem blei-, zink- und eisenhältigem Hauwerk. Es stammt aus dem kurzen Stollen. Die größte Überraschung ist der Blick vom Nordrand des Bodens hinunter auf die steile, felsdurchsetzte Grasflanke. Rund 15 Meter unterhalb des Kammes sieht man auf einen offenen Stollen mit kleinem Vorplatz. Auf einem verwachsenen Steig (Vorsicht bei Nässe!) kann man dorthin gelangen. Das Mundloch ist mit Steinen eingefaßt, der Stollen führt rund 25 Meter in den Berg, bevor herabgestürztes Material das Vordringen erschwert. Schrämspuren deuten darauf hin, daß der Stollen händisch ausgebrochen wurde. Auch weiter unten sind im abschüssigen Gelände Einbauten zu sehen.

Geschichtliche Daten und Einzelheiten liegen über diesen Blei- und Silberbergbau bislang nicht vor. So bleibt einem nichts als der Anblick dieser Stätte, die mit einem prächtigen Fernblick auf den Wetterspitzkamm und die gegenüberliegende Tribulaungruppe aufwartet. Gipfelstürmer können von hier aus auf die Wetterspitze (2.709 m) weitersteigen. Wenn man die Exkursion nach oben fortsetzt, ist es auch möglich, den Abstieg durch das Allrißtal zu nehmen (Weg Nr. 27). Dort hat H. Holzmann[60] in der *Hängenden Wand* zwischen Allriß und Lidofens ein Stollensystem beschrieben, das durch eine künstlich in den Fels gehauene Stiege und einen Serpentinenweg zugänglich gemacht wurde.
Problemloser ist es, von den Silberböden zur Toffringalm abzusteigen. Dazu nimmt man den Aufstiegsweg zurück bis zum Bach. An dessen linken Ufer steigt man weglos bis zu einem von weitem sichtbaren weißem Marmorsteinblock im Bachbett ab. Von dort schräg nach links abwärts in Richtung zu den obersten Bäumen und der darunterliegenden Baumgruppe. Dort trifft man auf einen kleinen Steig, der über almrosenbewachsenen Weideboden führt und schließlich in einen Viehtriebweg mündet, der uns zur Toffringalm (1.668 m) bringt. Von dort beliebig hinab zum Talboden mit kleinem Stausee. Zum Weiterweg dient zuerst die Forststraße, bis eine Markierung des Weges Nr. 35 nach links hinunterweist. Nun etwas steiler, an einem Bildstock (Marienrast) vorbei, dann flacher, immer noch hoch über dem Pflerschtal, in Richtung Osten, bis von rechts her der Weg Nr. 34 einmündet. Unterhalb kommt man wieder in ein typisches Abbaugebiet. Rechterhand liegt der verbrochene Obere Fuchsloch-Stollen. Man erkennt ihn an der Verzimmerung, den Gleisanlagen, Brettern und Balken und einem zum Abtransport bereitliegenden Haufen Erz. Etwa 50 Höhenmeter oberhalb, am Fuß eines bewaldeten Steilstückes, ist das Mundloch des Ambrosius-Stollens.
Der Stollen hatte seinerzeit eine ausgedehnte Strecke. Abgebaut wurden sulfidische Erze von Silber, Blei, Eisen und Zink. Die letzte Betriebsperiode in der K. K. Monarchie erfolgte auf Zink von 1860–1900. Nach dem Ersten Weltkrieg übernahm die Fa. S.A.M.I.T (Societa Imprese Minerarie Trentine) von 1925–1930 den Abbau. Während des Zweiten Weltkrieges wurde der Bergbau von 1941–1942 betrieben. In den Sechzigerjahren begann die A.M.M.I. S.p.a. (Azienda Minerali Metallici Italiana) wieder mit dem Abbau und führte Prospektionsarbeiten[109] durch. Zu einem Abbau konnte man sich infolge der Transportkosten nicht mehr entschließen. Die Einbauten liegen im Schiefer und werden in wenigen Jahren gänzlich verfallen sein.[38]

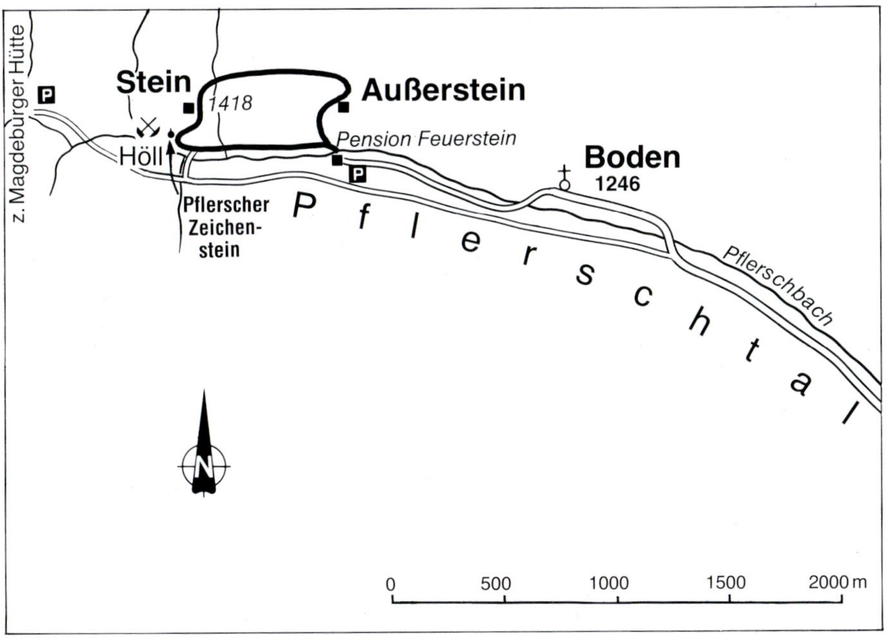

Abb. unten: Der rätselhafte Zeichenstein im Pflerschtal.

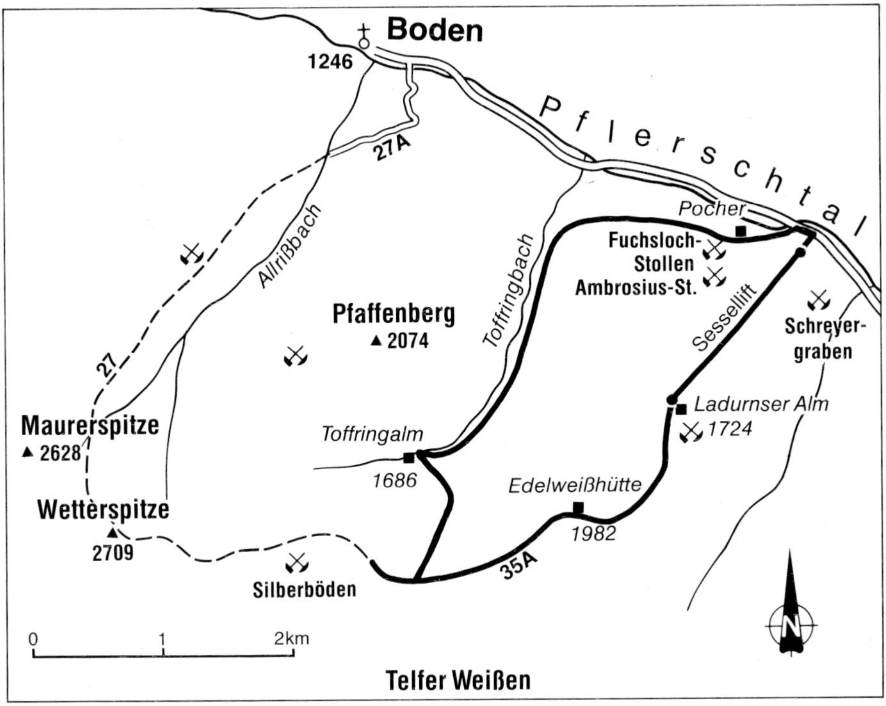

Das letzte Stück des Weges führt entlang des Baches, in dem man reichlich Bleiglanz findet, talab zum Weiler Pocher (ehemals Aufbereitung) und von dort zur Liftstation zurück.
Der *Schneeberger Gesteinszug* hat, ermuntert durch die reichen Vorkommen im Ridnauner Gebiet, auch im Pflerschtal immer wieder Hoffnungen erweckt. Die Spannung des Ungewissen hat den Erkenntnissen der Wissenschaft Platz gemacht. „Der Mensch ist ein Blinder, der vom Sehen träumt!" (Hebbel). Gilt das nicht ganz besonders für den Bergmann?

WEGVERLAUF
Ausgangspunkt: Ladurnser Alm (1.724 m); erreichbar mit dem Sessellift aus dem Pflerschtl—Edelweisshütte (1.928 m) $1/2$ Std., Weg Nr. 35A— Silberboden (ca. 2.050 m) $3/4$ Std. - Toffringalm (1.686 m) 1 Std.—Weg Nr. 35 —Marienrast—Oberer Fuchsloch- und Ambrosiusstollen 1 Std.—Lift Talstation $1/2$ Std.
Alternative: Aufstieg zur Wetterspitze (2.709 m) 2 Std.; Abstieg durch das Allrißtal, Weg 27A nach Innerpflersch (1.246 m), 2–3 Std.
Gesamtzeit: 6–7 Std.
Auskünfte: Kurverwaltung, I-39040 Gossensass.
Karten: Freytag & Berndt S 8 Passeier, Timmelsjoch, Jaufen; Kompaß Nr. 44 Sterzing; IGM Blatt 4 I, N.O. Montarso.

Abb. links: Blick vom Silberböden-Stollen zur Edelweiß-Hütte (Pflerschtal).

SILBER, BLEI UND ZINK ZWISCHEN ROSSKOPF UND TELFER WEISSEN

3

Über manche Bergwerke, die in der Natur kaum mehr zu finden sind, liegt reichlich historisches und wissenschaftliches Material vor. Im vorliegenden Fall ist die Sachlage umgekehrt. Die Dokumentation ist spärlich, manches kann nur vermutet werden. Angaben über Eigentumsverhältnisse, Betriebsperioden, Produktionsmengen, Verhüttung usw. fehlen.[147]
Im Gelände findet man in Form von Halden, Pingen und Berghausruinen montanistische Überreste. Urkundliche Beweise sind hingegen recht selten. So wird 1511 von einer St.-Barbara-Grube bei Telfes berichtet. Bei einigen anderen, die im Verleihbuch verzeichnet sind, kann angenommen werden, daß sie zum selben Abbaugebiet gehören. Aus der Tatsache, daß die nebeneinander liegenden kleinen Weiler Untertelfes (1.234 m) und Obertelfes (1.250 m) eigene Gotteshäuser haben, die schon im 13. Jh. bestanden, wird vermutet, daß die Rivalität zwischen Knappen und Bauern zur Errichtung zweier Kirchen geführt hat. Die Telfer Knappen sollen sehr reich und stolz gewesen sein, so *daß sie kein Madl gekriegt haben zum heiraten*[56]. Mit dem Hinweis des Mineralogen „zwischen Seehöhe 1.800 und 2.000 m lokale Vererzungen im Marmor des Schneeberger Zuges (Blei, Zink) und Spuren alten Bergbaues“[33] begeben wir uns auf die Suche.
Ausgangspunkt unserer Exkursion ist das Sterzinger Haus (1.930 m) unterhalb des Roßkopfes (2.198 m), welches mit der Seilbahn von Sterzing erreichbar ist. Auf dem Ridnauner Höhenweg Nr. 23 wandern wir zuerst eben und später leicht fallend gegen Westen. Man genießt einen schönen Blick in das Ridnauntal und auf die helle Kalkzone des Telfer Weissen. Der Weg zieht quer durch die Hänge und nach den beiden Almhütten, an denen man vorbeikommt, sieht man ausgedehnte Halden. Rechts zweigt der Steig Nr. 23 B ab; er führt zum Telfer Weissen (2.588 m). Wir bleiben am Hauptweg und können die beiderseits des Weges befindlichen Halden gut überschauen. Die Mundlöcher sind verbrochen und zugewachsen, aber noch zu erkennen. Es sind vorzugsweise Blei, Zink, Mangan und eisenhältige Mineralien zu finden: Sphalerit, Galenit, Pyrrhotin, Kalkopyrit, sowie einige seltenere z. B. Bournonit, Boulangerit, Jamesonit, Arsenopyrit, Ilmenit u.a.[33]
Wir setzen den Weg nach Westen fort und kommen in das von einem sekundären Felsgrat begrenzte, riesige Kar unterhalb des Telfer Weissen, welches der Runggenbach durchfließt. Wir befinden uns in einem ausgedehnten Haldengebiet. Rechts vom Weg entdeckt man die Mauerreste alter Berghäuser, und darüber wölben sich breite Schuttfelder. Das Material stammt aus den darüber befindlichen Stollen. Steigt man dort hinauf, so kommt man auf einen ebenen Boden. Hier sind weitere Reste von Berghäusern zu sehen. Von diesem Platz ziehen bis knapp unter den genannten Felsrücken vier riesige Halden. Am Fuß der Felsen erkennt man verbrochene Mundlöcher.
Wer westlich über den steilen Haldenkegel aufsteigt, kommt zum obersten Stollen. Das Mundloch ist zu erkennen, aber verstürzt. Immerhin hat man von diesem Punkt (ca. 2.200 m) einen guten Überblick auf das Gebiet. Die schichtkonkordante Vererzung im Paragneis des Ötztaler Kristallins läßt sich

über einen Höhenunterschied von rund 400 m verfolgen; auch unterhalb des Weges Nr. 23 sind noch Halden sichtbar.
Bei diesem Bergbau an der Südseite des Telfer Weissen ist noch einiges zu entdecken. Eine italienische Arbeit[44] beschäftigt sich mit den mineralogischen Gegebenheiten aus neuerer Sicht.

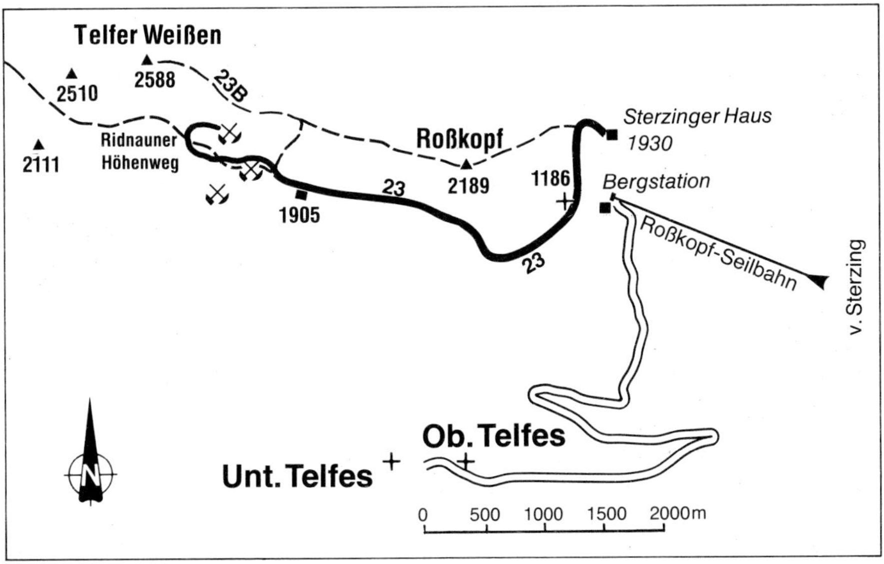

WEGVERLAUF
Ausgangspunkt: Sterzinger Haus (1.930 m), erreichbar von Sterzing mit der Seilbahn oder mit PKW über Telfes. Weg Nr. 23, Haldengebiet (ca. 1.950 m) 1 Std., 2. Haldengebiet (2.000—2.200 m) 1 Std. Aufstieg wie Abstieg.
Gesamtzeit: 3–3$^1/_2$ Std.
Alternative: Ridnauner Höhenweg 5$^1/_2$ Std; Telfer Weissen 2 Std. Aufstieg und 1 Std. Abstieg.
Karten: Freytag & Berndt S 8 Passeier, Timmelsjoch, Jaufen; Kompaß Nr. 44 Sterzing; IGM Blatt 4 I, N.E. Colle Isarco.

BERGBAU SCHNEEBERG

Geschichte, Geologie, Mineralogie, Produktion
Einleitung zu den Wanderungen Nr. 4 und 5

Die Straße über das Timmelsjoch (2.474 m) verbindet das Passeier- mit dem Ötztal. Infolge der extrem von Lawinen bedrohten Trasse ist sie nur in der warmen Jahreszeit befahrbar. Rabenstein (1.417 m), der letzte Ort des Tales,

ist zu bestimmten Zeiten ein „Lawinenloch". Kaum zu glauben, daß in dieser wilden Berglandschaft, hoch über der Waldgrenze, trotz Kälte, Eis und Abgelegenheit, rund 850 Jahre Bergbau betrieben wurde. Der Schneeberg ist kein Berg im Sinne eines Gipfels, sondern ein riesiges Kar, das durch Stufen, Schuttströme und Felsrücken gegliedert ist. Eingefaßt wird es durch den Schönnarkofel und die Gürtelwand (2.858 m) im Westen, der Schneeberger Weissen (2.903 m) und die Schwarzsee-Spitze (2.988 m) im Norden und den Kamm zwischen Sprinzenwand (2.899 m), Schneebergscharte (2.726 m) und Sandjoch (2.571 m) im Osten. Der Schneeberger Bach entwässert es. Zentrum ist die traditionsreiche, ehemals ganzjährig bewohnte Bergwerkssiedlung St. Martin (2.355 m).
Die lange und abwechslungsreiche Geschichte[105, 146, 148] dieser Lagerstätte führte zu einer Reihe von Besonderheiten. Die überragende Bedeutung des Bergbaues beruhte auf dem Vorkommen und dem Abbau von Bleierz. Mit diesem Produkt, das im übrigen Tirol nur in geringen Mengen vorkommt, ergab sich eine enge Beziehung zum Schwazer Bergbau. Man kann sagen, daß dieser um 1500 führende Bergbauort der habsburgischen Erblande seine Bedeutung *„Mutter aller Bergwerke zu sein"* nicht erhalten hätte, wäre ihm nicht Bleierz vom Schneeberg in ausreichender Menge zur Verfügung gestanden. Als in der „silbernen" Zeit Tirols (ab 1486) der Silbertaler in der Haller Münze geprägt wurde, war der Bedarf an diesem Edelmetall groß. Man rechnete bei der Förderung in Schwaz mit 1,25 kg Silber auf 100 kg Kupfer. Die Trennung der beiden Elemente war nicht durch direktes Schmelzen möglich, denn die beiden Schmelzpunkte (Kupfer 1.083°, Silber 960°C) liegen zu nahe beisammen. Wie schon den Metallurgen der Frühgeschichte bekannt war, ist es durch Zufügen von Blei (327°) möglich, eine Blei-Silberlegierung mit niedrigem Schmelzpunkt zu erhalten, welche eine Abtrennung vom Kupfer ermöglicht. Deswegen nahm man für die Versorgung der landesfürstlichen Schmelzhütten mit Blei auch den langen und beschwerlichen Transportweg in Kauf. Er führte vom Abbauort in rund 2.300 m empor zur Schneebergscharte (2.687 m), bzw. zum Sandjoch (2.571 m), dann hinunter nach Maiern (1.417 m) im Ridnauntal, weiter nach Sterzing (962 m) und über den Brenner in das Inntal zur Verhüttung im Raum Brixlegg. So sind denn auch die Maßnahmen, die im Lauf von Jahrhunderten zur Verbesserung des Transportweges und der Transportmethoden gesetzt wurden, Meilensteine der Technik: Träger, Tragtiere, Fuhrwerke, Innschiffe; später Aufzüge, Erzkästen, Scheiteltunnel, Bremsberge, Pferdebahnstrecken, Erzstraßen, Eisenbahn und schließlich Seilbahnen und Kraftfahrzeuge.

Hier wäre anzumerken, daß der Silberbergbau im 16. Jh. rasch an Bedeutung verlor, denn nach der Entdeckung Amerikas ergoß sich ein Strom von Gold und Silber nach Europa. Das Blei vom Schneeberg gewann erst mit der Einführung der Feuerwaffen seine eigene Bedeutung: Pulver und Blei lösten Schwert und Kampfspieß ab. Im 19. Jh. erhielt dann die bis dahin unbeachtete Zinkblende Vorrang. Am Schneeberg wurde eine imposante Übertagförderanlage gebaut, die zwar nur 50 Jahre (1874–1924) in Betrieb war, deren erhalten gebliebene Bauten sind jedoch einmalige Zeugnisse der Technik vor Einführung der Elektrizität, der Dampfmaschinen und von Verbrennungsmotoren. Schließlich lieferte dieser Bergbau wichtige Beiträge zur Erzaufbereitung, d.h. der Gewinnung des Metalles aus dem Hauwerk. Ab 1925 wurde die

mechanische Aufbereitung (Brecher, Kugelmühle, Siebe) mit der chem.-physikal. Flotation kombiniert, und man erhielt über Filteranlagen Blei- und Zinkkonzentrate.
Am Schneeberg sind noch zahlreiche Bergbauspuren zu finden. Im Rahmen der von der Südtiroler Landesregierung 1988 beschlossenen musealen Aufbereitung wird sichergestellt, daß diese Zeugnisse der Bergbautechnik erhalten bleiben.
Um die Wandervorschläge in dieses wohl berühmteste Südtiroler Bergbaugebiet nicht mit allzuvielen Details zu belasten, wird eine geschichtliche Übersicht und eine geologische und montanistische Einführung vorangestellt.

GESCHICHTE

1237

Urkundliche Erwähnung des guten Silbers vom „Sneberch".

1427

Gossensasser Bergordnung als Beweis eines organisierten Bergbaues im Berggericht Gossensass—Sterzing (2.400 km^2), zu dem ab 1479 der Schneeberg zählt.

1486

Blütezeit: 70 Stollen belegt, rund 1.000 Knappen beschäftigt.

ab 1500

Neben Schwaz ist der Schneeberg ein Bergwerk von europäischem Rang.

1524

Die Fugger erwerben Anteile des Bergwerkes. Es beginnt die Auseinandersetzung zwischen einheimischen Gewerken (Bergbauunternehmen), den Augsburger Handelsgesellschaften und dem Landesfürsten. Der Tiroler Erzbergbau gerät in das Netz von Politik und Kapital.

1556

Abbildung des „Edl Schneeperg" im Schwazer Bergbuch.

1558

Übernahme von Schneeberg-Anteilen durch den Landesfürsten Kaiser Ferdinand I. und Gründung des staatlichen Österr. Berg- und Schmelzwerkhandels. Als Gegenpol wird von den Gewerken im Jahr 1565 die Jenbacher Gesellschaft als Gemeinschaftsfirma gegründet. Der Niedergang des Bergbaues setzt sich dramatisch fort.

1600

Am Schneeberg sind nur mehr 40 Stollen belegt.

1631

Betriebseinstellung (Dreißigjähriger Krieg) mit Ausnahme des Erbstollens.

1660

Anschlag des Carl-Unterbaustollens 380 Höhenmeter unter dem Hauptrevier. Trotz der inzwischen üblichen Abbautechnik mit Sprengmitteln stieß man erst nach 90 Jahren (1750) auf Erz mit geringem Bleigehalt.

1693

Eine Lawine tötet 19 Knappen (Bild in der Pfarrkirche in Moos).

1720

Baubeginn des 730 m langen Kaindl-Stollens 200 m unterhalb der Schneebergscharte. Fertigstellung 1726, dadurch erhebliche Transporterleichterung.

1760

Rückgang der Förderleistung und Personalabbau; 1776: 200 Mann, 1792: 103 Mann.

1798
Einstellung des Grubenbaues; Freigrüblerei, Haldenkutten.
1828
Auflösung des Bergamtes Sterzing. Der Schneeberg kommt zur k.u.k. Hüttenverwaltung Klausen.
ab 1870
Neue Blüte durch den Zink-Bergbau: Erzförderanlage, Aufbereitungsanlage in Maiern.
1900
Belegschaft: 200 Mann, 70 Frauen (Erzsortieren).
1925/26
Die Fa. S.A.M.I.T. (Societa Imprese Minerarie Trentine) baut eine 8,5 km lange Seilbahn über die Schneebergscharte und errichtet eine Flotationsanlage in Maiern.
1931
Betriebsschließungen (Weltwirtschaftskrise).
1940
Die Fa. A.M.M.I. S.p.a. (Azienda Minerali Metallici Italiana) eröffnet den Betrieb wieder. Belegschaft ca. 350 Mann. Rückgang im Zweiten Weltkrieg.
1950
Nach anfänglichen Erfolgen Rückgang durch Erschöpfung der Lagerstätte und Konkurrenz.

ab 1967
Einstellung des Bergbaues St. Martin. Baubeginn eines Unterfahrungsstollens im Lazzacher-Tal in 1.980 m Seehöhe durch die Fa. S.A.M.I.M. S.p.a. (Societa Azionaria Minero-Metallurgica). Modernisierung der Materialseilbahn (Länge 3,5 km), Bau eines wintersicheren Schneestollens zum *Neuen Stollen*, Errichtung einer Personenseilbahn, Stromversorgung, Ausbau der Flotationsanlage, der Werkstätten und der Personalhäuser in Maiern.
1974
Nach 3,6 km Strecke stellt man im *Neuen Stollen* die Verbindung mit dem alten Grubenbau her.
1979
Einstellung des Bergbaues infolge mangelnder Rentabilität; jedoch Instandhaltung der Untertag-Anlagen.
1985
Aufräumungsarbeiten und Abtragung der Seilbahn um St. Martin und im Lazzacher Tal: Der Kaindl-Stollen, erbaut 1720–1726, wird gesprengt.
1986
Die Südtiroler Landesregierung beschließt die museale Aufbereitung der Bergbaue Schneeberg und Ahrntal.[143]
1987
Das Ridnauner Bergbaukomitee beginnt mit der Anlage eines Lehrpfades. Das Bergbaukomitee Passeier startet mit Renovierungen in St. Martin.
1988
Mit Landesgesetz vom 23. August wird das Landesmuseum für Bergbau mit dem Sitz in Sterzing (Jöchlturm) gegründet. Projekterstellung für den Ausbau.
1989
Beginn der Arbeiten in Maiern: Wildbachverbauung, Geländesanierung, Gebäudeinstandsetzung, Besucherstollen. Erscheinen des Buches „800 Jahre Schneeberg“ von H. M. Voelckel.[148]

Geologie und Mineralogie

Der Schneeberger Gesteinszug, eine langgestreckte Zone mineralreicher Glimmerschiefer und Gneise mit Einlagerungen von hellem Dolomit (z. B. Schneeberger und Moarer Weissen) und Marmor (Gilfklamm, Marmorbruch Ratschings), hat die Geologen vielfach beschäftigt. Infolge der Ähnlichkeit des Gesteins mit der Schieferhülle der Hohen Tauern wurde der Schneeberger Zug früher den Tauernhüllgesteinen zugeordnet. Durchgeführte radiometrische Altersbestimmungen ergaben, daß die Metamorphose der Schneeberger Sedimente früher erfolgte, als jene der Tauerngesteine. Der Schneeberger Zug gehört zum Ötztal-Stubai-Kristallin, in dessen Schieferzonen diverse Mineralisationen zu beobachten sind. Die Blei-Zink-Erzlagerstätte ist die größte in Tirol und zählt zu den bedeutendsten im Alpenraum.
Hauptminerale sind mit abnehmender Häufigkeit: Zinkblende, Magnetkies, Bleiglanz und Kupferkies. Lokal sind noch Pyrit, Markasit, Arsenkies und Graphit zu beobachten. Alle anderen Minerale treten nur in mikroskopischen Dimensionen auf. Die Gangart bilden Quarz, Karbonate und Silikate. Im engeren Lagerstättenbereich sind Augengneis und Amphibolite vorhanden. Die alten Bergleute unterschieden *blendiges* und *bleiisches* Erz oder Mittelerze, die sie nach dem vorherrschenden Begleitmineral in *quarziges, karbonspätiges* oder *tremolitisches* und *granatführendes* Erz unterteilten. Bei Zinkblende unterschieden sie *grobblättrige, kleinblättrige* und *dichte* Blenden.[111]
In die heutige Ausdrucksweise übersetzt heißt dies, daß vorzugsweise drei Erzarten abgebaut wurden, deren mengenmäßige Bedeutung folgender Reihung entspricht:

Blei-/Zinkerze mit Zinkblendevormacht
Blei-/Zinkerze mit Bleiglanzvormacht
Blei-/Zinkerze mit Magnetkiesvormacht

Die Erzkörper verlaufen gangförmig und werden als *Hangendgang, Liegendgang* und *Quergang (Kreuzer)* unterschieden. Der Hangendgang ist plattenförmig und streicht in ONO- bis WSW-Richtung rund 1,5 km und in Fallrichtung (ca. 30° nach NNW) ca. 1 km weit. Seine Mächtigkeit beträgt im Mittel 1,5 m und im Maximum 6 m. Der Liegendgang hat die Form eines Wellbleches in NNO–SSW-Richtung; seine Mächtigkeit erreicht bis zu 4 m. Der Quergang verbindet Hangend- und Liegendgang; er verläuft parallel zu den vorherrschenden Schieferungsflächen des Nebengesteins. [38] Hinsichtlich der Tektonik und der genetischen Deutung der Lagerstätte gibt es verschiedene Meinungen. *Die unterschiedlich beschriebene Ausbildung aller drei Vererzungstypen läßt es wahrscheinlich nicht zu, Hangendgang, Liegendgang und Quergang als eine einheitliche Vererzung zu betrachten. Trotzdem bleibt die Frage offen, ob nicht alle drei Vererzungen einem gemeinsamen Mineralisationsprozeß entstammen und die heutige Form durch eine mehr oder weniger komplizierte Faltung, verbunden mit metamorphen Mobilisationen hervorgerufen sein könnte...*[111]

Die vorliegenden Analysen des Metallgehaltes lassen im Laufe der Abbautätigkeit eine abnehmende Tendenz erkennen:

Jahr	Zink*	Blei*		
1891	27,0	7,5		
1922	24,0	9,0		
1929	9,0	1,9		
1940	9,6	3,5		
1960	6,3	1,6		
1971/73	6,4	0,3	Neuer Stollen	*= Gehalt in %

Die neueren Analysen geben außerdem den Silbergehalt mit 1.000 g/t Bleiglanz und jenen von Cadmium mit 4.500 g/t Zinkblende an.
Die geförderte Roherzmenge betrug in den Jahren um 1960 50.000–60.000 t jährlich. Daraus wurden in der Erzaufbereitung Maiern Konzentrate gewonnen. Die Zahlen der letzten Betriebsjahre:

1977	31.110 t	daraus 528 t PbS und 1,756 t ZnS
1978	24.485 t	daraus 536 t PbS und 1,302 t ZnS

Im Jahr 1979 rechnete man mit einer Jahresproduktion von 25.000 t. Es waren 58 Personen beschäftigt. Die finanzielle Situation entwickelte sich ungünstig. Die Selbstkosten erforderten 900 Mill. Lire, wovon 69% auf Personalkosten entfielen; demgegenüber stand ein möglicher Ertrag von 407 Mill. Lire für 500 t Bleikonzentrat, 1.500 t Zinkkonzentrat, 400 kg Silber und 6.000 kg Cadmium. Der zu erwartende Verlust betrug 500 Mill. Lire (bei Mitberücksichtigung von Verwaltung, Verzinsung, Steuern usw. sogar 850 Mill. Lire). Weitere Projekte zur Kostenreduktion durch Produktionserhöhung auf 100.000 t/Jahr (400–500 t/Tag) und Modernisierung der Anlagen scheiterten an den geschätzten Kosten von 1.600 Mill. Lire, die für die Erschließung neuer Teile der Lagerstätte aufzubringen gewesen wären. Eine höhere Produktion bedingt auch eine entsprechende langjährige Erzreserve. 1979 rechnete man mit 575.000 t. Dazu kamen die „wahrscheinlichen" Vorräte oberhalb (in 2.307 und 2.175 m Seehöhe) und unterhalb (1.900 m Seehöhe) der 2.000 m Sohle von ca. 870.000 t. Als „mögliche" Reserven wurden weitere ca. 1 Mill. t eingestuft. Ohne intensive und kostspielige Prospektion war ein Bestand des Bergbaues unsicher. Unter den gegebenen Umständen war eine Stillegung des Betriebes im Sommer 1979 erforderlich.[84] Die amtliche Bestätigung der Heimsagung erfolgte durch die Bergbehörde am 8. Juli 1985. Dieses Datum ist der vorläufig endgültige Schlußpunkt in der Schneeberger Bergwerksgeschichte.
Der Mineralienreichtum des Schneebergs ist seit langem bekannt. In vielen großen Sammlungen sind Belegstücke vorhanden. Exel[33] berichtet von 70 nachgewiesenen Arten. Folie[40] zählt neben den Elementen Silber und Gold 26 Sulfide, 9 Oxide bzw. Hydroxide, 11 Karbonate, 6 Sulfate, je 1 Halogenid und Phosphat und 13 Silikate auf.

Abb. rechte Seite: *Bergbau-Halden unterhalb des Telfer Weißen (2.588 m), siehe Wanderung 3.*

Merkwürdig ist das 1880 entdeckte Mineral Schneebergit ein eisenhaltiges Calcium-Antimonat komplizierter Zusammensetzung. In der Literatur wird es als eine eisenhältige Varietät von Romeit beschrieben, jedoch wurden seit Jahrzehnten keine Funde mehr gemeldet. Mineralienfreunde finden im Schrifttum (*s. Literaturverzeichnis)* zahlreiche Hinweise.

WANDERUNG ZUM BERGBAU SCHNEEBERG AUS DEM RIDNAUNTAL 4

Die Gemeinden Mareit und Ridnaun gehören seit dem Jahr 1929 zusammen mit Telfes, dem Jaufen- und Ratschingser-Tal zur Großgemeinde Ratschings. Sie ist flächenmäßig mit 203,5 km^2 die sechstgrößte Gemeinde Südtirols und hat rund 3.500 Einwohner.
Über die Bedeutung des Ridnauntals als Erztransportweg wurde schon berichtet. Die „Untere Erzstraße" von Sterzing (nahe dem Bahnhof lagerte seinerzeit der Erzvorrat) nach Mareit ist heute größtenteils Autostraße. In Mareit (1.039 m) erinnert ein Knappenaltar in der barocken Kirche (erbaut 1688, Glockenturm von 1440, Höhe 53 m) und eine Knappensäule von 1537 an vergangene Zeiten. Die 1934 gebaute Autostraße überwindet die 300 Höhenmeter nach Ridnaun mittels zweier Haarnadelkurven. Das Erz wurde von Maiern auf der „Oberen Erzstraße" bis zu dem noch erhaltenen Oberen Mareiter Erzkasten (1.308 m) befördert. Der Bremsberg hinunter nach Mareit ist verfallen und nur mehr als Waldschneise zu erkennen. Der Knappenweg-Lehrpfad vom Mareiter Erzkasten talein ist markiert und führt entlang der eindrucksvollen Übertag-Förderanlage bis in das Passeiertal nach St. Martin. Von *Gasse,* dem ersten Weiler von Ridnaun, hat man einen grandiosen Blick auf den Talschluß. Besonders schön ist die Sicht von der Knappenkirche St. Magdalena (1.414 m), die auf einem isolierten Hügel oberhalb der tiefeingeschnittenen Schlucht des wilden Ridnaunbaches (auch Fernerbach oder Gailbach genannt) steht. Eine bereits im 13. Jh. erwähnte Kapelle wurde mit Hilfe der Bergwerksverwandten im 15. Jh. in ihre heutige Form gebracht. Kleinod dieser Kirche sind der Altar von 1450 und der 1509 von M. Stöberl geschnitzte „neue" Flügelaltar. Pfarrer D. Hofmann hat einen Führer über die Knappenkapelle verfaßt, in dem Einzelheiten enthalten sind.[58] Vom Verkehrsverein werden Führungen angeboten. In Maiern (1.410 m) endet die Straße. Das Talende ist kein schöner Platz. Von rechts (nördlich) kommt der Talbach aus den Gletschergebieten. Ein Touristenweg führt zum Aglsboden, zur Grohmann- (2.254 m) und Teplitzer-Hütte (2.586 m) und weiter zum Becherhaus (3.191 m). Von links (westlich) kommt über eine Stufe der Lazzacher Bach herunter. An seiner orographisch rechten Seite befinden sich

Abb. links: *Die Erzaufbereitung Maiern/Ridnaun (1.410 m) im Jahr 1988 vor der Renovierung.*

die Aufbereitungsanlagen. Bauten aus der Zeit von 1870—1874 vermischen sich mit solchen von 1925/26 und jenen der Nachkriegszeit. Ganz oben sieht man den riesigen Maierner Erzkasten. Unter dem festungsartigen Gemäuer liegt die pfeilerartige Endstation der Material-Seilbahn. Von dort wurde das Material mittels eines Förderbandes schräg abwärts in die Aufbereitungsanlage bewegt. Die Abbildung Seite 28 zeigt die treppenartig untereinander angeordneten Gebäude. Das Hauwerk wurde durch Schwerkraft und Fördermaschinen weiterbewegt und durchlief folgende Stufen: 1. Zwischenlager, Brecher und Grobsiebung (Gebäude mit Schrägdach), 2. Verteilungssilo mit Bunkern (Gebäude mit Querdach), 3. überdachte Verbindung, 4. Mühlengebäude für 2 Mühlen und Rücklaufschnecken (Gebäude mit 2 Dachaufbauten), 5. Flotationsgebäude für Bleisulfid mit 11 Zellen (à 1.250 l) und für Zinksulfid mit 14 Zellen (à 1.250 l), (Gebäude mit Querdach), 6. Filtrationsgebäude mit 2 Trommelzellenfiltern (Gebäude mit Querdach), 7. Lager für Konzentrate; mit dem vorigen Gebäude durch ein Gleis verbunden.
Im Rahmen des Bergbaumuseums wird die Erzaufbereitung einschließlich der Transportanlagen restauriert. Im Verwaltungsgebäude und in den Arbeiterwohnungen werden Schau- und Ausstellungsräume geschaffen. Nördlich der Kapelle wird ein Schaustollen von 180 m Länge in den Berg getrieben. In Aufbrüchen und Querschlägen werden die vorhandenen Maschinen aufgestellt. Das Vorhaben wird nach der Fertigstellung ein einmaliges Schaustück des alpinen Erzbergbaues sein!
Das Ridnauner Bergbaukomitee hat einen Knappenweg-Lehrpfad angelegt, der mit den Bergwerkszeichen markiert ist. An wichtigen Stellen wurden Informationstafeln aufgestellt. Die Begehung des Weges geschieht am besten von oben nach unten. Dieser Vorgangsweise entsprechen die folgenden Wandervorschläge. Sie sind unterteilt, können aber kombiniert werden.

Wanderung A dient dem Kennenlernen des Talbereiches von Maiern. Für unseren Rundweg benutzen wir die in einem weitausholenden Bogen in das Lazzacher Tal führende Straße. Neben den Verwaltungs- und Betriebsgebäuden steht die Maierner Bergwerkskapelle (erbaut 1940) mit einem Bild der hl. Barbara, vor der ein Knappe kniet (J. B. Oberkofler 1950). Daneben befinden sich eine Holzkapelle, die an vergangene Zeiten erinnert. Am Weiterweg kommt man bei der ehemaligen Talstation der Kabinenseilbahn vorbei. Die 3,7 km lange Anlage wurde 1966 mit der erstaunlich großen Kapazität von 200 Personen/Stunde gebaut. Begründet wurde die Leistung mit dem Gedanken, im Bergbau Schneeberg Zuerwerbsarbeitsplätze für die Ridnauner Bauern zu schaffen.[74] Die Straße führt zum Kohlboden. Der Name weist auf die frühere Holzkohleproduktion hin. Bei der Bachbrücke wendet man sich nach links und kommt auf die Zulaufstrecke zum Maierner Erzkasten. Der gewaltige Bau imponiert durch seine Dimension und Bauweise. Zum Abstieg benützt man den mit Geländern versehenen Steig, der entlang der Aufbereitung zum Talgrund zurückführt.

Wanderung B führt ins Lazzacher Tal zum Poschhaus und auf den Trassen der Pferdebahn und der Bremsberge zurück. Wie vorher steigt man zum

Kohlwald und wandert weiter auf der Straße talein. Nach $^1/_2$ Stunde Gehzeit trifft man links auf den Beginn der Unteren Pferdebahnstrecke und das Ende des Kohlwald-Bremsberges. Am Weiterweg wird der Blick auf das Poschhaus und die Schneebergscharte (2.687 m) frei. Links oberhalb der Straße stehen die Reste der Personen- und Material-Seilbahnstation. Im Talgrund verläuft der Weg zum Neuen Stollen.
Wir bleiben linkerhand auf dem Fahrweg und kommen schließlich zu den Resten des verfallenen Poschhauses (2.113 m), gegenüber der Alm. Es wurde im Jahr 1911 auf Veranlassung des Wiener Ministerial-Rates von Posch anstelle des alten Hauses gebaut.
Für den bergbautechnisch interessanten Rückweg benützten wir die Fördertrasse. Von der Alm steigt man zur Oberen Pferdebahnstrecke und dann über die gemauerte Trasse des Kastenbremsberges zur Gebäudegruppe um den Neuen Stollen.
Über die kurzlebige Geschichte dieses letzten bedeutenden Projektes im Bergbau Schneeberg (Bauzeit 1967–1974; Strecke 4,5 km; Betriebsperiode 1974–79) wurde schon berichtet. Neben dem Stollenportal befinden sich Remisen, Werkstätten, eine Kompressorstation und Lagerräume sowie eine Trafo-Station. Der Stollen wurde 1990 noch fahrbar gehalten. Nach rund 3,6 km trifft man auf die alten und neuen Aufbrüche des ca.70 km langen unterirdischen Streckennetzes. Auf der 2.000 m Sohle ist der Durchgang vom Ridnauntal (Neuer Stollen) ins Passeiertal (Carlstollen) möglich.
Die von H. M. Voelckel zusammengestellte Tabelle auf Seite 33 enthält die Angaben der Förderabschnitte ober- und unterhalb unseres Standpunktes.[145]
Vom Neuen Stollen wandert man auf 3 ebenen Strecken und 3 Bremsbergen zu Tal. Man sollte dabei nicht übersehen, daß die 5,3 km lange Flachstrecke einige Ausdauer erfordert.

Wanderung C hat die Schneebergscharte bzw. den Beginn des Bergbauweges beim Oberen Lazzacher Erzkasten (2.496 m) als Ausgangspunkt. Dazu benützt man vom Poschhaus den Weg Nr. 28 aufwärts zu einer seengeschmückten Geländestufe. Rund 200 m unter der Scharte sieht man aufgehäuftes Blockwerk. Hier war das Ostportal des Kaindl–Stollens (erbaut 1720–1726, zugesprengt 1985), der unter dem Gebirgskamm in das Passeiertal führte. Von ihm geht eine Zulaufstrecke zum Oberen Lazzacher Erzkasten. Die Mauern und Plattformen des Steinbaues sind gut erhalten. Hier begann der Lazzacher Bremsberg, der mit 330 m Höhendifferenz und 711 m Länge das größte Bauwerk des Transportsystems war.
Der Abstieg über den neu hergerichteten Bergwerksweg schließt die Wanderungen A und B ein und gibt Gelegenheit, neben den optischen Eindrücken die Fortschritte der Technik kennenzulernen. Ursprünglich wurde das Hauwerk über die Scharte und das Sandjoch (2.598 m) „gesäumt“, später wurden ab dem Poschhaus Karren eingesetzt. Rillenspuren im plattigen Gestein beweisen es. Bei Saumtieren rechnete man mit 150 kg Last, bei mit Pferden bespannten Karren mit ca. 6 Kübel (1 Kübel = 150 Wiener Pfund = 84 kg) das sind 510 kg. Im Gelände kann man den Verlauf der ab 1871 gebauten Flachstrecken (Transport von 2.200 kg Hauwerk in 12 Wagen, gezogen von einem Pferd und geführt von einem Kutscher) und die Bremsberge mit bis zu 59% Gefälle gut sehen. Die Tragtiere benötigten 6 Std. von St. Martin bis Maiern, mit der Schienenbahn-Förderung ab 1871 nur mehr ca. 3 Stunden. Die Seilbahn von 1925/26 schaffte die 340 m auf und 1.114 m ab in 70 Minuten.

Es war weder die Schuld der Bergleute noch der Technik, daß die Anlage 1979 stillgelegt werden mußte. Die Natur ist es, die ihre Grenzen gezeigt hat. Die Übersicht der Metallgehalte seit 1891 läßt erkennen, daß die Lagerstätte fast an der Grenze der Bauwürdigkeit angekommen ist.[111]
Was wir heute als Ökonomie bezeichnen, haben die alten Bergleute auch gekannt, wenn sie vom *immerdar zum Beutel schauen* sprachen. Aber *Hoffnung bleibt bei den Berggebäuden das Panier*[56]. Die Geologen wollen weitersuchen.

WEGVERLAUF
Ausgangspunkt: Maiern (1.410 m); Ende der Straße von Sterzing in das Ridnauntal. Erzaufbereitung, Bergbaumuseum, Schaustollen.
Wanderung A: Lazzacher-Tal-Straße—Kohlboden (1.578 m) 1/2 Std.—Zulaufbahn—Maierner Erzkasten (1.564 m)—Aufbereitung.
Gesamtzeit: 1–1 1/2 Std.
Wanderung B: wie vorher zum Kohlboden (1.578 m) 1/2 Std.—Poschhaus/Alm (2.113 m) 1 1/2–2 Std.— Obere Pferdebahnstrecke—Kastenbremsberg—Neuer Stollen (1.980 m)—Mittlere Pferdebahnstrecke—Kohlwald Bremsberg—weiter wie bei Wanderung A.
Gesamtzeit: 4–5 Std.
Wanderung C: wie vorher zum Poschhaus (2.113 m) 2–2 1/2 Std.—Kaindl-Stollen (2.525 m)—Oberer Lazzacher Erzkasten (2.496 m) 1 Std.—Abstieg am

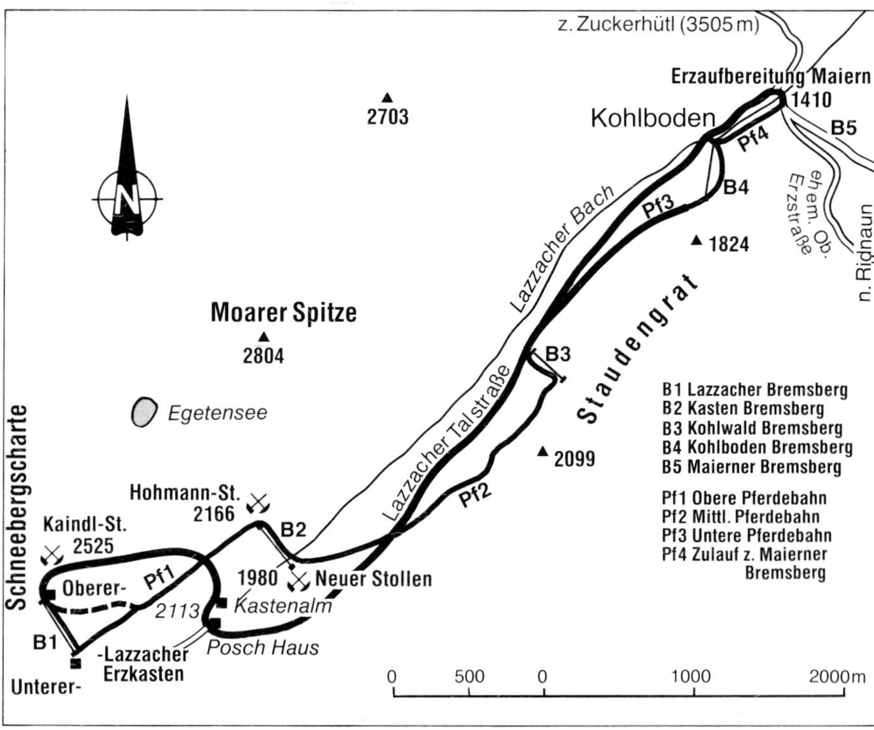

Schneeberg, Bremsberge und Pferdebahnstrecken – Übersicht

Bezeichnung	Meereshöhen in m	Höhenunterschiede in m	Länge in m	Gefälle in % d. Länge
	Anfang/Ende			
1. Seemoos-Wassertonnen-Aufzug: St. Martin	2.187,4/2.366,9	+ 179,5	405	–44,32
2. Strecke Seemoosaufzug zum 14-Nothelfer-Aufzug	2.366,9/2.363,7	3,2	676	0,47
3. 14-Nothelfer-Wassertonnenaufzug	2.363,7/2.525,0	+ 161,3	834	–19,53
4. Bahn Nothelferaufzug durch 730 m Kaindlstollen zum Lazzacher Bremsberg	2.525,0/2.496,7	28,3	1.349	2,09
5. Lazzacher Bremsberg	2.496,7/2.166,5	330,2	711	46,44
6. Obere Pferdebahnstrecke	2.166,5/2.159,2	7,3	972	0,75
7. Kastenbremsberg	2.159,2/1.986,8	172,4	526	32,77
8. Mittl. Pferdebahnstrecke	1.986,8/1.968,7	18,1	2.486	0,73
9. Kohlwaldbremsberg	1.968,7/1.779,4	189,3	365	51,86
10. Untere Pferdebahnstrecke	1.779,4/1.768,1	11,3	1.548	0,73
11. Kohlbodenbremsberg	1.768,1/1.578,9	189,2	438	43,19
12. Zulaufbahn zum Maierner Bremsberg	1.578,9/1.564,3	14,6	250	5,84
13. Maierner Bremsberg	1.564,3/1.410,7	153,6	258	59,53

BIS HIERHER WURDEN ÜBERWUNDEN:
aufwärts – 340,8 m, abwärts – 1.114,3 m, Länge – 10.819,0 m

Unten: St. Martin um 1900. Im Hintergrund das Verwaltungshaus (heute Schneeberghütte) und rechts die Kirche (1955 abgebrannt). Die beladenen Hunte werden von Ochsen gezogen.

Bergwerksweg längs des Lazzacher Bremsberges—Obere Pferdebahnstrecke und weiter wie bei Wanderung B; $2^1/_2$ Std.

Gesamtzeit: 5–6 Std.; mit Schneeberger Scharte (2.687 m) 1 Std. länger.

Hinweis: Wanderungen 4 und 5 können kombiniert werden, wobei sich eine Übernachtung in der Schneeberghütte (2.355 m) empfiehlt.

Auskünfte: Verkehrsverein Ratschings, I-39040 Stange.
Karten: Freytag & Berndt S 8, Passeier, Timmelsjoch, Jaufen; Kompaß Nr.44; IGM Blatt 4 I., S.O. (Ridanna) und Blatt 4 IV, S.E. (Corvara in Passiria).

ZUM SCHNEEBERG AUS DEM PASSEIERTAL 5

Zum Grubenrevier St. Martin hat nie eine Straße geführt. Das Hauwerk wurde über das Joch ins Ridnauntal geliefert. Der Weg aus dem Passeiertal diente nur den Bergleuten und der Proviantversorgung mit Tragtieren. Er war im Winter und Frühling gefährlich, wie zahlreiche Lawinentote beweisen.
Ausgangspunkt unserer Wanderung ist die Timmelsjochstraße, die wir etwas vor dem Gasthof Saltnuß (1.680 m) verlassen. Der Weg Nr. 31 führt leicht ansteigend talein. Wir überqueren den von links herabkommenden Schneebergbach und gelangen zu den Weideflächen der Föss-Alm (1.910 m), früher ein ganzjährig bewohnter Hof. Der breite Weg führt in Kehren aufwärts. Dem kundigen Auge entgehen die Halden im östlichen Gehänge nicht. Aus dem darüberliegenden Mundloch des Carlstollens (2.058 m) fließt ein Bach. Ein Besuch der Örtlichkeiten ist nicht lohnend.
Wir verfolgen den breiten Weg weiter und kommen zu einem Rücken, jenseits dessen der Schneebergbach rauscht. Das nächste Ziel ist der flächenmäßig große Seemoos-Boden mit dem ausgedehnten, unbewachsenen Bergwerksgelände. Ein Steig führt zum steinernen Berghaus mit sechs aufgesetzten Dachreitern.

Abb. rechts – *oben: Im Jahr 1910 wurde im Bergbau Schneeberg/St. Martin eine neue Bohrmaschine eingesetzt. Auf dem Foto sieht man links den Hutmann Josef Pirhamer mit Berghammer und Geleuchte. Pirhamer (1876–1914) erhielt seine Ausbildung in der Bergschule Klagenfurt. In dieser Zeit (1902) entstanden Zeichnungen über Maschinen- und Bergmaschinenlehre, die erhalten geblieben sind. Einige Beispiele der damaligen Technik sind im vorliegenden Buch (siehe auch Bildnachweis) enthalten.*

– unten: Die Grubenbahn beim Neuen Stollen im Jahr 1988.

T.80

Dem Haus ist bergseitig das 1910 errichtete E-Werk angegliedert. Die große Terrasse läßt den benachbarten, aus Steinquadern gefügten Erzkasten besonders wuchtig hervortreten. Gegen Osten dehnen sich Halden und Reste von Transportwegen, welche die Größe des ehemaligen Abbaugebietes erkennen lassen. Die Stollen-Mundlöcher sind verbrochen und verschüttet. Am Seemoos-Boden, dessen Wasserabflußschacht zum Teil eingestürzt ist, so daß ein kleiner, flacher See entstand, findet man Erzhaufen, Mauerreste, Eisenteile, Holztrümmer und massenweise Zinkblende und Bleiglanz.
Man kann die Transporttechnik gut rekonstruieren. Das gebrochene Hauwerk wurde im Erzkasten gespeichert. So war der tägliche Transport von der Materialanlieferung unabhängig. Durch die Auslaßöffnungen des Erzkastens kam das Hauwerk in die darunter bereitgestellten Hunte. Diese wurden über den Seemoos-Wassertonnen-Aufzug nach St. Martin gezogen. Die steile, gemauerte Trasse und die Schienen sind noch gut erhalten. Der Aufzug blieb auch nach Errichtung der Seilbahn 1925/26 bestehen. Bis zum Ende des Bergbaues im Jahr 1967 wurden von Seemoos die gefüllten Hunte mit dem Aufzug bergwärts gezogen.
Vom Seemoos nehmen wir den weiteren Aufstieg über den alten Knappensteig. Dieser wurde neu ausgebaut und markiert. Er führt am großen Erzkasten vorbei, über alte Förderanlagen und östlich des Seemoos-Wassertonnen-Aufzuges nach St. Martin.
Das vielgerühmte Knappendorf St. Martin (2.355 m) ist heute nur ein schwacher Abglanz einstiger Größe und Bedeutung.[152, 153] Die 31 Stollen, mit dem Pockleiten- oder St. Martins-Stollen im Mittelpunkt, die im Schwazer Bergbuch 1556 abgebildet sind, verschwanden allesamt. Die Wege wurden eingeebnet, die Halden von Schubraupen verändert, die Seilbahn abgebaut, das Arbeiterwohnhaus dem Erdboden gleichgemacht. Ein halbes Dutzend weiterer Gebäude verfällt. Brände haben 1955 das Kirchlein Maria Schnee (geweiht 1722) und im Jahre 1967 ein Knappenhaus zerstört. Im gleichen Jahr wurde die Siedlung, die einst Schule und Kirche aufwies, geräumt. Instandgehalten und bewirtschaftet wird das ehemalige Herrenhaus vom CAI Meran und als gern besuchte „Schneeberghütte" während der Sommermonate offengehalten. Ein Briefkasten mit Knappenzeichen und ein großes Kruzifix schmücken die Außenseite. Alte Fotos im Gastraum erinnern an glanzvollere Zeiten.
Wer mehr über diese Stätte wissen möchte, dem seien die Bücher CHRONIK VOM SCHNEEBERG und 800 JAHRE SCHNEEBERG von H. M. Voelkel empfohlen, welche viele Einzelheiten, Zahlenmaterial und Erinnerungsdaten enthalten.[146, 148] Am Wiederaufbau der Kirche wird gearbeitet. Das Bergbaukomitee Passeiertal ist bemüht, einen Schaupfad zu beschildern, um den

Abb. rechte Seite – *oben: Vom Neuen Stollen (1.980 m) führte die Grubenbahn zur Seilbahnstation (Bildmitte). In der Fortsetzung sieht man unter dem Staudengrat die ehemalige Mittlere Pferdebahnstrecke zum Kohlwald-Bremsberg.*

– unten: Bergwerkshalden bei St. Martin, Schneeberg.

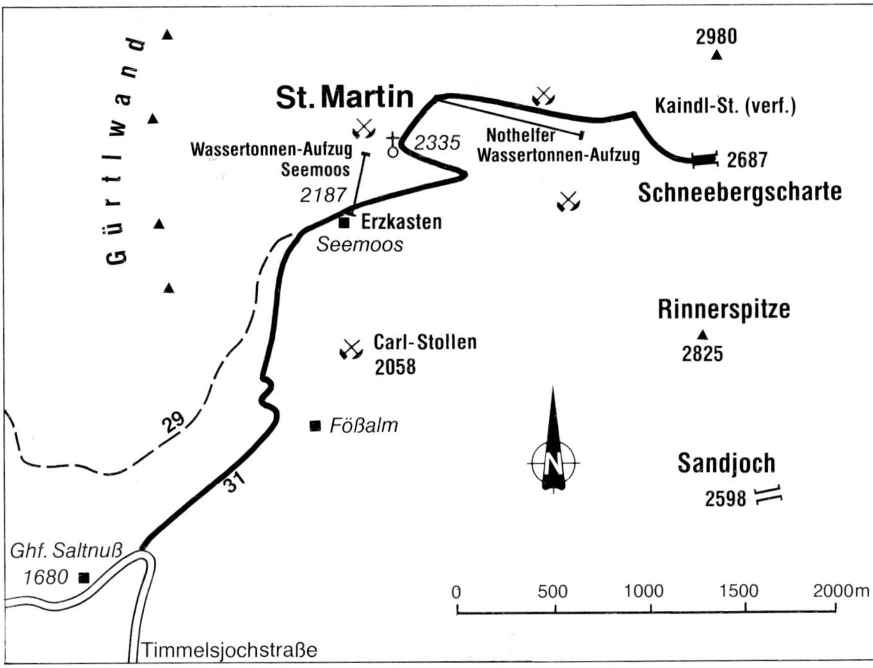

Besucher auf wichtige Plätze hinzuweisen. Vorhanden sind noch schön gemauerte Stollenportale, einige Transportwege und Schiefe Ebenen, viele Halden und Pingen sowie Reste der gemauerten Trasse des Vierzehn-Nothelfer-Aufzuges. Der Betrieb des Aufzuges erfolgte ebenfalls nach dem Wassertonnenprinzip. Vom oberen Ende, das in 2.525 m Seehöhe liegt, und wo man noch Gebäudereste sieht, führte eine ca. 300 m lange, leicht fallende Strecke.

Für seine Zeit war dieser Stollen ein technisches Meisterwerk: *daß ein großes Gebirge daselbst mit großen Kosten durchgehauen wurde, wodurch Menschen und Saumrosse von einem Tal in das andere mitten durch den Berg gelangen können*[135].

Dieses Bodendenkmal wurde im Zuge der Aufräumungsarbeiten zerstört. Eine Renovierung ist geplant.

Wer will, kann noch die letzten 200 m zur Schneebergscharte (2.687 m) hinaufsteigen. Die Schweißtropfen, die man vergießt, sind gering im Vergleich zu den Mühen der lastentragenden Bergleute (30 kg) und der Tragtiere (150 kg). Der Blick ins Lazzacher Tal macht die Größenordnung der körperlichen Leistungen am Schneeberg richtig bewußt – und das alles zur Gewinnung des „bleiischen Zeugs“, von dem es in Molls Zeitschrift 1776 heißt: *Mithin wird das Erz 20 Stunden weit mit Pferden vom Bergbau weggebracht, eine Anstalt, welche wohl nur in der Hinsicht mit Nutzen stattfinden kann, weil der Schmelz- und Saigerprozeß zu Brixlek Bleyerz erfordert* [146].

Abb. linke Seite: *Der Erzkasten am Seemoos-Boden (2.1087 m) diente als Materialspeicher für den Wassertonnenaufzug nach St. Martin (2.335 m).*

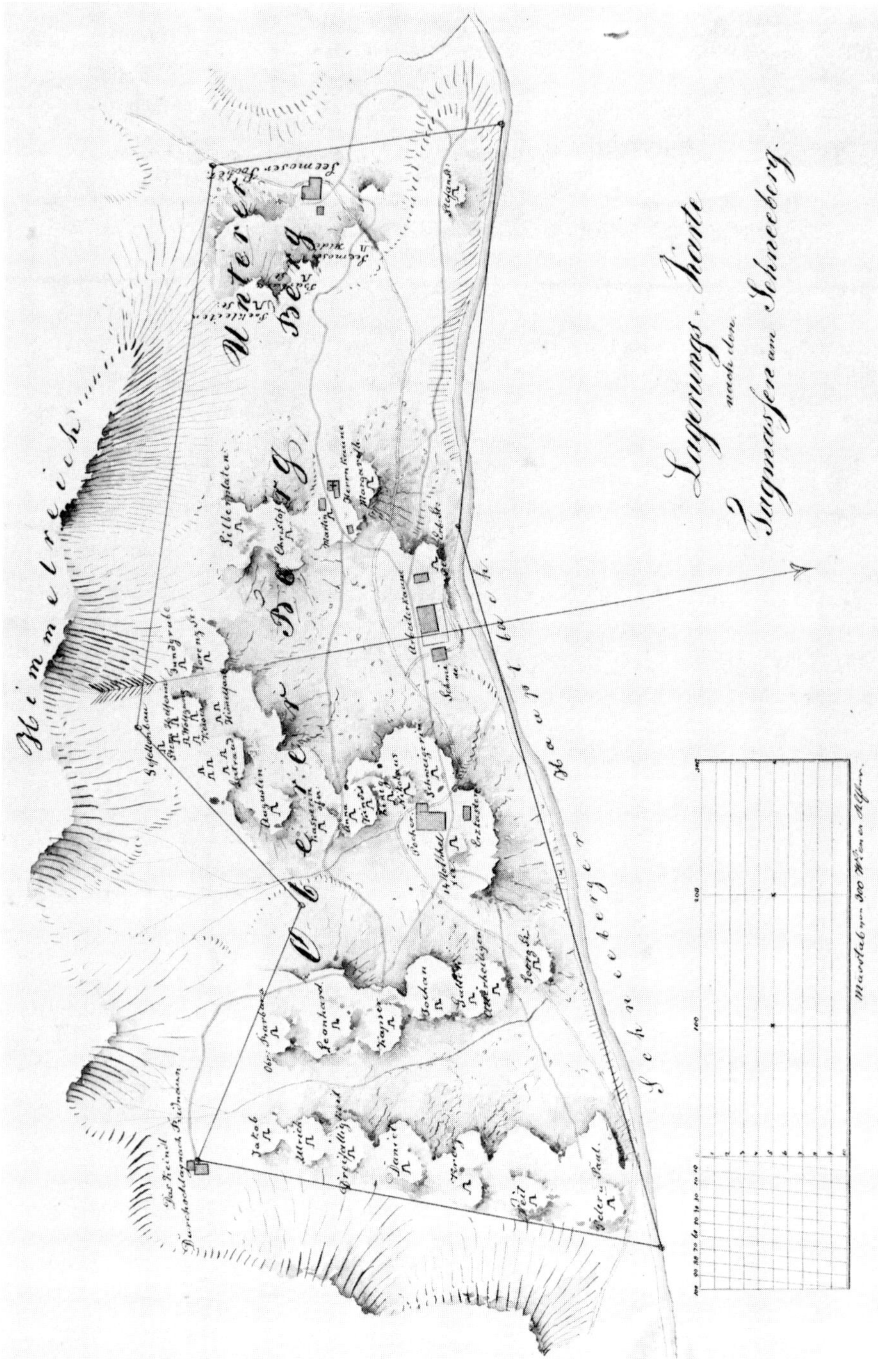
Himmelreich
Unterer Berg
Lagerungs-Karte
am Schneeberg

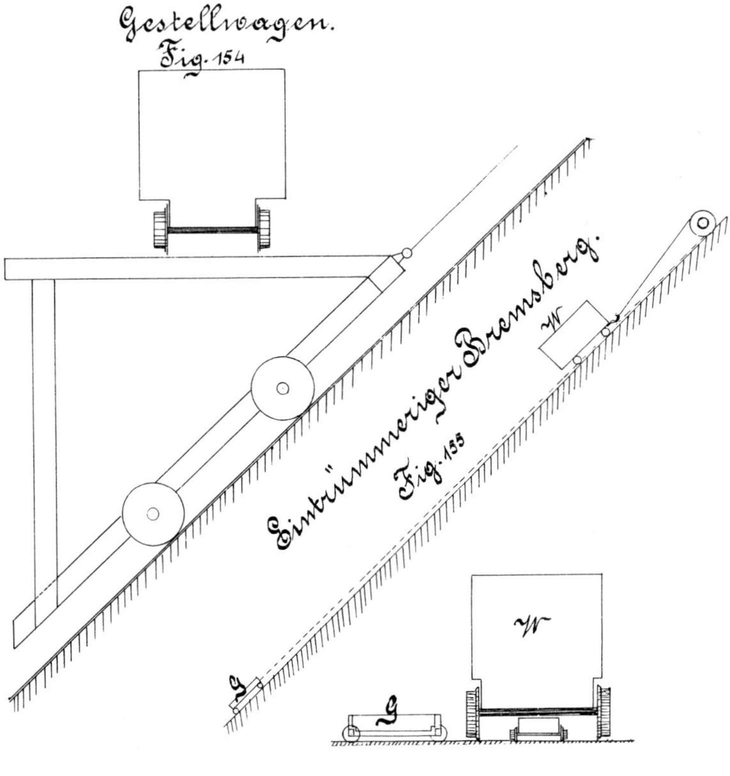

oben: *Bremsberg-Förderung. Aus dem Arbeitsbuch von J. Pirbamer, das 1902 in Klagenfurt (Bergschule) entstand. Pirbamer, war ab 1905 bis zu seinem Einrücken zum Militär (gefallen 1. Nov. 1914 in Serbien) Hutmann am Schneeberg. Das Buch ist ein wertvolles Dokument der Bergbaugeschichte und befindet sich heute im Besitz des Bergbaukomitees Ridnaun (H. Schölzhorn).*

links: *Schneeberg, Bergwerksarte von1856. Sie vermittelt eine Übersicht des Grubenreviers vor Beginn des Baues der Übertagförderanlage für Zinkerz ab 1872. Das Abbaugebiet erstreckte sich vom Unteren Berg (Seemoos Pocher und Pockleiten-Stollen) zum Oberen Berg mit St. Martin (Herrenhaus, Arbeiterkaue, Erb-Stollen) in der Mitte. Daneben sind Erzkasten, Pocher und Stollen eingezeichnet, die sich oberhalb des 14 Nothelfer-Stollens befinden. Auf der linken Seite der Karte liegen die Mundlöcher der Einbauten unterhalb des Durchschlages nach Ridnaun („Das Kaindl").*

Flachschienenbahn.

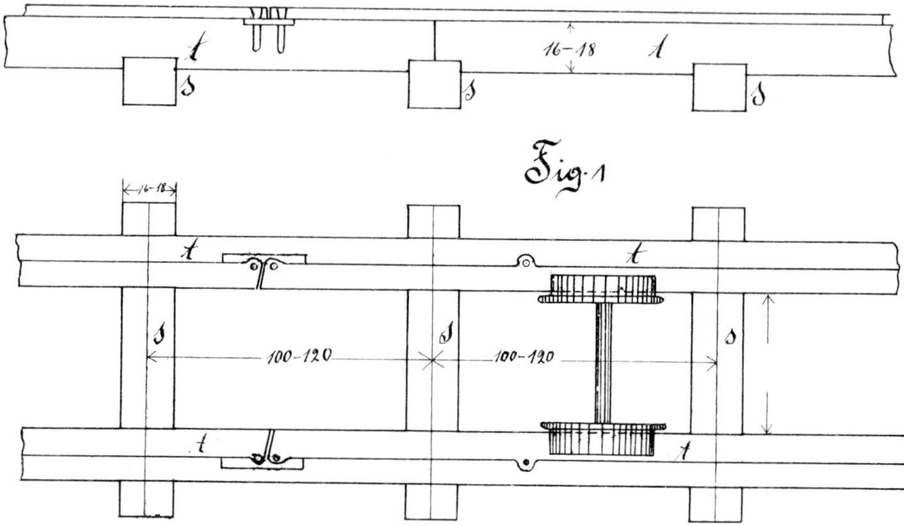

Bremsvorrichtungen.

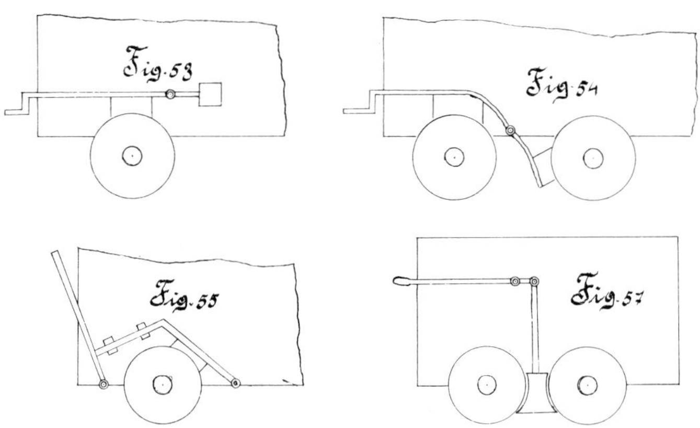

Aus dem Arbeitsbuch von J. Pirbamer 1902

Form der Förderwägen.

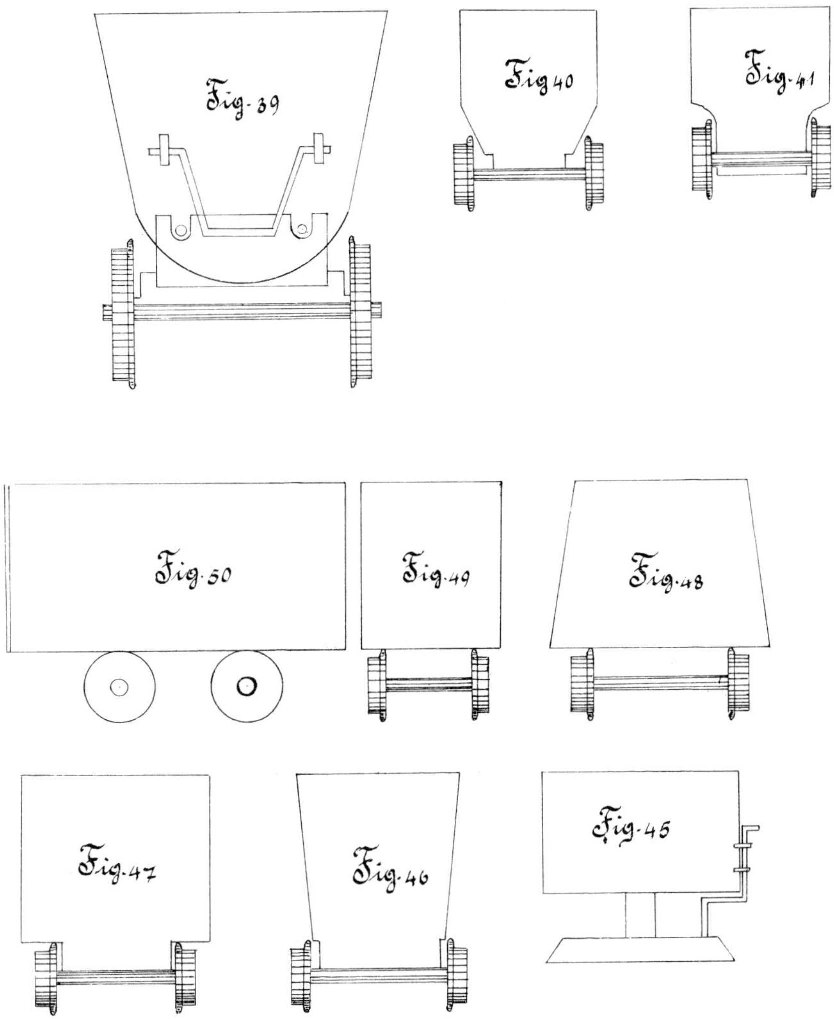

Reibgitterwäsche

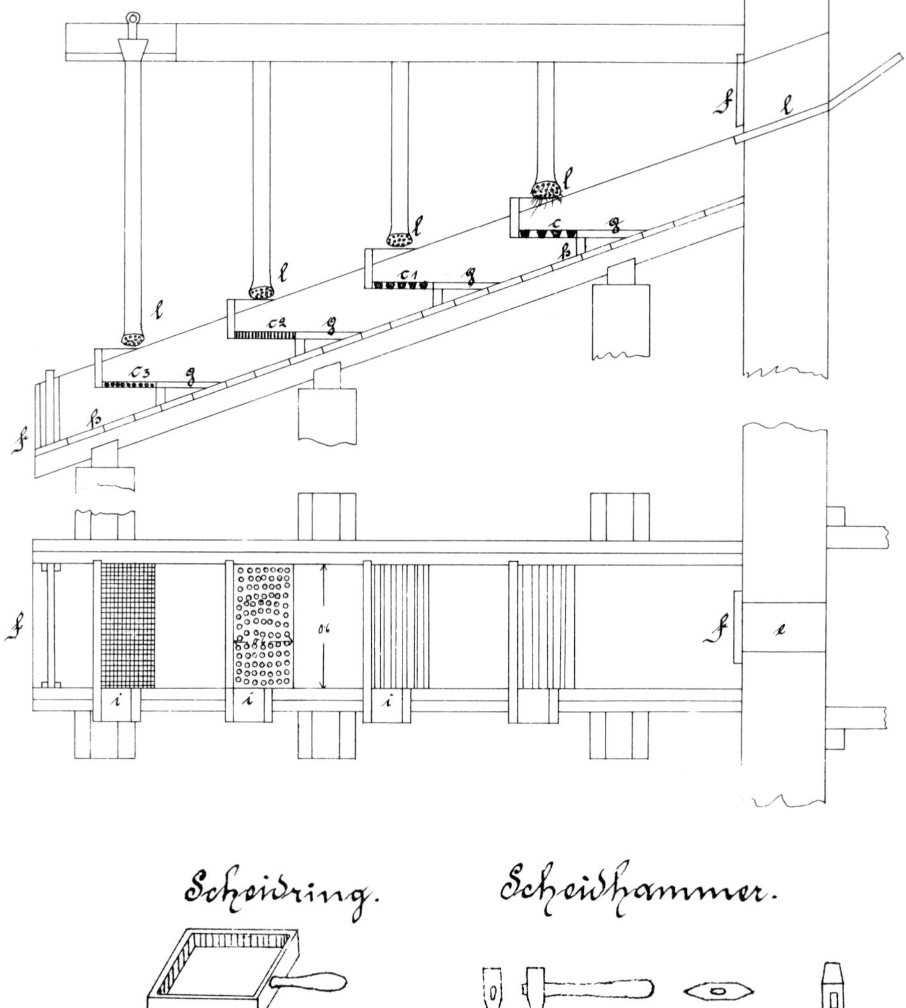

Scheidring.

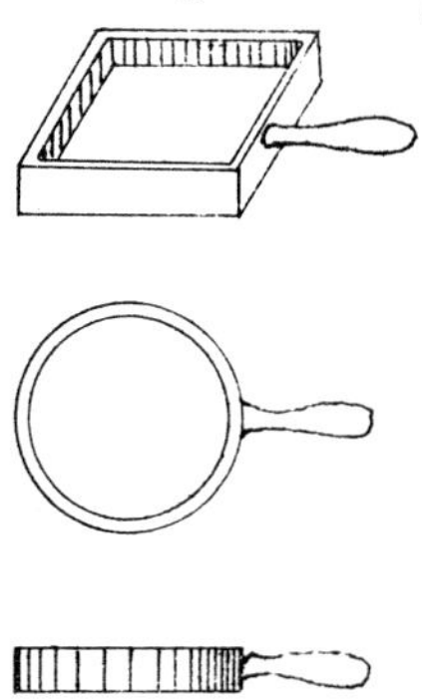

Scheidhammer.

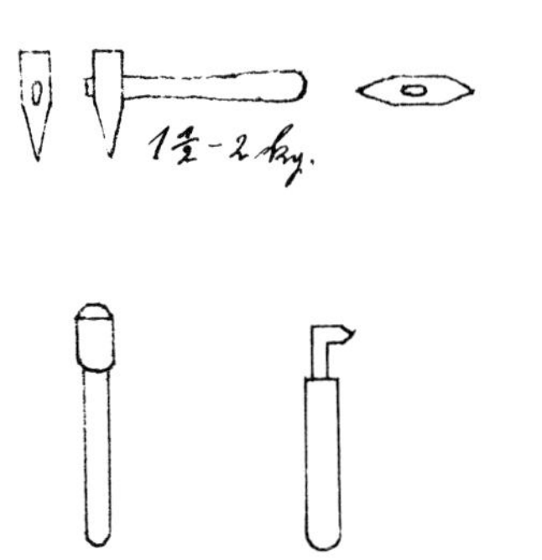

WEGVERLAUF

Ausgangspunkt: Timmelsjochstraße Gasthaus Saltnuß (1.680 m)—Weg Nr. 31—Seemoos (2.187 m)—St. Martin—Schneeberghütte (2.335 m) 2–2 1/2 Std.—14 Nothelfer-Aufzug, Kaindl-Stollen (ca. 2.500 m) 1/2–3/4 Std. —Schneeberger Scharte (2.687 m) 1/2 Std.
Gesamtzeit: 5–6 Std.
Hinweis: Mann kann auch vor der Schönauer Alm (1.759 m), bei der großen Straßenkehre im Timmelstal (Timmelsbrücke), über den „Knappenweg" und Weg Nr. 29 zum Seemoos-Boden gehen; schöne Aussicht, zeitlich etwas länger.
Karten: Freytag & Berndt WSK 8 (Passeier, Timmelsjoch, Jaufen), Kompaß Nr. 44, IGM Blattt 4, IV, S.E.

KULTUR, BERGBAU UND MINERALIEN IM PFITSCHTAL 6

Das Gemeindewappen von Pfitsch zeigt eine aufrechtstehende, dreigliedrige Bergkristalldruse als Wahrzeichen und darunter ein Hufeisen als Symbol des Jochüberganges in das benachbarte Zillertal. Kristalle haben diesen Winkel an der Südseite des Alpenhauptkammes berühmt gemacht.
Beweis dafür sind nicht nur die zahlreichen Ausstellungsexemplare und Fachveröffentlichungen, sondern z. B. auch ein Büchlein der Sterzinger Mineraliensammler[61], aus dem Interessierte Einblicke in die Mineralienvielfalt und Hinweise auf Fundstellen entnehmen können. *Als gutes Fundgebiet für Bergkristall, Rutil, Titanit, Pyrit, Magnetit, Strahlstein usw. gilt die Gegend um das Pfitscherjoch... und das Gelände vom Unterberg (Gamsstetten, Gliedergang*[33]. Bedauerlicherweise hat aber der kommerziell betriebene Raubbau derart zugenommen, daß der Gliedergang des Unterbergtales als Naturdenkmal unter Schutz gestellt werden mußte (Dekret vom 1. Februar 1985, Nr. 162). Um eine Kontrolle der Sammeltätigkeit zu haben, wurde durch Landesgesetz vom 12. August 1977 verfügt, daß für Mineraliensammler Genehmigungen erforderlich sind. Auskünfte darüber erteilt der Landesverband der Mineralien- und Fossilien-Sammler-Vereine beim Landesverkehrsamt, I-39100 Bozen.
Die Vielfalt der Pfitscher Mineralien und das spärliche Vorkommen von Lagerstätten abbauwürdiger Bodenschätze hat einen bedeutenderen Bergbau

Abb. links – *oben: Naßgitter-Klassifizierung verschiedener Korngrößen des zerkleinerten Hauwerkes (J. Pirbamer 1902).*
– unten: Vorrichtungen zur händischen Erz-Scheidung.

nicht aufkommen lassen. Dennoch sind im Tal einige Bergbauzeugnisse vorhanden.
In Wiesen (948 m) am Taleingang, 2 km östlich von Sterzing, stand eine Schmelzhütte, in welcher die Erze von Tulfer und Pfitsch verarbeitet wurden. Ein Hausname deutet noch darauf hin. Ein wertvolles Kunstwerk des früheren Bergbaues befindet sich in der dortigen Heiligkreuzkirche. Auf einem farbigen Glasfenster mit der Jahreszahl 1515 ist die hl. Helena neben einem Bild des Bergbauunternehmers Pfarrkircher dargestellt. Helena gilt ähnlich wie Daniel als Helfer bei der Suche von Bodenschätzen. Pfarrkircher ist derselbe Gewerke, dessen Wappen sich in der Gossensasser Barbarakapelle befindet[56].
Die Straße von Wiesen taleinwärts überwindet in zwei Kehren die steile und enge Bachschlucht. Oberhalb liegt der Weiler Tulfer (1.229 m), wo im Bereich des Plerch- und Leitner-Waldes vom 15.–17. Jh. Bergbau auf Schwefel- und Kupferkies im Chlorit- und Talk-Schiefer betrieben wurde. Heute ist nichts mehr davon zu finden. Die Engstelle des Talschlusses, die „Wöhr", die seinerzeit als Schutz gegen die Ausbrüche des Pfitscher Sees gebaut wurde, ist gezähmt. Bei Ried (1.376 m) wird das Tal flacher. Dort liegt ein kleiner Stausee, und bei Fußendraß öffnet sich der weite Talboden, den einst ein See bedeckte. In der alten Kirche von Kematen (1.440 m) gibt es ein diesbezügliches Deckengemälde.
Die an die alte Kirche angebaute neue Kirche enthält im Kirchenschiff einschlägige Tätigkeits- und Vereinssymbole, u. a. Schlägel und Eisen. Letzteres in Erinnerung an den bis vor zwei Jahrzehnten betriebenen Talkbergbau im Großbergtal.
Dieser ist das Ziel unserer Wanderung. In das Großbergtal führt von Fußendraß eine Forststraße; der alte Weg, der mit Nr. 17 markiert ist, kürzt stellenweise ab. Man bleibt auf der orographisch linken Seite des Baches. Die Straße führt am jenseitigen Ufer, kommt dann aber auf die linke Seite zurück. In der Felswand gegenüber sieht man einen Weg, der zu einem großen Portal führt. Es handelt sich hier nicht um Bergwerksreste, sondern um militärische Anlagen. Wir bleiben im Talgrund und folgen der Straße, bis man rechts oben im Wald eine kleine Hütte sieht. Knapp 100 Höhenmeter darüber erkennt man den Horizont der ehemaligen Talkgrube. Im Gelände liegen Materialreste. Der Verlauf der Seilbahn, die von hier hinab zum Bach und dann auf der anderen Seite durch den Großberg-Wald bis hinab zum Pfitscherbach gegenüber von Kematen führte, ist anhand der Stützenfundamente und der Waldschneisen noch auszumachen. Um zu den Stollen zu kommen, muß man mühsam über den steilen Hang aufsteigen. Von den drei Stollen in ca. 1.750 m Seehöhe ist einer völlig verschüttet, ein weiterer gut erkenntlich, aber künstlich verengt. Der dritte Stollen ist ca. 10 m offen und endet im weichen Talkschiefer. Hier erkennt man sehr gut die mergeligen und blättrigen Talklagen. Talk ist ein Magnesiumhydrosilikat $Mg_6(Si_2O_4)_4 \cdot (OH)_4$ mit der Härte (Mohs) 1 und kommt in der Natur mit anderen Gesteinsbestandteilen vermengt vor. Er ist als „Speckstein" für Schreibgriffel, Schmelztiegel und Pfeifenköpfe schon in alter Zeit verwendet worden.

Abb. rechts: *Quarzit-Steinbruch im Pfitscher Tal*

Am Gipfel der Tatschspitze (2.526 m) gegen die Dolomiten. Die Erzlagerstätten befinden sich an der Nordwestseite des Berges gegen das Eggertal (Wanderung 6).

Seine Bedeutung erhielt Talk infolge seiner guten chemischen Resistenz, Weichheit, Geschmeidigkeit und Verträglichkeit mit anderen Natur- und Kunststoffen. In den verschiedensten Industriezweigen, angefangen von der Papier- und Zellstoff-Industrie über die Gummi-, Farben-, Lack-, Keramik-Erzeugung bis zu Nahrungsmitteln und Pharmazeutika wird Talk gebraucht. Der Pfitscher Talk ist von graugrüner Farbe und nur für die Papierindustrie geeignet. Der Talkabbau begann 1940 und erfolgte zuerst von der Lagerstätte Großberg, die in rund 600 m Luftlinie gegenüber auf der orographisch rechten Seite des Tales in 1800 m Seehöhe lag. Dort befand sich in der Kalkschieferhülle eine Linse aus Talk und Talkschiefer.
Diese Lagerstätte war 1959 erschöpft und man übersiedelte auf die Burgumer Seite.[99] Hier an der orographisch linken Seite des Tales fand man eine verhältnismäßig ausgedehnte Lagerstätte. Sie erstreckte sich 250–300 m in den Berg und zeigte eine Mächtigkeit bis zu 20 m. Das Umgebungsgestein ist Quarz, Muskovit und biotithaltiger Kalkschiefer. In der Umgebung der Karbonatscholle war der Talk besonders rein. Im Jahr 1969 wurde der Bergbau eingestellt, und die Firma „Miniera di Montegrande“ verlegte ihre Aufsuch- und Abbautätigkeit in das Jaufental. Die gegenwärtige Talk-Produktionsmenge schwankt beträchtlich. Die Produktionszahlen betrugen abgerundet 4.000 t (1984), 14.000 t (1985), 7.000 t (1986) und 11.600 t (1987).
Mineralogisch ist die Örtlichkeit interessant, weil man cm-große Kristalle von Breunnerit, ein eisenhältiger Magnesit, finden kann. Wer die Wanderung fortsetzen möchte, kommt in ca. 1 Std. zu den Großbergalmen, die von Grabspitze, Sandjochspitze und Wilde Kreuzspitze eingerahmt werden. Bergkristalle sind in Richtung Grabspitze zu finden.
Zum Abstieg benützt man den gleichen Weg hinab zum Bach und zur Almstraße. Man bleibt auf der orographisch rechten Bachseite. In der Literatur[71, 136] finden sich Hinweise, daß in diesem Bereich im 17.Jh. nach Chalkopyrit, Pyrit, Galenit und Molybdänit geschürft wurde. In diesem Gelände findet man eine Reihe militärischer Anlagen, Bunker, Stellungen und Gräben.

Nach diesem Ausflug sollte man nicht versäumen, auch dem inneren Talbereich einen Besuch abzustatten. Auf der Fahrt nach St. Jakob im Pfitschtal (1.494 m) kommen wir in Platz bei einem Hof mit dem Namen „Knappen“ vorbei. Gleich hinter St. Jakob steht die alte Kirche mit Fresken aus dem 16. Jh. Bei der Weiterfahrt zweigt man von der Pfitscherjochstraße rechts auf den alten Talweg ab.
Man fährt bis zur Brücke in Anger bzw. Holz und parkt dort. Die Straße endet bei einem Quarzit-Steinbruch, den zu besichtigen lohnenswert ist. Kommt man innerhalb der täglichen Betriebszeit, so sollte man um Erlaubnis fragen. Der hier anstehende, plattenförmig geschichtete Quarzit wird maschinell gebrochen und in verschiedene Größen und Dicken sortiert. Die transportfertigen Platten werden auf Paletten gepackt. Betreiber ist die Firma Grönig, Sterzing. In Südtirol wurden 1984 6.300 t, 1985 4.200 t, 1986 4.600 t und 1987 7.500 t Kalk- und Serpentinschiefer abgebaut.[139]
Nach der Besichtigung spaziert man längs des Baches hinauf zur Straße und zum aussichtsreich gelegenen Gasthof Stein (1.555 m). In der Wirtsstube des alten Gasthofes kann man den Tag ausklingen lassen, der uns viele Eindrücke aus dem Leben in einem Hochtal vermittelte.

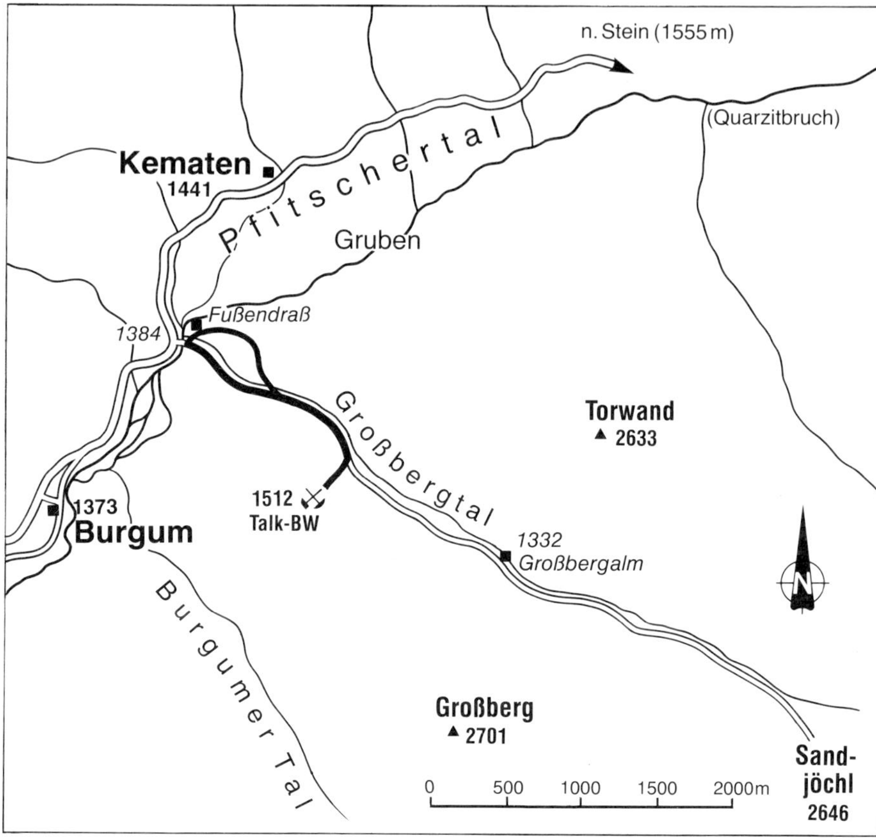

WEGVERLAUF

Ausgangspunkt: Fußendraß (1.348 m); erreichbar auf der Straße von Sterzing mit Unterbrechung in Wiesen (948 m) zur Besichtigung des Glasfensters in der Kirche. Ausgangspunkt Weg Nr. 17 Großbergtal—Talk-Bergwerk (1.750 m) 1 Std.
Gesamtzeit: 2 Std.
Weiterfahrt über St. Jakob nach Anger (1.474 m)—Quarzit-Steinbruch —Gasthof Stein (1.555 m)—Anger.
Gesamtzeit: 1 Std.
Karten: Freytag & Berndt S 4 Sterzing, Jaufen, Brixen; Kompaß Nr. 44 Sterzing; IGM Blatt 4 IV, N.O. (Terme die Brennero) bzw. Blatt 4 IV, N.E. (Passo di Vizze).

TATSCHSPITZE (2.526 m)

Bergbauwanderung mit Tiefblick

Die Straße über das Penser-Joch (2.215 m) verbindet Eisack- und Sarntal. In der Zone des Brixner Granits südöstlich des Joches und dem angrenzenden Brixner Quarzphyllit befinden sich Erzvorkommen von Galenit, Sphalerit, Chalkopyrit und Pyrit. Sie erweckten immer das Interesse der Geologen und Bergleute.[11, 34] Das Zentrum des Vorkommens befindet sich in den Nordwest-Abhängen der Tatschspitze und reicht bis in das Egger Untertal. Unter- und Obertal bilden das Eggertal, das bei Pfulters in das Eisacktal mündet. Kleinere Vorkommen befinden sich auch südöstlich des genannten Bergstockes im Puntleider Tal. Die bis 1720 in Grasstein bestandene Schmelzhütte gab Anlaß, die Umgebung nach abbauwürdigen Lagerstätten, z.B. nach Bleierzen, abzusuchen. So entstanden eine Reihe von Versuchsschürfen, die außer ihrem mineralogischen Interesse[33] keine montanistische Bedeutung erlangten. Eine Ausnahme bildet die Tatschspitze. Von einem *nichterschlossenen Erzrevier Eggertal-Puntleid-Grasstein* auf Blei, Zink, Kupfer und Fluorit zu sprechen[33] ist angesichts der weit auseinanderliegenden gangförmigen Mineralisierung unbekannter Tiefenerstreckung wohl ein Wunschdenken. Weil das Gebiet touristisch nicht sehr begangen ist und eine Reihe von Mineralien vorkommen, wären gute Voraussetzungen für eine interessante Bergbauwanderung zu erwarten gewesen. Die gemachten schlechten Erfahrungen bei der Auskundschaftung empfehlenswerter Routen, z. B. durch das Egger Untertal oder das Puntleider Tal, die nach mühsamen Aufstiegen in wilden Talkesseln endeten, ließen den Gedanken einer Wanderung entstehen, bei der man das Gebiet von oben betrachten kann. Zudem besitzt die Tatschspitze eine weitreichende Fernsicht, die vom Karwendel bis in die Dolomiten und von den Zillertalern bis zur Ortlergruppe reicht und allein schon Anlaß wäre, diesen Berg zu besteigen.

Als hochgelegenen Ausgangspunkt wählen wir den Parkplatz bei der Penser Alm (2.158 m), südöstlich des Penser Joches. Oberhalb der Hütte leitet der markierte Weg Nr. 14 zuerst nach Süden, um dann – den Astenberg umgehend – nach Osten umzuschwenken. Wir benützen diesen Steig erst zum Rückweg. Vorerst halten wir uns von der Alm über Steigspuren direkt zum Kamm hinauf. Dieser zieht sich, anfangs breiter und später schmäler werdend, vom Penser Joch zum Kesselboden und dann zum Astenberg (Niedjoch) bis zum Fuß unseres Zieles. Im welligen Auf und Ab spazieren wir auf der aussichtsreichen Wasserscheide dahin. Wir sehen direkt in das rund 500 m tiefer liegende Egger Untertal hinab: neben einigen Almhütten auf steilen Weidehängen erstreckt sich viel Wald, der von den Schuttströmen der zahlreichen Wildbäche durchzogen wird. Im Norden sieht man die Penser-Joch-Straße mit den verstreuten Höfen des Weilers Egg (1.493 m). Den Kamm weiterverfolgend erreichen wir schließlich den Astenberg (2.327 m).

Von diesem Punkt haben wir eine ausgezeichnete Übersicht, einmal in das Tal zu unseren Füßen und gegen Osten auf die breit hingelagerte Tatschspitze. Über den Grat zum Niedeck (2.304 m) führt der Weiterweg, der sich auf der Westseite der Tatschspitze über flache Böden und die dazwischen liegenden, schrofigen Steilstücke zum Gipfel windet.

Der Astenberg ist die richtige Stelle, um uns mit den Einzelheiten des

Bergbaugebietes vertraut zu machen. Die Nord- und Nordost-Seite der Tatschspitze fällt, durch Felsabbrüche und eingestreute Schotterflecken gegliedert, in den breiten Kessel des Egger Untertales ab. Ein Waldrücken begrenzt dieses gegen den benachbarten Villwanckgraben.
Auf der uns zugewandten Seite der Tatschspitze wurden Erzausbisse gefunden. Es handelt sich um rund 10 Gänge zwischen 1.800 und 2.400 m Seehöhe. Sie streichen nordöstlich–südwestlich, besitzen eine Mächtigkeit von 0,5–3,0 m und fallen steil, unter einem Winkel von 70–80°, nach Nordwesten ein. Sie sind zum Teil über Längen von mehr als 1 km verfolgbar. Um die Jahrhundertwende wurden drei dieser Gänge durch Probeschürfungen untersucht. Man fand einen „Blendengang" (80% Zinkblende, 20% Bleiglanz, Gangart Quarz und Baryt), einen „Bleierzgang" (75% Bleiglanz, 12% Kupferkies; Gangart Quarz und Kalkspat) und einen „Kupferkiesgang". Durch Schürfungen in 1.800 und 1.710 m Seehöhe wurde die Gangstreichen-erstreckung über 1,3 km festgestellt.
Voll Optimismus und unter Annahme, daß *die Gangmächtigkeit nach der Tiefe zunimmt* begann man mit der Verwirklichung eines Projektes, über das M. v. Isser im Jahre 1909 berichtete[72] .Obwohl das Vorhaben, bedingt durch den Ausbruch des 1.Weltkrieges, nie zu Ende geführt wurde, geben die damaligen Überlegungen und Kostenvoranschläge einen Einblick in die Ökonomie des Bergbaues.
Vorgesehen war der Anschlag des Berta-Unterbau-Stollens in 1.650 m mit einer Länge von 350 m und eines Johannis-Stollens in 1.870 m Seehöhe mit 250 m Länge. Damit hoffte man, die sich in die Tiefe erstreckenden Erzgänge zu erreichen. Gelungen ist es jedoch nicht, denn die Stollen kamen nur auf 250 und 100 m Länge und Erz traf man nicht an.
Das Projekt sah, neben dem Grubenbau, eine 5 km lange Materialseilbahn und den Bau einer Aufbereitungsanlage in Pfulters (960 m) vor. Außerdem waren die Sicherung der elektrischen Energieversorgung, der Wegebau und die Errichtung von Werkstätten und Personalhäusern vorgesehen.
Folgende Investitionskosten wurden errechnet:

1. Grubenbau (Unterbau, Stollen, Maschinen, Berghaus)	130.000 Kronen
2. Förderanlage (Drahtseilbahn, Leistung 150 t/Tag)	75.000 Kronen
3. Elektrizitätswerk	50.000 Kronen
4. Aufbereitung (150 t/Tag) und Werkstätten in Pfulters	125.000 Kronen
5. Div. Bauten (Talweg, Unterkünfte, Verladerampen)	90.000 Kronen
Total	470.000 Kronen

Als Jahresleistung wurden 30.000 t Roherz = 9.900 t Reinerz angenommen. Für diese Fördermenge sollten die Vorräte für eine 30-jährige Betriebsperiode ausreichen. Bei der Kalkulation der Kosten und Erträge überrascht uns die Tatsache, daß „Betriebsleitung und Regiespesen" mit nur 14% in der Vorschau eingesetzt wurden. Ein Posten über Steuern, Kapitalzinsen und Abgaben scheint überhaupt nicht auf. In der guten alten Zeit herrschten andere Wirtschaftsregeln! Es verwundert nicht, daß unter dem Strich, den Gestehungskosten von 67–70 Kronen/t loco Bahnhof Mauls ein Erlös von 90 Kronen/t gegenübergestellt wurde: *daher sich ein Betriebsüberschuß von Kronen 20 pro Tonne ergibt, was bei einer Jahresproduktion von 9.900 t*

Reinerz einem Jahreserträgnis von rund 200.000 Kronen, d.s. 35% der Investitionskosten, gleichkommt.[72]
Der Versuch einer Umrechnung der Projektkosten auf heutige Verhältnisse kann bestenfalls Größenordnungen andeuten. Im Jahre 1910 betrugen die Arbeiterlöhne zwischen 1–2 Kronen (Landwirtschaft) und 2–4 Kronen (Handel, Industrie) für einen 10–11 Stunden-Tag.
Bei der Annahme eines Verdienstes von 4 Kronen/Tag und einer Arbeitszeit von 8 Std. betrug der Stundenlohn 0,5 Kronen = 50 Heller. Die obige Investitionssumme entspräche somit 940.000 Stunden. Würde man mit einem Stundensatz von 1990 mit 20.000 Lire bzw. 200 österr. Schilling rechnen, so entspräche die Investition 18,8 Mrd. Lire oder 188 Mill. öS. Ein Kapitalaufwand, der sich bei den Weltmarktpreisen (1988) für die Reinmetalle Blei mit 900 Lire bzw. 9,– öS, Zink mit 1.900 Lire bzw. 19,– öS, Kupfer mit 4.500 Lire bzw. 45,– öS, jeweils gerechnet pro kg, nicht rentieren würde.
Das Geld ist eines der großartigsten Werkzeuge der Freiheit, hat der Nobel-

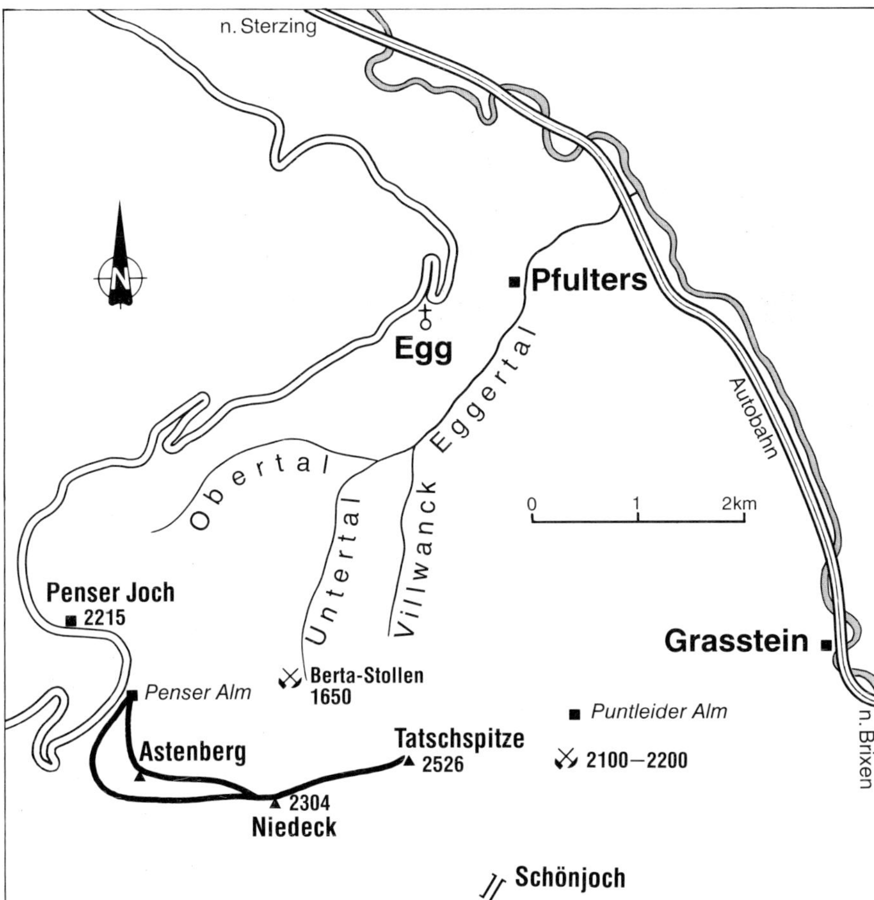

preisträger F. A. Hayek geschrieben. Wenn der kalkulierte Erzpreis den Gelderlös unterschreitet, wird das „Werkzeug" ein Zwang zum Aufhören. Diese Situation hat schon viele Bergbaupläne zum Scheitern gebracht, vielfach ehe sie überhaupt in Gang kamen!
Ergänzend sei erwähnt, daß der Berta-Unterbau-Stollen, der bis vor einigen Jahren noch offen stand, inzwischen zugesprengt wurde. Außer den Resten des alten Weges, den Grundmauern eines Berghauses und einer verfallenden Hütte ist nichts mehr zu sehen. Da die Erzausbisse über der Baumgrenze im felsigen Gelände liegen, ist ein Besuch des Tales für Mineraliensammler uninteressant.
Nach den Informationen über die Lagerstätten setzen wir unsere Wanderung auf dem bezeichneten und am Schluß steilen Weg zum Gipfel der Tatschspitze fort. Die hervorragende Aussicht wurde schon erwähnt. Nordöstlich vom Gipfel sieht man auf die Hüttewaldalm hinunter. Südlich von ihr und vom Gipfel nicht einsehbar, liegt die Puntleider Alm und der gleichnamige See. Unterm Schönjoch (2.333 m) wurde im 16. Jh. nach Kupfer und Eisenkies geschürft. Halden und Reste von Knappenlöchern sind zwischen 2.100 und 2.200 m südsüdwestlich von der Puntleider Alm zu finden. Im Bereich des Puntleider Tales bestehen die Wege Nr. 14 und 15 mit Übergangsmöglichkeiten ins Sarntal.
Auf unserem Höhenweg haben wir aus der Vogelschau einen Einblick in die verwickelten Bau- und Landschaftsformen der Sarntaler Alpen und der Suche nach abbauwürdigen Schätzen erhalten. Zufrieden mit dem Gesehenen benützen wir zum Abstieg den Weg Nr. 14 A zum Ausgangspunkt zurück.

WEGVERLAUF
Ausgangspunkt: Penser Alm (2.158 m); erreichbar über die Penser-Joch-Straße. Astenberg (2.327 m), weglos, 1 Std.–Weg Nr. 14 Tatschspitze (2.526 m) 1 Std.
Gesamtzeit: 3–3½ Std.
Karten: Freytag & Berndt S 4 Sterzing, Jaufenpaß, Brixen; Kompaß Nr. 56 Brixen; IGM Blatt 4 III, N.O.

BERGBAU UM BRIXEN 8

Brichsner Öpfl und roter Summerwein, von denen der Landreim[80] berichtet, deuten darauf hin, daß hier der Süden beginnt. Kennzeichen der Stadt sind jedoch Bischofsstab und Lamm. Die Brixner Bischöfe waren seit Jahrhunderten eine bedeutende Macht im Lande. Die Auseinandersetzung um materielle Rechte zwischen den Landesherren und dem durch das Hochstift vertretenen Bistum Brixen haben über das Mittelalter hinaus die Tiroler Bergbaugeschichte beeinflußt. Die Interessen der Geistlichkeit reichten von den Villanderer Silbergruben und dem Pfunderer Bergbau bis zu den Eisengruben und Hütten von Fursil bei Buchenstein. So verwundert es nicht, daß auch in der unmittelbaren Umgebung der Stadt nach abbauwürdigen Vorkommen gesucht wurde. Die geologischen Voraussetzungen dafür waren allerdings nicht günstig, denn das Hauptgestein, der Brixner Quarzphyllit, besteht aus stark durchbewegten Schiefern und Quarzsandsteinen, die stellenweise einen hohen Kohlenstoffanteil („Kohlenstoffphyllit") aufweisen. Einige Bergbauspuren sind noch zu finden.

1. Die Knappenlöcher am Pfeffersberg

In der Bergbauliteratur werden Stollen am Pfeffersberg vom 16. und 17. Jh. verzeichnet, in denen auf Blei, Zink und Kupfer geschürft wurde.[11, 136] Einige von diesen Gruben sind bei den Einheimischen als Knappenlöcher bekannt. Der breite und bewaldete Bergrücken des Pfeffersberges (1.544 m) fällt im Osten steil zum Brixner Talboden ab. Das Gebiet wird im Norden von Vahrn (671 m) und dem Schalderer Tal und im Süden von den Dörfern Pinzagen (806 m) und Tils (886 m) begrenzt. Forstwege bilden zusammen mit den Zufahrtstraßen zu den erwähnten Orten und ihren Bauernhöfen ein Netz von Verbindungen. Eine genaue Beschreibung bestimmter Stellen ist nur schwer möglich. Dies betrifft z. B. die Gruben oberhalb des Burgerhofes (744 m). Über dem aussichtsreich gelegenen Bauernhof, der von Wiesen und kleinen Weingärten umgeben ist, befinden sich in Höhenlagen von 790 bis 835 m vier Stollen im Bergwald.[33]

Einen Eindruck der Bemühungen zum Auffinden von Bodenschätzen bietet eine Wanderung im Raum Tils. Diesen hübsch gelegenen und den Törggelefreunden gut bekannten Ort erreicht man von Brixen, wenn man von der Straße nach Feldthurns abzweigt; von Tils wandert man auf einer flachen Forststraße, den Tilser Bach querend, nach Norden bis zu einer Linkskehre. Rund 15 Höhenmeter über dieser Kurve befindet sich eine Felszerreißung im hier anstehenden Quarzphyllit. Eine nach der Tiefe führende künstlich erweiterte Öffnung wird sichtbar; Bearbeitungsspuren fehlen. Wann hier geschürft wurde, ist unbekannt, erzhaltige Mineralien sind nicht zu entdecken.

Wir folgen nun der Straße weiter, die bald eine Rechtskurve macht. Sie verläuft weiter aufwärts durch schönen Wald. Nach einer 1/4 Stunde Gehzeit, gerechnet von der letzten Kehre, kommt man zu einer Straßenkrümmung, an deren Bergseite sich sumpfiges Gelände erstreckt. Dort zweigt ein alter Weg ab. Er verläuft zuerst ein kurzes Stück oberhalb der Straße und dann durch Wald steil aufwärts. Nach einer weiteren 1/4 Stunde erreicht man einen breiten Weg mit steingefügtem Unterbau. Links oberhalb entdeckt man einen Stollen, der sechs Meter in den Quarzphyllit führt. Orientierungspunkt ist eine Grenzmarke mit Kreis und vier roten Punkten am Wegrand. Verfolgt man den Weg in Nordrichtung weiter aufwärts, so findet man im splittrigen Graphitschiefer einen weiteren Einbau, der rund 10 m in den Berg gehauen wurde. Bearbeitungsspuren fehlen ebenso wie Halden oder andere Zeichen einer früheren menschlichen Tätigkeit. Den Berichten nach soll am Pfeffersberg Kupferkies vorkommen, doch findet man im Stollen kein erzhaltiges Material. Wer bis hierher gestiegen ist, sollte dem „Tilser Weg" noch 1/4 Stunde weiter aufwärts folgen, und zwar so lange, bis dieser tief unter dem Malsitter Joch (1.460 m) nach Westen biegt und in Richtung Taubenbrunnen zieht.

Von der Wegkehre hat man einen großartigen Blick in das Eissacktal mit seinem lebhaften Verkehr sowie auf die Hochfläche von Natz und Schabs im Mittelgrund. Dahinter sieht man Meransen (1.414 m) mit dem Gitsch (2.520 m) – der Name leitet sich vom rätoromanischen *l'agütz* ab – und dahinter die Zillertaler Gletscherberge. Zum Abstieg bleiben wir auf diesem Weg, der an den Knappenlöchern vorbei führt und langsam fallend uns zurück nach Tils bringt.

WEGVERLAUF
Ausgangspunkt: Tils (886 m); Straße von Brixen. Forststraße–Knappenloch $^1/_2$ Std.–Alter Weg mit 2 Knappenlöchern $^1/_2$ Std.–Aussichtspunkt (ca. 200 m) $^1/_4$ Std.
Gesamtzeit: 2–3 Std.
Siehe Wegskizze Seite 61.

2. Knappenlöcher bei Nauders/Rodeneck

In der geologischen[11] und volkskundlichen Literatur[36] gibt es Hinweise auf Blei-, Zink- und Kupfervererzungen am Eingang des Pustertales. Eines dieser Vorkommen befindet sich nahe dem Weg Nr. 3, der von Nauders nach Niedervintl führt. Eine Viertelstunde nach dem Leitlerhof biegt der zuerst ansteigende und nach Westen führende Weg nach Norden. Nahe der Kehre liegt die Hundskirche. Es ist ein höhlenartiger Felsspalt von ca. 10 m Länge mit Ein- und Ausgang. Über die Bedeutung des Wortes Hund, das in dieser Verbindung mit dem Tier nichts zu tun hat, sondern an das Unheimliche erinnert, wird noch berichtet (Wanderung Nr. 27). Bevor man die Hundskirche erreicht, findet man unterhalb des Weges im schütteren Wald zwei Einbauten. Das Mundloch des oberen Stollens führt nur 2 m in den Berg, das untere hingegen 10 m und gabelt dann in einen 2 und 3 m langen Ast. Erzspuren sind nicht zu finden. Nordwestlich von dieser Stelle befinden sich verschüttete Einbauten und Reste von steingemauerten Bergwegen und Fundamente von Gebäuden. Tiefer unten liegen Halden.
Die Örtlichkeit ist ein typisches Beispiel der im ganzen Land verstreuten Knappenlöcher, in diesem Fall vermutlich unergiebige Versuchsschürfe aus nicht allzu lang zurückliegender Zeit.

WEGVERLAUF
Ausgangspunkt: Nauders (991 m); erreichbar auf der Straße von Mühlbach (Pustertal); Weg Nr. 3–Leitlerhof–Hundskirche $^1/_2$–$^3/_4$ Std.
Gesamtzeit: 1$^1/_2$–2 Std.
Siehe Wegskizze Seite 60.

Abb. rechte Seite: *Das 1936 noch vermessene Streckennetz des Aferer-Stollens steht jetzt unter Wasser.*

3. Alte Bergbaue am Aferer Bach

Vor mehr als 50 Jahren schrieb K. Meusburger:[95] *Heute weiß wohl kaum ein einziger Albeinser, daß im nahen Aferer Tal einst der Bergsegen blühte, und nur wenige wissen, daß es irgendwo im Tal drinnen einige alte Knappenlöcher gebe; in die noch vorhandenen Stollen eingedrungen ist sicher keiner von ihnen.*
Albeins (586 m) ist eine Fraktion der Gemeinde Brixen und liegt am Eingang des Aferer Tales. Im Gegensatz zu früher, als Albeins der Ausgangspunkt des alten Weges über St. Jakob nach Afers war, ist der Ort heute in Richtung Plosestraße und Brixen orientiert. Der Aferer Bach, der das Dorf im Laufe der Jahrhunderte öfter bedrohte, ist seit einigen Jahren durch eine Verbauung gezähmt. Das Material wird von einem Schotterwerk genützt. Ansonsten liegt der Ort abseits der großen Verkehrswege und des Fremdenverkehrs. Die Unwirtlichkeit des Tales mag dazu beigetragen haben, daß das „Bergwerk in der Sade" (Sade ist der alte Name des Aferer Baches) im 16. Jh. nur kurz in Betrieb war. Geschürft wurde auf Kupferkies (Chalkopyrit $CuFeS_2$) und Buntkupferkiese (Bornit Cu_5FeS_4). Die Verhüttung erfolgte zuerst im Tal und später in Sulferbruck. Es bestehen Vermutungen, daß im 14. Jh. die ersten Schürfversuche vorgenommen wurden.[136] Der Bergbau hat nicht sehr lange gedauert, und später wurden keine Versuche zur Wiedergewältigung gemacht. Die Gruben liegen in graphitischen Phylliten. Vor einigen Jahrzehnten wurden Überlegungen angestellt, im Tal Graphit abzubauen.
Unsere Wanderung beginnt beim Schotterwerk am Taleingang hinter Albeins. Links zweigt eine nur für Anrainer zugelassene Straße nach Musberg ab, und rechts nahe dem Bach beginnt eine Forststraße. Wir bleiben auf dieser. Orientierungshilfe für das Auffinden der Stollen, die auf der orographisch linken Bachseite liegen, sind die Bachverbauungen. Nach der 4. Betonsperre, in deren Nähe eine Hütte steht, werden Straße und Bach durch einen Staudengürtel getrennt. Durch ihn kommt man zum Ufer und sieht das auf der anderen Bachseite befindliche Stollenmundloch. Oberhalb befindet sich eine zweite Öffnung, in der eine weiße Madonnenstatue steht. K. Meusburger[95] hat aufgrund von Befahrungen von F. Jöchler den Stollenverlauf beschrieben. Kurz nach dem Eingang teilt sich der Stollen. Geradeaus setzt er sich ca. 10 m fort und endet dann. Links betritt man einen 3 m hohen Raum, dessen schräge Sohle nach Süden abfällt und unten mit Wasser bedeckt ist. Nach oben steigt ein 7 m langer stollenartiger Raum an, der dann endet. Nur diese Teile sind heute trocken.
Das seinerzeit vermessene Streckennetz steht unter Wasser. Ursache dafür ist die Bachregulierung, die den Grundwasserspiegel veränderte. Ein 1988 unternommener Versuch, mit entsprechender Ausrüstung weiter vorzudringen, mußte abgebrochen werden. So muß man sich mit der 1936 aufgenommenen Skizze zufrieden geben. Daraus geht hervor, daß sich von dem noch jetzt trockenen Hauptraum ein Stollensystem nach links, d. h. gegen

Abb. links – *oben: Kupferhältiges Wasser bildet Überzüge von Malachit (grün) und Azurit (blau) an den Stollenwänden.*
– unten: Brusthoch reicht das Wasser im "ersoffenen" Aferer-Stollen bei Brixen.

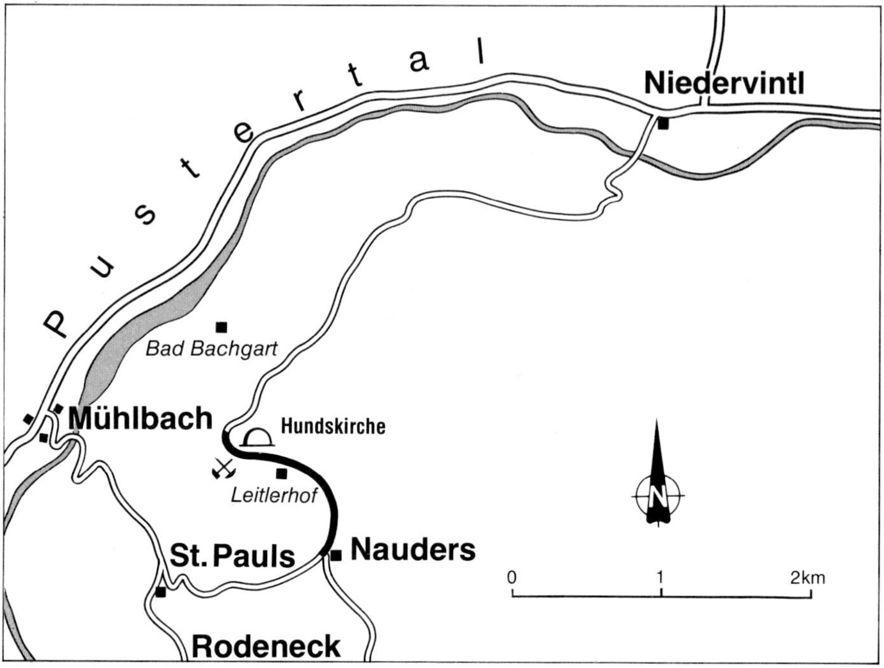

Südosten, erstreckte. Mit diesem Stollen unbekannter Gesamtlänge stand eine Öffnung in Verbindung, die sich 28 m weiter aufwärts und 10 m über der Bachsohle befindet. Durch einen Schacht waren die beiden Teile verbunden. In Richtung Süden zog ein weiterer Stollen, der nach 62 m mit einer Erweiterung und einigen Querschlägen endete. Ein dritter, nunmehr ebenfalls bis zur halben Höhe mit Wasser gefüllter Stollen, zweigt nach Westen ab und unterfährt den Stolleneingangsraum.
Zu ergänzen ist, daß der über dem Mundloch befindliche Stollen nur 6 m lang ist und vermutlich als Versuchsstollen gedacht war. Haldenmaterial ist keines vorhanden, das wurde vom Bach abtransportiert. Ca. 25 m bachabwärts ist ein weiteres Stollenportal zu entdecken, dessen Sohle bis zum Bachwasser reicht. Es verengt sich nach wenigen Metern. Es wird vermutet, daß dieser Stollen zur Wasserableitung diente und daher mit den Abbau-Strecken in Verbindung stand. Ein weiterer Stollen soll noch 1/2 Std. weiter taleinwärts liegen.
Der Besuch des leicht zugänglichen trockenen Stollenteiles bietet faszinierende Eindrücke. Schwarzer Kohlenstoffphyllit kontrastiert mit den hellen Quarzeinlagerungen und mit dem Flecken von weißen Verwitterungsprodukten. Dazu kommt die grüne Farbe von Malachit, der sich aus den aus winzigen Spalten austretenden kupfersulfidhaltigen Wässern als Sekundärprodukt gebildet hat und die Wände mit farbig leuchtenden Streifen verziert. Im Schein der Lampe sind die Farbabstufungen märchenhaft. Auch Eisen ist festzustellen, das mit Sinter braune, glasartige Überzüge bildet. Wer nach diesen Eindrücken, zu dem noch die leuchtend gelben Schwefelflechten auf

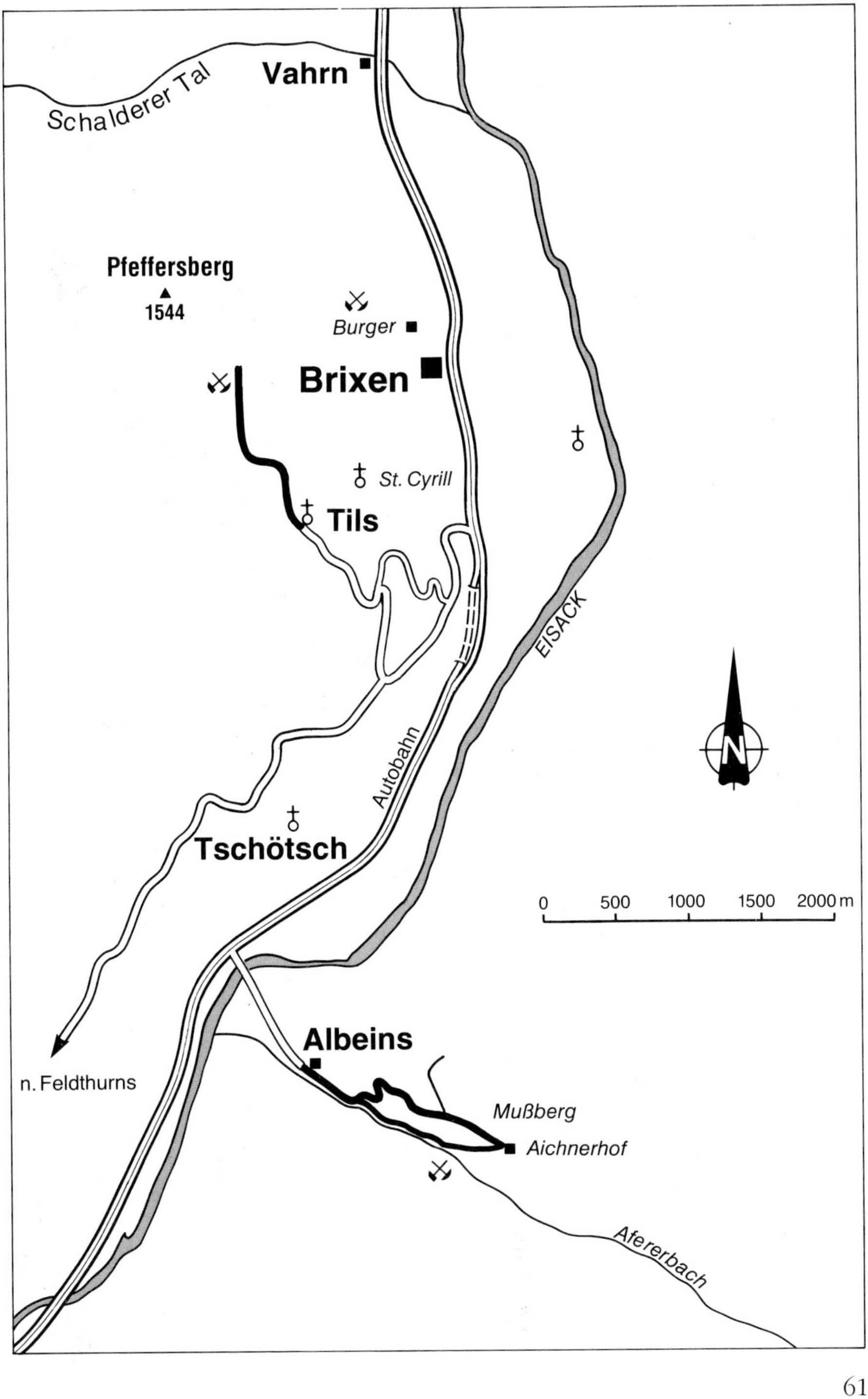
Vahrn
Schalderer Tal
Pfeffersberg
1544
Burger
Brixen
St. Cyrill
Tils
EISACK
Autobahn
Tschötsch
0 500 1000 1500 2000 m
N
Albeins
n. Feldthurns
Mußberg
Aichnerhof
Afererbach

dem graphithältigen, dunklen Gestein des Bachufers kommen, etwas von der Landschaft sehen möchte, dem sei folgender Rundweg empfohlen:
Man wandert auf dem Forstweg weiter talein, bis man – bei einem Hochsitz vorbei – zu einem Wasserschloß, das links oberhalb der Straße liegt, kommt. Kurz nachher geht links ein unbezeichneter Weg bergwärts, der nach einigen Kehren zum einsam gelegenen Hof Aichner leitet. Dort trifft man auf eine Wegtafel, die den weiteren Anstieg in nordwestlicher Richtung bis zu den sichtbaren Häusern von Musberg, anzeigt. Auf dieser Route hinauf zur Straße und dann mit schönem Blick auf das Tal und die Sarntaler Berge zurück zum Ausgangspunkt.

WEGVERLAUF

Ausgangspunkt: Albeins (614 m); zum Schotterwerk am Eingang ins Aferer Tal—Bergbau Aferer Bach (704 m) 1/4 Std.—Aichner Hof (800 m) 3/4 Std.—Musberg (875 m) 1/2 Std.
Gesamtzeit: 2–3 Std.
Karten: Freytag & Berndt S 4, Sterzing, Jaufen, Brixen; Kompaß Nr. 56 Brixen; IGM Blatt 4 III, S.E. Siehe Wegskizze Seite 61.

DER PFUNDERER BERGBAU BEI KLAUSEN
GESCHICHTE, GEOLOGIE, MINERALOGIE, PRODUKTION

Einleitung zu den Wanderungen Nr. 9, 10 und 11

Im innersten Winkel der schaurigen Bergschlucht am rechten Ufer des Thinnebaches, sitzt ein Hügel von unheimlicher Dämmerung umschleiert, und auf diesem das verfallene Schloß Gernstein. Unbegreiflich scheint es, wie jemand den Gedanken fassen konnte, in dieser grauenhaften Wildnis eine Wohnung zu errichten – meint J. J. Staffler (1846). Zugleich rühmt er das *neugebaute schöne, ärarische Pochwerk* des Pfunderer Bergbaues wenige hundert Meter talauswärts und ahnte nicht, daß Schloß und Bergbau einiges miteinander zu tun haben. Davon später. Tatsächlich ist das Thinnebachtal, das unterhalb des Klosters Säben endet, ein enger wildbachdurchrauschter Graben. Das Tal, das ohne seine Bodenschätze keinerlei Bedeutung hätte, verläuft zuerst gegen Norden, um dann in einem weiten Bogen nach Westen umzuschwenken. Von dort bezieht der Bach sein Wasser, das von den ausgedehnten Wiesen, Weiden und Sümpfen der Villanderer Alm herunterkommt. Villanderer Berg (2.509 m) und Rittnerhorn (2.260 m) überragen die Hochfläche, in deren Gewässer sich die Dolomiten spiegeln.
Dieses Gebiet nordwestlich von Klausen, das größtenteils zur Gemeinde Villanders und zu einem kleinen Teil zu Latzfons gehört, besitzt an der steilen, waldigen und schrofigen Nordostflanke des Pfunderer Berges (1.534 m) eine ausgedehnte Lagerstätte für silber-, blei-, kupfer- und zinkhaltige Erze. Infolge der langen und abwechslungsreichen Geschichte

dieses Revieres, seinen Beiträgen zur Bergbautechnik und Kultur sowie seiner bedeutenden Flächenausdehnung und Höhenlage gehört es zu den besuchenswürdigsten in Südtirol.

GESCHICHTE

Falls nicht noch ältere Urkunden auftauchen, ist das 1140 erstmals genannte „Silberbergwerk zu Villanders" der älteste urkundlich erwähnte Bergbaubetrieb Tirols.[23] Damals schenkte Graf Arnold das Bergwerk dem Kloster Neustift bei Brixen. Kaiser Friedrich der Rotbärtige bestätigte 1177 die Schenkung. Belegt ist der Silberbergbau für die Jahre 1300–1330.[123]
Wo die Gruben genau lagen, ist nicht festzustellen, denn der Name Pfunderer Bergbau tauchte in den Urkunden erst später auf. Aus weiteren Angaben ist zu schließen, daß im 13. und 14. Jh. die Fürstbischöfe von Brixen den Bergbau betrieben. Daraus entstand Konfliktstoff. Die abgeschiedene Lage der im Mittelalter errichteten Burg Gernstein erklärt sich durch ihre spätere Aufgabe zu Sicherung der Bodenschätze.
Der Thinnebach... trennte die Diözesen Brixen und Trient, in weltlicher Hinsicht die alten Grafschaften Bozen und Norital, später das Gericht Villanders von den Gerichten Latzfons-Verdings und Klausen und schließlich schied er auch noch das Hochstift Brixen von der Grafschaft Tirol. Diese Grenze war lange umstritten und mußte wiederholt geregelt werden.[100]
Viele Autoren haben sich mit historischen Einzelheiten der Entwicklung des Montanwesens im Raum Klausen[11, 105, 123, 134, 136] befaßt. Wer ihre Ausführungen liest, wird vieles entdecken, was in Wirtschaftsmagazinen und Gerichtsakten von heute in ähnlicher Form behandelt wird: Rechtsstreitigkeiten, z. B. zwischen Landesfürsten und Bischöfen um die Bergrechte, die 1464 zu Gunsten der Landesherren entschieden wurden; Steuerprobleme – Ansuchen und Begründung um Befreiung von Fron und Wechsel; Kapital- und Gesellschaftsveränderungen – durch die Gewerken Stöckl und Tänzl aus Schwaz, Fugger und Paumgartner aus Augsburg im 16. Jh.; Erweiterungsvorhaben – Hüttenwerk Gernstein-Klausen, Sulferbruck 1697–1868; Wirtschaftskriminalität (im Jahr 1614 wurde ein Mann gefoltert, bis er den Fundort eines von ihm entdeckten Kupfervorkommens bekanntgab); Verstaatlichung – 1712: 33% Anteile, ab 1785 100% ärarisch; Produktion 1786: 130 kg Silber, 5.000 kg Kupfer, 25.250 kg Blei; Personalstand: 1776 300 Personen, 1925 50 Personen, 1941 10 Personen; Produktionseinstellungen 1614, 1908, 1943. Man könnte die Liste beliebig fortsetzen.

GEOLOGIE UND MINERALOGIE DER LAGERSTÄTTE

Ein Blick auf die geologische Karte[14, 132] zeigt, daß das Pfunderer Revier zur Brixner Quarzphyllitzone gehört.
Im Raum Klausen findet man neben dieser Hauptmasse der Metamorphite, zu denen Paragneise und Glimmerschiefer zu zählen sind, Diorite und Kontaktgesteine. Die hier unter dem Sammelbegriff „Klausenite" zusammengefaßten Dioritgesteine werden als „Erzbringer" bezeichnet, weil die meisten

Erzvorkommen an deren hydrotermalen Gängen zu finden sind. Erz findet sich aber auch in der Kontaktzone zwischen Diorit und feldspatreichen Nebengesteinen. Sie werden als „Feldstein“ bezeichnet. Auf den Halden ist der Klausenit durch seine grünliche Färbung zu erkennen. Der Feldstein hingegen ist rötlich gefärbt.
Der Dioritzug verläuft größtenteils in Richtung Ostnordost-Westsüdwest und wird von den Erzlagerstätten in spitzem Winkel geschnitten. Im Berginneren wird der Klausenit in fast allen Stollen berührt oder durchquert[123]. Die Erzgewinnung gestaltete sich schwierig, weil die Gänge („Hangendgang“, „Mittergang“, „Liegendgang“) mit 60–70° nach Nordnordwesten einfallen und vielfach gestört und verworfen sind. Die Mächtigkeit schwankt in weiten Grenzen von einigen cm bis zu 4 m. Die Hauwerkstruktur ist unterschiedlich; die Bergleute sprechen von „Ringerzen“ oder „Kokardenerz“ (Bleiglanz mit einer Rinde von Pyrit oder umgekehrt) oder „Tattermanndlerz“. Letzteres hieß wegen seines gefleckten Aussehens so, weil es an den Feuersalamander erinnerte. In der schwarzgefärbten Zinkblende mit wenig Bleiglanz ist metallisch glänzender bzw. grün verfärbter Kupferkies eingesprenkelt.
Analysen über den Metallgehalt wurden mehrfach veröffentlicht: Bleiglanz 54–60% Blei (+ 0,15% Silber; Spuren von Gold); Kupferkies 12–26% Kupfer; Zinkblende 40–42% Zink; Pyrit 35% Eisen, 44% Schwefel.[121]
Über die vorkommenden Mineralienarten und deren Fundmöglichkeiten wurde von verschiedenen Autoren berichtet[11, 33, 40, 46]. Häufig zu finden sind: Galenit, Marmatit-Sphalerit, Pyrit bzw. als dessen Verwitterungsprodukt Limonit. Die Gangart besteht aus Quarz, Calcit, Baryt.

BERGBAU-PRODUKTION

Infolge der abseitigen Lage des Pfunderer Berges und seiner geringen Bedeutung für die Land- und Forstwirtschaft sowie den Fremdenverkehr, ist dem Gebiet die landschaftszerstörende „Erschließung“ bis heute weitgehend erspart geblieben. Daher bieten die riesigen Halden, die Spuren der Mundlöcher, die Reste der Berghäuser und Wege als „Bodendenkmäler“ einen Einblick in das Werden und Vergehen eines alpinen Erzbergbaues.
Im Hauptabbaugebiet, der „Rotlahn“, wurden folgende Stollen im Laufe der Jahrhunderte angelegt. Zuerst wohl immer in der Hoffnung auf die Edelmetalle Gold und Silber, später realistischer auf Kupfer und zuletzt auf Zink:

Seehöhe in m	**Stollen**	**Strecke i. m**	**Angeschlagen i. Jahr**
1410	Fundgrube/Tagverhau	—	—
1405	Kreuz-St.	40	—
1353	Lorenz-St.	1.240	—
1292	Elisabeth-St.	1.670	—
1231	Georgi-St. (Bereich Roßtal)	1.270	16. Jh.
1204	Mathias-St. (Weißenbachtal)	1.670	Fugger (Jahr ?)
1164	Martin-St.	1.100	—
1152	Nikolaus-St..	1.120	—
1134	Andreas-St.	600	—
1109	Barbara-St.	1.450	—
1053	Cassian-St. (Ölbergzeche)	1.320	—

Seehöhe in m	Stollen	Strecke i. m	Angeschlagen i. Jahr
1001	Katharina-St. (= längster St.)	1.806	—
943	Theresia-St.*	1.450	—
897	Franz-St. (Maximilian-St.)	650	1815
865	Viktor-Emanuel-St.	250	1919/20**
843	Hischlegg-St.	160	1760

** = Hauptförderstollen, mit Poch- und Waschwerk am Thinnebach verbunden*
*** Im Jahr 1943 wieder für kurze Zeit in Betrieb genommen*

G. Dorfmann, der im Rahmen seiner Dissertation[23] eine Bestandsaufnahme durchführte, schreibt: *Das gesamte Streckennetz mißt ungefähr 16,5 km, wovon nur 3,5 km den Erzen nachgetrieben wurde. Zwei Drittel davon, vor allem die oberen Baue bis zum Barbarastollen, wurden in reiner Handarbeit bewältigt, das restliche Drittel mit Sprengpulver, doch die Sprenglöcher mußten noch gemeißelt werden. Die Stollen standen miteinander durch Schächte in Verbindung, die der Entwässerung, Förderung und Bewetterung dienten. Im Innern entstanden große Zechen, z. B. die Ölbergzeche im Cassian-Stollen und der Hofcommissionsbau im Katharina-Stollen. Vom höchsten Punkt bei der Fundgrube, auf einer Meereshöhe von 1.410 m bis zum tiefsten Stollen, Hirschleggstollen auf 843 m, haben wir einen Höhenunterschied von 567 m. Der gesamte nordöstliche Berghang am Pfunderer ist durchlöchert und ausgehöhlt und durch viele Schächte verbunden.*

Über die Produktionsergebnisse sind nur mehr wenige Daten bekannt. Berechnungen über die Vortriebsleistungen der Jahre 1867 bis 1873 ergeben eine so niedrige Zahl, die uns, da heute in Maschinenstunden und Tonnen gerechnet wird, beinahe unglaublich erscheint; vor allem dann, wenn man berücksichtigt, daß die Bergleute von ihrem Verdienst leben mußten. Pro Mann und Jahr (300 Schichten à 8 Std.) ergab sich ein Vortrieb von 8,27 m im Feldstein und 12,04 m im Diorit. Umgerechnet sind das 4 cm pro Tag! Trotz des seit dem 17. Jh. eingeführten „Schießens" im Bergbau und dem in Pfunders und am Schneeberg bevorzugten „Schlenkerbohren" zur Herstellung tiefer Bohrlöcher, bewahrheitete sich der alte Spruch, daß ein Bergmann pro Tag nicht mehr als einen Hut voll Hauwerk aus der Grube bringe. Es verwundert nicht, daß der erfahrene k. k. Bergrat Franz Posepny aus Pribram in Böhmen ein Urteil fällte, das nicht nur für seine Zeit galt, sondern sich bis heute bestätigt hat. Er schrieb[123]: *Bisher war der Betrieb nie großartig, ja man könnte denselben sogar kleinlich nennen. Die Bescheidenheit der Anbrüche, die große Absetzigkeit der Erzmittel und die verhältnismäßig kostspielige Gesteinsarbeit waren seit jeher die Hemmnisse eines größeren Aufschwungs!*

VON VILLANDERS ZUR KNAPPENKIRCHE ST. ANNA UND ZU DEN ALTEN GRUBEN DER ROTLAHN

9

Ausgangspunkt unserer Wanderung ist Gravetsch (958 m), das man auf der Fahrstraße von Villanders aus erreicht. Von den oberen Häusern zweigt man auf einem asphaltierten Sträßchen nach rechts (Norden) in Richtung „Maier in Ums" ab. Nach 1/4 St. verläßt man die Straße nach links auf einem Güterweg. Er führt anfangs steil, später flacher über Wiesen zu einem Wasserschloß und weiter zu einem Waldköpfl. Dort kommt von rechts herauf der markierte „Erzweg". Auf diesem wurde bis zum Bau der Thinnebachtalstraße (1845) das Erz auf Schlitten bis zum Erzstadel oberhalb von Klausen transportiert.
Gemächlich durch Wald bergauf wandernd erreichen wir das Kirchlein St. Anna (1.133 m) mitten auf einer Wiesenfläche. Der „Metallheiligen" Anna, die als Patronin des Silberbergbaues auftritt, geweiht, wurde diese Kirche 1736 in Rotlahn gebaut. Der St. Anna-Tag wurde feierlich begangen und jeden Dienstag die Anna-Messe gelesen. Mit dem Ende des Bergbaues verlor die Kirche ihre Bedeutung und verfiel. Im Jahr 1964 wurde sie ausgeraubt. In einer nächtlichen Aktion wurde die Mauer der abgesperrten Kirche durchgebrochen und die Barockstatuen des Hochaltars sowie das Maria-Hilf-Bildnis des Seitenaltares und verschiedene Statuen gestohlen. Erst 22 Jahre später wurde die Kirche, die inzwischen weiter verfiel und durch Wasser schwer beschädigt wurde, anläßlich des 250-jährigen Bestandes mit Hilfe des Südtiroler Denkmalamtes renoviert. Sie bietet sich heute mit neuer Eindeckung, außen und innen frisch gestrichen. Nur der Schmuck der Altäre fehlt und wird weiter fehlen. Denn die Angst vor Räubereien ist so groß, daß sogar die Original-Kirchenglocken von 1786 abgenommen und sicher verwahrt wurden und nur bei großen Feiern kurzzeitig zum Einsatz kommen. Sichtbarer Schmuck ist nur das Bild über der Eingangstür.
Von der Kirche folgen wir den Wegweisern „Latzfons, Bergwerke, Samberg" am Weg Nr. 3 nach Nordwesten. Bei einem Bildstock vorbei, erreichen wir in wenigen Minuten linkerhand die Ruinen eines Hauses und kommen dann zu den Mauerresten des Oberen Berghauses.
Von hier zweigt der Weg Nr. 3 in Richtung Tal ab und ein anderer mit dem Wegweiser „Samberg" führt bergwärts. Wir wählen keinen von beiden, sondern gehen den Unteren Forstweg mäßig ansteigend weiter. In wenigen Minuten kommt man zum ausgedehnten Haldengebiet. Unter dem verbrochenen St.-Nikolaus-Stollen (1.153 m) befindet sich eine Sitzbank. Hier sollte man sich zu kurzer Rast niederlassen; von da hat man einen schönen Blick auf die unterhalb liegenden Halden.
60 m östlich und 19 m unterhalb war der Andreas-Stollen (1.134 m). Von diesem wieder 25 m tiefer erkennt man die Halde des Barbara-Stollens (1.109 m). Er ist deswegen bemerkenswert, weil er noch mit der alten Arbeitsmethode, d. h. mit Schlägel und Eisen bzw. mit Feuersetzen vor dem Einsatz von Sprengstoffen im 17. Jh. geschlagen wurde. Erst später wurde er

Abb. rechts – *Der Kreuz-Stollen (1.405 m) zählt neben der Fundgrube (1.410 m) zu den ältesten Einbauten im Pfunderer Berg, Rotlahn-Revier.*

links: *Grenzstein von 1547 mit dem Wappen der Brixner Bischöfe.*

unten: *Die Knappenkirche St. Anna (erbaut 1736) im Revier Rotlahn des Pfunderer Bergbaues.*

durch Sprengarbeit erweitert und mit Schächten versehen. Aus dieser Beobachtung ist zu folgern, daß alle Stollen oberhalb aus der Zeit vor dem 17.Jh. stammen. Hier wäre einzufügen, daß der nächsttiefere Stollen, der Cassian-Stollen (1.053 m) die „Ölbergzeche" enthielt. In einem ausgeschlagenen Hohlraum war ein Altar in Form eines Ölberges aufgerichtet.
Wir kehren von unserer Bank zum Oberen Berghaus zurück und folgen dem Wegweiser „Samberg" steil und in Kehren durch den Wald aufwärts bis zu den Wiesen des Siglangerhofes. Dem Weg folgend, betritt man bei einem Wochenendhaus den Oberen Forstweg. In Richtung Süden führt er zur großen Kehre der Fahrstraße zum Gasthof Samberger Hof und zur Villanderer Alm. Wir folgen dem sanft ansteigenden Weg in die entgegengesetzte Richtung (Norden). Bevor er das Haldengebiet erreicht, zweigt von der hier ebenen Straße ein Steig nach rechts abwärts (Tafel „Wildschutzgebiet" und Markierungsstein mit Schriftzeichen „$^1/_2$"). Auf diesem ca. 100 m zum Mundloch des Elisabeth-Stollens (1.292 m). Der Stollen ist offen, sehr gut erhalten und nahezu gefahrlos begehbar. Posepny schreibt über den Verlauf des Stollens: *Die Stollenstrecke läuft zuerst westlich, trifft eine Nordwest-Kluft, oder wie man hier diese Klüfte nennt, eine Wand, folgt derselben auf eine ansehnliche Distanz, verläßt dieselbe erst an einem Punkte, welchen man vom Tage aus in der halben Streckenlänge erreicht hätte, und folgt dann einer Südwest- und Südrichtung, um sich an einem in 150 m großer Entfernung vom Mundloche entfernten Punkte wieder nach Nordwest zu wenden und die ersten übrigens unabbauwürdigen Erze im Diorit zu treffen. Dieser Zickzackweg ist wohl der beste Beweis, daß die Alten von der Natur der Erzlagerstätte noch keine richtige Vorstellung hatten*[123].
Man sollte selbst entscheiden, wie weit man vordringen möchte. Doch sind schon auf den ersten 50 m verschiedene Querschläge sowie parallel ausgeräumte Ritzen zu sehen. Stimmungsvoll ist die Stelle vor der ersten Linkskurve, an welcher eine Madonnenfigur steht.
Nach dem Stollenbesuch kehren wir zum Forstweg zurück und gehen auf einem verwachsenen Steig steil nach oben. Nach 100 m erreicht man einen breiten Weg, der in das Haldengebiet des verstürzten Lorenz-Stollens (1.353 m) führt. Vom Stollen steigt man weglos zu einem großen Haldengebiet. Unterhalb der Felsen kommt man zur Fundgrube (1.410 m), einem Tagbau. 80 m südwestlich befindet sich das kleine Mundloch des Kreuz-Stollens (1.405 m). Hier, 700 m über der Thinnebachsohle beenden wir unsere Exkursion. Entlang der Halde und durch Wald steigt man in ca. $^1/_4$ Std. zum Forstweg beim Siglangerhof ab. Am bekannten Weg über St. Anna kommen wir wieder zum Ausgangspunkt.[81]

WEGVERLAUF

Ausgangspunkt: Schloß Gravetsch (958 m); Fahrstraße von Villanders (800 m) bzw. Klausen (523 m). Gravetsch (958 m)—St.-Anna-Kirche (1.133 m) $^3/_4$ Std.—St.-Nikolaus-Stollen (1.153 m) $^1/_4$ Std.—Oberes Berghaus (1.133 m)—Siglangerhof—Elisabeth-Stollen (1.292 m) $^3/_4$ Std.—Lorenz-Stollen (1.353 m) $^1/_4$ Std.—Fundgrube (1.410 m) und Kreuz-Stollen (1.405 m) $^1/_2$ Std.

Gesamtzeit: 4–4$^1/_2$ Std.

Karten: Freytag & Berndt S 1 Bozen—Meran; Kompaß Nr. 54 Bozen; IGM Blatt 2 IV, N.O. (Chiusa), Blatt 4 III, S.O. (Latzfons), Blatt 10 I, N.E. (Sarentino).

Auskünfte: Verkehrsverein, I-39043 Villanders.

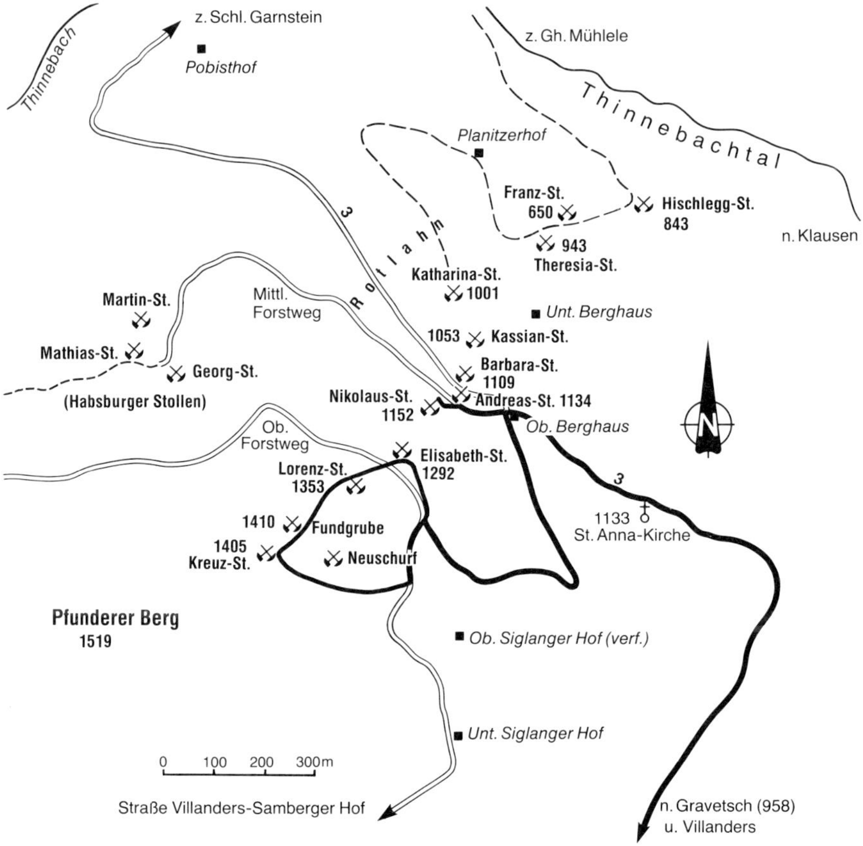

Anmerkung: Auf der Rückfahrt sollte man in Villanders Halt machen, um das „Knappenfenster" in der St. Stefanskirche zu besichtigen. Heilfurth widmete diesem 1520 entstandenen Glasgemälde eine ausführliche Darstellung.[56] Die Betrachtung des Originals, das sich am unteren Rand des Fensters befindet, beeindruckt durch die strahlenden Farben. In der oberen Reihe sind neben der Muttergottes die Bergbaupatrone St. Daniel und St. Barbara dargestellt. In der unteren, ebenfalls dreiteiligen Reihe befinden sich die Darstellungen des Abbaues vor Ort und die Förderung mit Hunten und in der Mitte die Bergwerks-Symbole Schlägel und Eisen, darunter drei Würfel als Sinnbild des unsteten Glücks im Bergbau.

ZU DEN NEUEREN GRUBEN IM THINNEBACHTAL

Der in der Wanderung Nr. 9 beschriebene Weg von St. Anna bergwärts führt durch das ältere Grubenrevier. Der Aufstieg aus dem Thinnebachtal macht mit der jüngeren Vergangenheit der Lagerstätten vertraut. Nachdem das Grubenfeld Rotlahn im Jahr 1785 „verstaatlicht“ worden war, war es in der Folge dennoch nicht vom Glück begünstigt.
Die schwere Krise zu Ende des vorigen und zu Anfang des gegenwärtigen Jahrhunderts hatte auch auf dieses Werk nachhaltigen Einfluß heißt es in der Landesbeschreibung von 1846. Durch das Auffinden neuer Erzvorkommen und den Ausbau tiefer gelegener Stollen sowie Verbesserungen bei der Förderung und dem Transport, hoffte man auf einen neuen Bergsegen. *So entstand 1836 der Zinkofen an der Sulferbrücke. Zur Erleichterung der Kommunikation zwischen Berg und Hütte wird jetzt (1842) eine Straße längs des Thinnebaches von Klausen bis Gernstein in das enge felsige Tal gebaut*[138].
Die 4 km lange Straße hat viele Sorgen bereitet. Im Jahre 1872 wurde sie durch ein Unwetter unpassierbar. Das Bergwerk lag fünf Jahre still. Die Knappen fanden am Schneeberg Arbeit. Im Jahr 1887 wurde die Straße neu trassiert und der Bergbau konnte, begünstigt durch die gute Konjunktur von Zink, seinen Betrieb wieder aufnehmen. Gefördert wurde aus dem Theresia-Stollen, der mit dem Wasch- und Pochwerk Gernstein verbunden war. Der Aufschwung dauerte nur kurz, denn 1908 wurde der Bergbau eingestellt. Nach dem 1. Weltkrieg wurde im Jahr 1920 der Vittorio-Stollen angeschlagen. Der Betrieb entwickelte sich kaum, auch die Wiederbelebungsversuche durch die Firma SIGMA ab 1939 brachten keinen Erfolg. Man kann sagen, daß – außer Versuchsschürfungen und Prospektionen seit Mitte der 30er Jahre bis in unsere Tage – nichts mehr für die Erhaltung des Streckennetzes, der Berghäuser, der Wege und der seinerzeitigen Förderseilbahn getan wurde.
Die Wanderung durch das Bergrevier unterhalb von St. Anna beeindruckt durch das eher düstere Landschaftsbild und die vielfältigen Spuren menschlicher Tätigkeit. Infolge der Steilheit des Geländes wird der Aufstieg über den markierten Weg Nr. 3 empfohlen. Der Abstieg erfolgt weglos.
Vom Ortszentrum Klausen fährt man auf der schmalen und kurvenreichen Straße in das Thinnebachtal. Nach rund 3,8 km entdeckt man mit einiger Mühe die Reste des ehemaligen Pochwerkes. Das Gebäude wurde 1987 abgerissen. An der gegenüberliegenden orographisch rechten Bachseite lagen die Stollen des Wolfsgrabens in Höhen von 720–760 m. In einer Felswand in Bachnähe ist ein offenes Mundloch zu sehen. Es waren unergiebige Gangspaltenvererzungen, die bald aufgegeben wurden.
Ausgangspunkt unserer Wanderung ist der Gasthof Mühlele unterhalb des Schlosses Gernstein. Der markierte Weg Nr. 3 führt zum Schloß (Privatbesitz, keine Besichtigung) hinauf und jenseits wieder in das Tal. Man kann diesen Teil abkürzen, wenn man die Brücke unterhalb des Gasthofes benützt und auf einem Forstweg talein geht. Die Markierung Nr. 3 leitet nach einer Bachbrücke durch den Wald empor. Die Höfe Baptist und Planitzer bleiben links. Erst in rund 1.000 m Höhe beginnt der Weg in Richtung Südosten

einzuschwenken. Man hat schöne Ausblicke auf die gegenüberliegende Gemeinde Latzfons und die almenreiche Königsangerspitze.
Der Weg verflacht sich und führt bei einem auffallend hohen Grenzstein vorbei. Es ist einer jener zehn Steine, welche die Grenze zwischen dem seinerzeitigen Hochstift bzw. Fürstentum Brixen und der Grafschaft Tirol markierten. Über die Auseinandersetzungen um die Bergrechte wurde schon berichtet. Aus diesen Gründen verlief die Grenze im Unterlauf des Thinnebachtales hoch oben am Hang und erreichte erst kurz vor Klausen die Bachsohle. G. Innerebner[68] hat den Verlauf dieser eigenartigen Grenze anhand alter Karten rekonstruiert und acht Steine im Gelände gefunden.
Der Stein Nr. 7, vor dem wir stehen, zeigt auf der dem Weg zugewandten Seite unter der Jahreszahl 1547 den Bindenschild und darunter die Inschrift „Renoviert 1775". Auf der Nordseite steht ebenfalls die Zahl 1547, und darunter ist das Wahrzeichen der Bischöfe, ein Lamm mit Fahnenwimpel, eingraviert. Der Stein ragt 105 cm aus dem Boden und weist einen Querschnitt von 32 x 23 cm auf. Er steht in 1.145 m Höhe. Er und die übrigen erhaltenen Grenzmarken gehören zu den Zeugnissen der Bergbaukultur. Auf den Stein Nr. 8 trifft man nach wenigen Minuten.
Wir kommen zum Haldengebiet der Rotlahn und queren diese oberhalb des Andreas- (1.134 m) und des Barbara-Stollens (1.109 m). Beim Oberen Berghaus vorüber erreicht man dann die Knappenkirche St. Anna. Einzelheiten über die oberen Abbaugebiete wurden in Wanderung Nr. 9 beschrieben.

Zum Abstieg wandert man vom Oberen Berghaus auf alten, gut kenntlichen Bergbauwegen abwärts. Man bleibt zuerst auf der rechten (östlichen) Seite des Haldengebietes. Bereits 20 Höhenmeter unterhalb des Oberen Berghauses entdeckt man die Grundmauern eines Gebäudes, dessen Verwendungszweck unklar ist. Weiter absteigend gelangt man zu den Resten des Unteren Berghauses (1.055 m). Es war ein ausgedehnter Gebäudekomplex; zahlreiche Mauern, Fenster- und Türöffnungen sind zu erkennen. Schon hat der Wald begonnen, über die Örtlichkeit hinweg zu wachsen. An der Ostseite steht ein aus Natursteinen mit Zementmörtel errichteter Pfeiler, wahrscheinlich ein Fundament der Seilbahnstütze.
Vom Unteren Berghaus quert man auf einem schmalen Steig zum Katharina-Stollen (1.001 m) hinunter. Eine riesige Halde mit einer ebenen Fläche von fast 40 m Länge kündet von der Intensität des Bergbaues. Der Stollen war mit seiner Länge von 1,8 km der längste des Revieres und stand mit dem 52 m oberhalb angeschlagenen Cassian-Stollen in Verbindung. Noch ist das Mundloch des Katharina-Stollens zu erkennen, aber die Öffnung ist geschrumpft, die Stempel sind eingedrückt, Erdreich und Pflanzen verkleinern den Querschnitt. Ein schmales Wässerlein kommt aus dem Berginneren.
Vom Katharina-Stollen steigt man links der Halde zu einem Forstweg ab, der zum Planitzerhof führt. Der Weg quert dann neuerdings die Halde. Dort, etwas oberhalb des Weges, lag auf der rechten Haldenseite der seinerzeitige Hauptförderstollen, der Theresia-Stollen (943 m), der mit dem darunterliegenden Franz-Stollen (895 m) in Verbindung stand. Der Theresia-Stollen wurde in den 70er Jahren versuchsweise erneut belegt. Die Ergebnisse waren negativ, so daß der Stollen gesprengt und mit Erdreich überdeckt wurde. Durch den Bau der Hofzufahrten und der Forststraßen ist das Gelände verändert worden und die Lage der einstigen unteren Stollen nur mehr

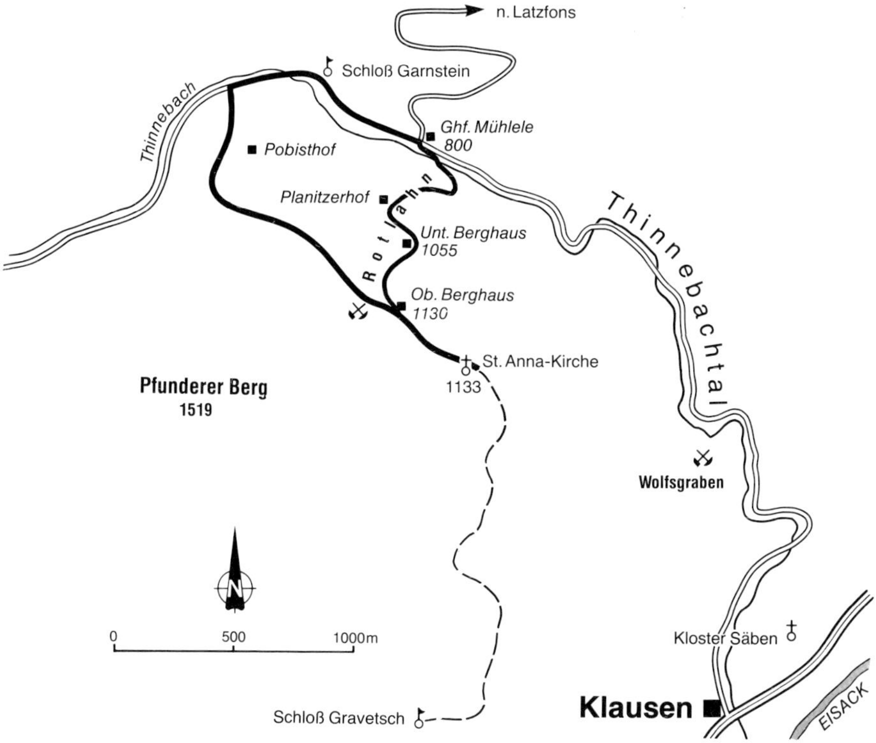

schwer auszumachen.Über die Forststraße kommt man zur Talbrücke und zurück zum Ausgangspunkt.

WEGVERLAUF
Ausgangspunkt: Gasthof Mühlele (800 m), erreichbar von Klausen (526 m) durch das Thinnebachtal (4 km)—Weg Nr. 3—Schloß Gernstein—St.-Anna-Kirche (1.133 m) 1–1$^{1}/_{2}$ Std.
Abstieg: Oberes Berghaus (1.130 m)—Unteres Berghaus (1.055 m) —Katharina-Stollen (1.001 m)—Planitzerhof bzw. zu den Örtlichkeiten des ehemaligen Theresia- und Franz-Stollens—Thinnebachbrücke (800 m).
Gesamtzeit: 2$^{1}/_{2}$–3 Std.
Alternativ: Kombination mit Besuch der Oberen Stollen wie Wanderung Nr. 9, 2–3 Std. länger.
Auskünfte: Verkehrsverband, I-39043 Klausen.
Gesamtzeit: 5–6 Std.
Karten: Wie bei Wanderung Nr. 9

EINSAME WEGE ZWISCHEN SAMBERG UND THINNEBACHTAL

11

Das wichtigste Abbaugebiet des Pfunderer Bergbaues, die Rotlahn, liegt an der Nordostseite des Berges. Die beobachtete Fortsetzung der Gesteinsserien nach Westen führten zu zahlreichen Schurfversuchen beiderseits des innersten Thinnebachtales. Über diese Aufschlüsse liegen einige Angaben vor.[23] Sie belegen, daß *die Hypothese der geradlinigen Fortsetzung der Lagerstätte*[123] nicht aufrecht zu erhalten ist. Man wird dem erfahrenen Bergmann glauben dürfen, wenn er kritisch urteilt: *Ich wäre also geneigt, das Vorhandensein von langen Schurfbauten nicht mit der Großartigkeit der einzelnen Ausbisse, sondern mit den verfehlten Schurfmethoden in Zusammenhang zu bringen.*[123]
Es ist demnach von besonderem Reiz, nach solchen alten Bauten Ausschau zu halten. Oftmals wird man vergeblich suchen, weil die Natur alles wieder zugedeckt hat, manchmal aber wird man da und dort größere und kleinere Spuren entdecken. Körperliche Eignung, Orientierungsvermögen, Trittsicherheit und Geländebeurteilung sowie eine entsprechende Ausrüstung sind Voraussetzungen solcher Unternehmungen.
Der Gasthof Sambergerhof (1.530 m) am Ende der Straße von Villanders ist ein günstig gelegener Ausgangspunkt. Von hier führt die für PKW befahrbare Straße zur Gasserhütte (1.774 m) in Richtung Westen. Zahlreiche Besucher gehen weiter zum Rittnerhorn (2.260 m), dem Villanderer Berg (2.509 m) oder zur Kapelle „Am Toten" (2.186 m; vergl. Wanderung Nr. 12). In den steil zum Thinnebachtal abfallenden Nordhängen des Rückens, der Pfunderer Berg (1.534 m) und Samberg (1.833 m) verbindet, befinden sich Spuren ehemaliger Schürfe. Forststraßen und erhalten gebliebene Bergwege erleichtern die Begehung. Um wirklich dorthin zu kommen, wo die – meist durch Höhenkoten bezeichneten Stollen und Halden liegen, – bedarf es Spürsinn und Fundglück.
Eine Möglichkeit, die hier nur angedeutet werden kann, bietet z. B. der Forstweg, der oberhalb der Laderstadt-Forsthütte bei der Grenzstein-Markierung 31/FD beginnt und in ca. 1500 m Seehöhe in Westrichtung durch das abschüssige Waldgehänge zieht. Vom Ende des breiten Weges führt ein Steig zunächst eben, dann fallend talein bis zu einem tiefeingeschnittenen Graben. Man überquert diesen und steigt jenseits in Kehren zu einem bewachsenen und aussichtsreichen Waldkopf auf. Dort trifft man auf einen markierten Steig. Diese Örtlichkeit am Nordwest-Abhang des Haiderichberges (1.723 m) heißt Wredner Flaschenwald. An der Westseite des gegen den Samberg aufsteigenden Rückens befinden sich in 1.590 m und 1.530 m Höhe Stollen. In 1.500 m gibt es einen Tagbau. Auch weiter westlich, im Gebiet Samberg Nord und Samberg Nordwest (Rinderplatz), liegen verschiedene Einbauten und Probeschürfe in 1.650—1.760 m.[23, 33]
Da es unmöglich ist, in diesem ausgedehnten und unübersichtlichen Steilgelände einzelne Schurfstellen genau zu beschreiben, verstehen sich die Angaben als Hinweise. Nachfolgend wird versucht, den Zugang zum Abbaugebiet Kaltwasser zu beschreiben.

Vom Gasthof Sambergerhof geht man, der Wegtafel „Waalweg" und „Laderstadt Hütte" nach, auf dem Forstweg bis zur Hütte. Unterhalb der Forsthütte führt links (westlich) eine Forststraße leicht fallend nach Westen. Man verläßt sie bei der 180° Rechtskurve. Dort, bei einem Brünnl mit hölzernem Brunnentrog, der Stein-Markierung 5 und einer Baumtafel mit Nr. 89 beginnt ein schmaler Steig. Nach wenigen Minuten kommt man zu Glimmerschiefer-Felsen. Hier wurden die *Kaltwasserschürfe an der Bärnwand oder dem Schurfkogel* niedergebracht, berichtet Posepny.[123] Vom schachtförmigen Einbau von 40 m Tiefe, von welchem Verhaue nach Osten und Westen liefen, ist kaum mehr etwas zu sehen. Aus einigen schmalen Öffnungen kann man schließen, daß hier vor mehr als 100 Jahren abgebaut wurde.
Von diesem Tagbau geht der Steig noch ein kurzes Stück nach Westen und wendet sich dann in kurzen Kehren steil abwärts. Vorbei an einer Wildfütterung steigt man rund 100 Höhenmeter tiefer und kommt schließlich zu einer kleinen ebenen Fläche. Dort findet man die Stein-Markierung 24, eine Baumtafel mit der Nr. 21 und eine Kreismarkierung in rot-weiß an einem Baum. Geradeaus geht es zu einem Felskopf, der steil in das Tal abbricht. Rechts (östlich) hingegen beginnt ein rot markierter Steig, der gelegentlich von abgebrochenen Bäumen verlegt ist. In gleicher Höhe quert man das Gelände, bis man in den felsigen Kaltwassergraben kommt. Links am Felsen ist eine Farbmarkierung zu erkennen, ebenso 20 m höher oben. Einige Meter oberhalb des Weges liegt eine Halde, und hier öffnet sich das Mundloch des Kaltwasserstollens (1.370 m).
Der Bau dürfte aus dem 18. Jh. stammen. Vor ungefähr 20 Jahren wurde er versuchsweise wieder in Betrieb genommen. Die an einigen Stellen des anstehenden Glimmerschiefers erneuerte Zimmerung, die angebrachte Farbmarkierung mit Nummern und die Löcher der Bohrkernentnahme stammen aus dieser Zeit. Auf der kleinen Halde findet man wenig erzhaltiges Gestein (Kupferkies).
Der Stollen weist eine Länge von 240 m auf und war 1988 bis zum Ende begehbar. Am Beginn des Stollens steht etwas Wasser. Der Stollen führt zuerst gegen Südwesten und besitzt einige kurze Querschläge. Nach rund 140 m führt ein ca. 8 m breiter Schacht nach oben. Er ist mit verzimmerten Zwischenböden und Holzleitern versehen. Nach dieser Stelle kommt eine Gabelung: Ein Stollen läuft gegen Westen, der andere gegen Südosten. Auch am Ende ist eine kurze Verzweigung zu finden. *Der Erzgang (mit einer Mächtigkeit von 2 m) wurde auf eine Strecke von 270 m verfolgt und stellt nach Brigo 1971[11] vermutlich die Fortsetzung der Gänge des Pfunderer Bergwerkes dar*, schreibt Dorfmann[23].
Hinzuzufügen wäre, daß gemäß der Bergkarten rund 30 m höher (1.400 m) der alte Kaltwasserstollen lag, der noch händisch eingetrieben wurde.
Die beschriebene „Bergbauwanderung abwärts" hat den Nachteil, daß man am Rückweg wieder die rund 130 Höhenmeter Aufstieg zum Sambergerhof auf sich nehmen muß.

Einen bestimmenden Eindruck dieser Bergbauwanderung nimmt man sicher mit: die Hochachtung vor den Alten, die entweder durch systematisches Absuchen erzhöffiger Geländepartien oder durch Zufallsfunde ständig auf der Suche nach „Fundgruben" waren.

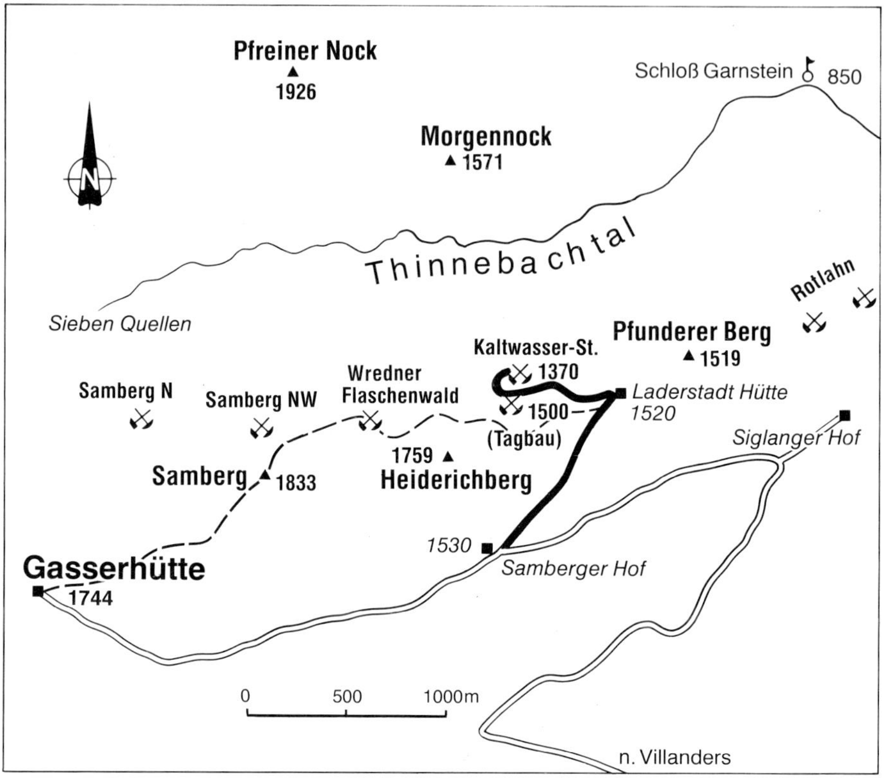

WEGVERLAUF

Ausgangspunkt: Gasthof Sambergerhof (1.530 m), erreichbar auf der Straße von Villanders bzw. Klausen.

Laderstadt-Hütte (1.520 m)—Untere Forststraße—Fußsteig zum Tagbau (1.500 m)—Bergweg zum Kaltwasserstollen (1.370 m) $^{3}/_{4}$—1 Std., Rückweg wie Hinweg 1 Std.

Gesamtzeit: $1^{3}/_{4}$—2 Std.

Karten: wie bei Wanderung Nr. 9

Abb. rechts: *Der Kaltwasser-Stollen wurde vor zwei Jahrzehnten wieder gewältigt, aber dann erneut aufgelassen.*

DER BERGBAU AM SEEBERG

Villanderer Alm, Sarntal

Die Gegend um den Schwarzen See, der auf alten Karten Weißer See hieß, ist voller Merkwürdigkeiten. Da ist die Kapelle „Am Toten", die Halden und Stollen des sagenumwobenen „Goldbergwerkes", das verfallene Poch- und Waschwerk am Knappenbach und eine vorgeschichtliche Schmelzstätte nahe der Waldgrenze.
Von den möglichen Zugangswegen von der Sarntaler oder Villanderer Seite wählen wir jenen von Reinswald im Durnholzer-Tal. Der in 1.500 m Seehöhe gelegene Ort in aussichtsreicher Lage hat erst in den letzten Jahren mit Aktivitäten für den Touristenverkehr begonnen.
Von Reinswald folgt man ab der Liftstation einige Minuten der asphaltierten Straße (Weg Nr. 7 Latzfons) und biegt dann bei der Kreuzwegstation Nr. 3 rechts ab. Eine Wegtafel bestätigt, daß wir auf dem „Herz-Jesu-Weg" zum „Toten" sind. Abwärts wandernd kommt man zum Gertrumbach, und über die Brücke folgt man weiter der Straße talein.
Bei der Kreuzwegstation Nr. 10 weist eine Tafel zu unserem Ziel „Am Toten". Man überquert den Knappenbach und steigt durch schönen Wald höher, bis sich taleinwärts eine Lichtung öffnet. Die aufgerissene Grasnarbe, mehrere Vertiefungen und der mancherorts schwarz gefärbte Boden fallen auf. Untersucht man den grießeligen Sand näher, so findet man dunkle Schlacken, die manchmal flache Blättchen mit blasenartigen Erhebungen bilden. In der näheren Umgebung deutet nichts auf menschliche Tätigkeit hin.Wie öfter bei urgeschichtlichen Fundstätten, ist der erste Eindruck nichtssagend. Erst wer die Geschichte dieses Platzes kennt, vermag seine Bedeutung zu ermessen. Der Archäologe Dr. L. Dal Ri (Südtiroler Denkmalamt) hat nach den ersten Funden von Prof. V. Welponer im Jahr 1970 eine Untersuchung der Belegstücke vorgenommen. Er kam zu dem Schluß, daß die *Aufdeckung eines urgeschichtlichen Schmelzplatzes... einen wichtigen Beitrag zur Kenntnis der spät- bis endbronzezeitlichen Kupferverhüttung in Südtirol* liefert. Das betrifft den Zeitraum von 1300 bis 850 v. Chr. Wer sich näher interessiert, sollte die Originalarbeit lesen.[21] Untersucht wurden Schlacken verschiedenen Typs, Schlackenreste, Schlackensand, Ofenstein- und Lehmreste, Steingeräte zur Zerkleinerung wie Scheidsteine und Handmühlen sowie auffallende Keramikfragmente. Zwei Fragen drängen sich dem Besucher dieses Platzes auf: 1. Ist eine schräge Wiese eine geeignete Betriebsstätte; und 2. Woher kam das kupferhaltige Erz?
Hinsichtlich der Platzneigung wurde von den Fachleuten auf die Wichtigkeit der Windzufuhr hingewiesen. Nur ein starker Luftzug ermöglicht eine Verbrennung mit hohen Temperaturen. Ein weiteres Argument liefert die Beobachtung, daß Schmelzplätze öfters weit weg von den eigentlichen Abbaustätten liegen. Das Holzangebot, die Zugänglichkeit, die Sicherheit u. a. spielten eine Rolle. Woher das Erz kam, ist unklar. Prähistorische Stollen zu finden ist schwierig. Sie sind längst verfallen bzw. durch spätere Bergbau-

Abb. links – *oben: Kokons der Höhlenspinne Meta menardi.*
– unten: Eisenablagerungen aus einem Bohrloch (Kaltwasser-Stollen, Pfunderer Bergbau).

versuche unkenntlich gemacht worden. Hinsichtlich möglicher Lagerstätten bietet auch die Geologie der Sarntaler Alpen keine Hilfestellung.

Die Hoffnung, an anderen Stellen des Knappentales Halden, Schlacken oder Scheidsteine zu finden, hat sich bisher nicht erfüllt. Für den Nachweis früherer menschlicher Anwesenheit sind die Keramikfunde aufschlußreich. Als Produktions- und Herkunftsgebiet wird das wellige Hochflächengelände südlich des Rittnerhornes (2.260 m) angenommen, wo zwei Siedlungen aus der Endbronzezeit liegen.

Vom Schmelzplatz führt der Steig, anfangs durch Wald später über Wiesen, höher. Unterhalb des Weges am Bach erkennt man Gebäudereste, deren Besuch wir uns für den Abstieg aufheben. Unser Pfad überquert den Bach und führt zu den im Verfall begriffenen Almhütten. Von dort schlängelt er sich zur Kapelle am „Toten“ empor. Wir halten uns taleinwärts und gehen über sumpfige Böden am östlichen Seeufer, bis wir zum markierten Weg Nr. 6 kommen. Unmittelbar daneben liegt das Mundloch des Johanni-Stollens (2.050 m).

Der Stollen besitzt ein 1 m hohes und 0,6 m breites Mundloch, das in sorgfältig geschichtetem und gut erhaltenem Trockenmauerwerk ausgeführt ist. Aus dem Stollen kommt Wasser. Er ist ein Stück begehbar. Nach 11 m steigt die Firsthöhe auf 1,80 m an. Nach 18 m folgt links ein ca. 8 m langer Querschlag mit vermodernder Holzverzimmerung. Nach 20 m nimmt die Firsthöhe wieder ab. Die Ausmauerung reicht bis 80 m. Der Stollen war durch Schächte mit den darüberliegenden Abbauten verbunden und diente wahrscheinlich als Förderstollen.

Die sich über dem Johanni-Stollen erstreckende Halde ist ca. 40 m lang und über 20 m breit. Von den Mundlöchern der dazugehörigen Stollen sieht man kaum mehr etwas. Der Josefi-Stollen lag 22 m und die Fundgrube 41 m höher als der Johanni-Stollen (2.050 m). 230 m östlich lag der Karl-Stollen (+40 m). Wie alten Bergkarten zu entnehmen ist, bestanden Schachtverbindungen innerhalb der Aufbrüche. Der Abbau reichte 17 bzw. 40 m unter den Horizont des Johanni-Stollens. 500 m nordöstlich wurden zwei weitere Stollen angeschlagen, und zwar Hausermad (+ 5 m) und Maria Heimsuchung (+ 32 m), von denen nichts mehr zu sehen ist. 900 m nordöstlich des Johanni-Stollens wurde der Moser-Unterbau-Stollen angelegt. Sein Mundloch soll 66 m unter dem Johanni-Stollen gelegen sein.

Mit Ausnahme des Johanni-Stollens, der ein erhaltungswürdiges technisches Denkmal darstellt, ist außer den Halden vom Bergbau nicht mehr viel zu sehen. Der mit 40 cm dicken Steinen sorgfältig aufgemauerte vordere Teil des Johanni-Stollens läßt vermuten, daß das Stollen-Mundloch früher weiter hinten lag. Durch die Förderung von taubem Gestein aus den höher liegenden Stollen nahm die Länge der davor abgelagerten Halde zu. Zum Schutz des Stollens mußte dieser verlängert werden. Zum Bau gemauerter Trockengewölbe wurden Holzgerüste als Lehren errichtet. Sie wurden seitlich und oben mit den kunstvoll geschlichteten Steinen abgedeckt. Nach Einsetzen der Firststeine und der Ausfüllung der Hohlräume mit Lockermaterial konnte das Stützgerüst entfernt werden. Das Gewölbe trug sich selbst und wurde im Zuge des weiteren Abbaues von der wachsenden Halde überlagert. Derartige, solide Konstruktionen haben eine längere Lebensdauer als Einbauten in Lockersedimenten oder Schiefer.

Über die Ergiebigkeit der Seeberg-Gruben ist nichts bekannt. Es können nur Vermutungen über die frühgeschichtliche Bedeutung angestellt werden. Ähnliches gilt für die historische Zeit. Zu den ersten Nachrichten über das „Silberbergwerk in Villanders“ im Jahr 1140 könnte man auch den Seeberg einschließen. Belegt ist eine eher bescheidene Blüte im 17. Jh. Bemerkenswert ist der Bericht eines Bergmannes aus dem Jahr 1521[151], der seinen Nachfahren die Nachricht von den „Goldgruben“ hinterließ. Er nannte das *niedere Albl in Weiten bei einem klaren See, wo um 2.724 Gulden gebautes Golderz* liegen soll. Als Golderze wurden damals die „göldischen Kiese und Blenden“ verstanden, die durch den enthaltenen Pyrit ein metallisch glänzendes, goldähnliches Aussehen erhielten. Die Erben werden mit dem vermeintlichen „Goldschatz“ nicht viel Freude gehabt haben!
Zur Lagerstätte selbst ist zu ergänzen, daß der ca. 1 km lange Ostnordost-Westsüdwest streichende und mit 40–50° einfallende Gang im Brixner Quarzphyllit am Nordrand der Bozner Porphyrplatte liegt und tektonisch durch zwei Verwerfungssysteme gekennzeichnet ist[10].
Hauptabbauprodukt war der silberhältige Bleiglanz. Auf den Halden ist außerdem Sphalerit, Pyrit und Quarz zu finden. Folgende weitere Mineralien werden angegeben: Chalkopyrit, Markasit, Pyrrhotin, Tetraedrit, Argentit, Jamesonit, Boulangerit, Magnetit, Hämatit, Calcit, Baryt, Goethit, Cerussit.
Nach der bergbaukundlichen Spurensuche steigt man zur Kapelle „Am Toten“ (2.186 m). Ein grandioser Blick nach Osten, wo über der unerwartet weiträumigen Villanderer Alm die Dolomiten den Horizont bilden, belohnt die Mühe. Die Kapelle soll auf das Jahr 1350 zurückgehen. Sie wurde in jüngster Zeit renoviert und enthält eine imponierende Christusfigur und zwei Plastiken. Der Name des Platzes soll in der Pestzeit entstanden sein. Damals starb auf diesem Joch ein Hirte und blieb liegen, weil niemand wagte, den Toten zu bergen.

Zum Heimweg wählen wir entweder den Aufstiegsweg oder gehen schöner auf die nördlich vorgelagerte Graskuppe (Wendelstein 2.109 m lt. Karte) und dann entlang des langen Almzaunes hinab zum Knappenbach und zu den dortigen Überresten des Wasch- und Pochwerkes.
Es handelt sich um zwei mächtige Grundmauern aus mörtellos aufeinandergefügten und zum Teil behauenen Steinen. Die obere Mauer ist 8 m breit und 2,3 m hoch, die untere 12 m breit, 4,5 m hoch und über 8 m lang. Das Bachwasser fließt durch eine Stein- bzw. Holzrinne am Fuß des oberen Bauwerkes nach der Seite, so daß es mit einer Fallhöhe von 2–3 m an der Westseite des unteren Bauwerkes frei austritt.
An dieser Seite befand sich das Wasserrad, das über einen Wellbaum die sich auf- und abbewegenden Pochstempel antrieb und das Hauwerk zerkleinerte. Das beweist der unterhalb der Mauer abgelagerte feine Schwemmsand. Die im Herbst und Winter geringe Wasserführung des Knappenbaches hat den Betrieb der Aufbereitung nur innerhalb weniger Monate im Jahr erlaubt.
Der Besuch dieses Ortes, der über der Baumgrenze liegt, wirft manche Frage auf, die aufgrund unseres derzeitigen Wissens nicht beantwortet werden kann. Wo lagen die Unterkünfte der Bergleute, wie geschah der Transport des Hauwerkes, wo erfolgte die Verhüttung der Pocherze, wann entstand diese Anlage?
Unsere Gedanken kreisen auch um die Frage der Lagerstätte. Am Seeberg

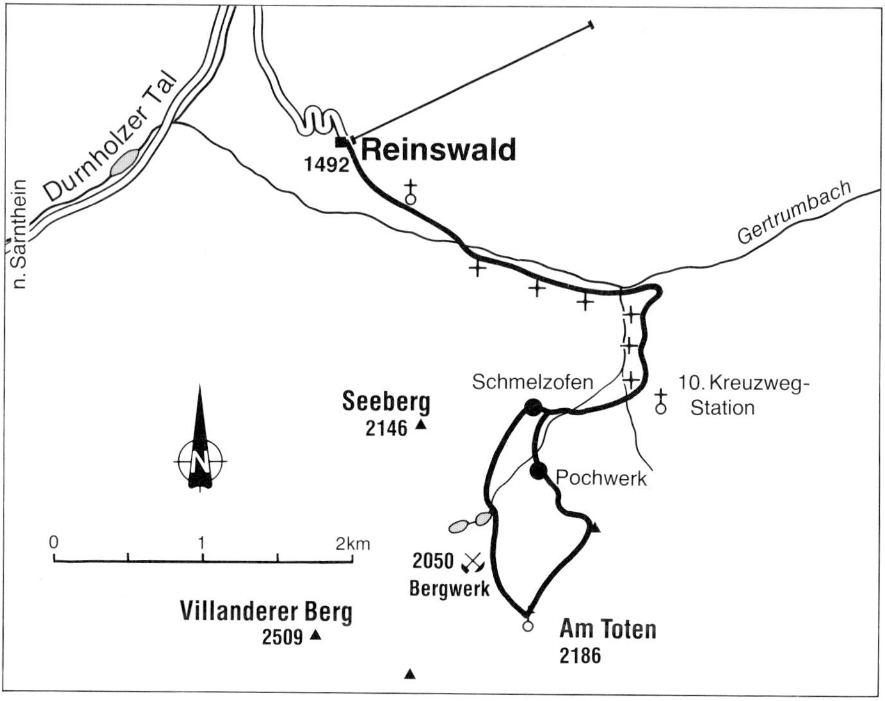

wurden in geschichtlicher Zeit Bleiglanz, in frühgeschichtlicher Zeit aber Kupfererz abgebaut, obwohl z. B. Kupferkies nur in sehr geringer Menge vorkommt. Woher kam das Erz für die urzeitliche Schmelze?

Sperges hat in seiner Tyrolischen Bergbaugeschichte[135] vor mehr als 200 Jahren (1765) das beschrieben, was wir auf unserer Wanderung selber feststellen konnten: *Das Hochgebirge ist zu Erzklüften nicht allemal geschickt, sein rauhes und festes Felsengestein läßt ihr Streichen nicht durch und verdrücket oder vertrümmert die edelsten Gänge, wenn sie sich in die Teufe niederlassen wollen.*

WEGVERLAUF

Ausgangspunkt: Reinswald (1.492 m)—Autostraße vom Durnholzer- bzw. Sarntal; Reinswald—Bronzezeitlicher Schmelzplatz (1.800 m) $^3/_4$–1 Std. —Bergwerk am Seeberg (2.050 m) 1 Std.—Kapelle „Am Toten" (2.186 m) $^1/_2$ Std.—Wasch- und Pochwerk am Knappenbach (ca. 1900 m) $^1/_2$ Std. —Reinswald 1 Std.

Gesamtzeit: 4–4$^1/_2$ Std.

Karten: Freytag & Berndt S 4 Sterzing, Brixen bzw. S 1 Bozen; Kompaß Nr. 56 Brixen; IGM Blatt 10 I, N.E.

FLUORIT-BERGBAU RABENSTEIN UND ALTE GRUBEN IM SARNTAL

1. RABENSTEIN

Alter Bergwerks-Stempel aus der k. k. Zeit

Der Bergbau Rabenstein in 1.250 m Seehöhe, 34 km nördlich von Bozen an der Penser-Joch-Straße, wurde schon im 17. Jh. auf silberhältigen Bleiglanz betrieben und später auf Zinkblende ausgedehnt. Nach dem 1. Weltkrieg rückte Fluorit als Industriemineral in den Mittelpunkt.
Obwohl das Bergwerk unmittelbar neben der Straße liegt und keine Besichtigung möglich ist, seien einige Informationen über den gewonnen Rohstoff und die Geschichte des Betriebes vorangestellt.
Der Flußspat (CaF_2) gehört zu den in Südtirol häufig vorkommenden Mineralien. Die ebenmäßigen, kubischen oder oktaedrischen Kristalle, die bis zu 25 cm groß werden können und die Vielfalt der Farben, die von weiß oder farblos bis grün-, violett- oder rosastichig reichen, machen Stufen zu einem begehrten Sammelobjekt. Weniger bekannt ist, daß die wirtschaftliche Bedeutung dieser Verbindung beachtlich ist. Für die industrielle Verwertung wird auf Kristallschönheit oder besondere Reinheit kein Wert gelegt, sondern es genügt das derbe spätige Material. In früheren Zeiten war Flußspat so wie Quarz oder Baryt eine unerwünschte Gangart, die bei der Gewinnung von Erzen auf die Halde geworfen wurde. Weil Fluorverbindungen in der Natur selten vorkommen, hat der Fluorit als Rohstoffquelle für die moderne Technik zunehmende Bedeutung erhalten. Verwendet wird er als Fließmittel in der Metallurgie (Hüttenspat in verschiedenen Korngrößen, Gehalt 45–87% CaF_2), als Zuschlagstoff bei der Glas- und Keramikherstellung (Keramikspat 80–90% CaF_2) und in der chemischen Industrie (Säurespat 94–98% CaF_2).
Die Fluorchemie hat seit einigen Jahrzehnten einen starken Aufschwung erlebt. Dies betrifft nicht nur die Flußsäure, sondern vor allem die organischen Fluorverbindungen.
Gefrierschutzmittel, Schmierstoffe, Kunststoffe und Lösungsmittel werden aus diesem Element hergestellt. Fluor wird zur Synthese von Uranhexafluorid benötigt, aus dessen Dampf das spaltbare Uran, welches als Brennstoff in Kernreaktoren dient, abgetrennt wird. In unserer Zeit hat Flußspat eine umfassendere Bedeutung, als wir zunächst anzunehmen geneigt sind.
Die Lagerstätte Rabenstein ist durch einen mehr als 1 km langen Fluoritgang gekennzeichnet, der sich in der Kontaktzone zwischen Brixner Granit und Quarzphyllit befindet. Der Mineralkörper, mit einer Mächtigkeit bis zu 4 m und einer Teufenerstreckung von mehr als 200 m, beginnt in den Glimmerschieferfelsen über dem Bergwerksgelände. Er biegt unter Tag dann nach links (OSO) um, unterfährt den Runerbach und endet beim Winklerbach. Die Mineralisation ist durch sieben übereinander liegende, und miteinander verbundene Stollen, die auch Nebenadern anfahren, aufgeschlossen. Hauptförderstollen ist der Rosa-Stollen (1.247 m). Von ihm wurde ein Schacht abgeteuft, von dem aus die unterhalb liegenden Strecken (Carlo, Barbara, Cima, Paola und Anna) erreicht werden.

Derzeit wird im Westfeld des Anna-Horizonts (1.125 m) abgebaut. Hoffnungsgebiete sind die unter diesem zur Zeit tiefsten Horizont (122 m unter dem Rosa-Stollen) sich erstreckenden Gesteinspartien.[41]
Das Muttergestein bilden Glimmerschiefer und Paragneise. Der Einfluß der Ifinger Intrusivgesteine am Ende der variszischen Gebirgsbildung führte zur Bildung von Graniten und Tonaliten bzw. in geringem Maß von Dioriten und Gabbro. Es bildeten sich in den Hüllgesteinen Risse und Spalten, welche die Mineralisation begünstigten. Die Gangmasse wird von Fluorit gebildet, der in unterschiedlicher Menge mit Galenit und Sphalerit angereichert ist. Bleiglanz kommt im Fluorit häufig in Form von Stücken, aber auch kristallisiert vor. Bei Zinkblende wurden seltener Kristalle beobachtet. Analysen[27] zeigen, daß Fluorit mit 88,4% vorherrscht; es folgen 6,3% Galenit, 2,5% Sphalerit und 2,8% übrige Mineralien. Bezogen auf die jährliche Fördermenge von durchschnittlich 8.000 t Hauwerk beträgt der Fluoritanteil ca. 57%. Das Hauwerk wird auf Lastwagen verladen und zur weiteren Aufarbeitung in die Provinz Brescia gebracht. Dort erfolgt zuerst eine physikalische Trennung der Anteile über 4 mm Korngröße und dann eine Flotation des Feinanteiles zur Gewinnung von Fluorit, Blei und Zink. Der Bergbau, in dem 1989 10 Personen beschäftigt waren, wird von der Firma Prealpi Mineraria S.p.A. mit dem Sitz in Zogno (Bergamo) betrieben. Das Unternehmen ist auf die Verarbeitung von Flußspat spezialisiert und betreibt außerdem den Bergbau Vallarsa/Brantental (vergl. Wanderung Nr. 14) und die Gruben in Collo (Brescia). Im Vergleich mit dem Bergbau Brantental ist die Qualität des Rabensteiner Fluorits höher einzustufen. Bekannt geworden ist die Lagerstätte nicht nur durch die Größe der Fluoritkristalle, sondern durch die Reinheit des Materials. Diese Qualität ist für die optische Industrie von Bedeutung. Derartige Fluoritstufen wurden meist dort gefunden, wo der Anteil an schwefelhaltigen Erzen klein ist.
Neben Galenit und Sphalerit wurden weitere sulfidische Erze, wie Pyrit und Chalkopyrit gefunden. Von weiteren, seltenen Mineralien wurde berichtet: Boulangerit ($Pb_5Sb_4S_{11}$), Smithsonit bzw. Hydrozinkit ($Zn_5[CO_3]_2[OH]_6$), Wulfenit ($PbMO_4$), Cerussit ($PbCO_3$). Quarz ist häufig mit Calcit und Dolomit vergesellschaftet anzutreffen.[5]
Sieht man von den zurückliegenden Jahrhunderten ab, so war es der Engländer Wilberforce, der 1877 mit dem Blei- und Zink-Bergbau begann. Das Fehlen einer Straße durch das Sarntal und mangelhafte Abbaumethoden machten den Betrieb unrentabel. Er wurde 1898 eingestellt. Immerhin wurden in dieser Periode rund 40.000 m^3 Hauwerk gefördert und 4 Strecken, darunter der heutige Rosa-Förderstollen, angelegt. Die nächsten Besitzer, Bozner und Innsbrucker Kaufleute, nahmen den Betrieb wieder auf, ohne – außer einer 200 m Querverbindung – neue Stollen zu erschließen. Während des 1. Weltkrieges unterstand das Bergwerk der österreichischen Militärverwaltung. In ihrem Auftrag wurde Fluorit für die österreichische und deutsche Metallindustrie abgebaut.[101]
Im Jahr 1922 übernahm die italienische Gesellschaft Atesina den Betrieb. Sie ließ eine Materialseilbahn zur Straße nach Sarnthein anlegen, begann mit der Flotation von Zink- und Bleierz und erweiterte das unterirdische Streckennetz. Bis 1928 wurde neben Fluorit auch Erz abgebaut; ab diesem Jahr nur mehr Fluorit. Mit kurzen Unterbrechungen, wie z. B. im Herbst 1988 als ein Bergsturz die Verladerampe zerstörte, wurde der Abbau kontinuierlich betrieben.
Der Blick auf den an der rechten Bachseite gelegenen Bergbaubetrieb zeigt

rechts den Verwaltungsbau, dann folgt die Verladerampe, und links befindet sich die Einfahrt in den Untertagbereich. Auf den Halden des Geländes sind Bleiglanz und Zinkblende zu finden.

2. EISENBERGBAU „NISSLHOF“

Die Gegend um das Dorf Sarnthein ist eine recht gemütliche, heitere, angenehme, mit fast alpenmäßigem Charakter, vergleichbar mit einer hochschottischen Landschaft – rühmt J. J. Staffler den Hauptort des Tales. Das hat sich bis heute kaum verändert. Bei Astfeld gabelt sich das Sarntal. Ostseitig beginnt das Durnholzer-Tal, dessen zum Villanderer Berg ziehenden Seitenast wir bei der Wanderung Nr. 12 kennengelernt haben. Westlich fängt das Pensertal an. Kurz nach dessen Beginn befinden sich auf der orographisch rechten Talseite, zwischen den Höfen „Nissl“ und „Graf am Berg“ in 1.150 m Seehöhe, Stollen, die von Schürfarbeiten während des 2. Weltkrieges stammen.
Es wurde Magnetkies (Pyrrhotin FeS) und untergeordnet auch Magnetit (Fe_2O_3) abgebaut[11]. Das Eisenerzvorkommen war schon länger bekannt, und Versuchsschürfe wurden schon früher angelegt. Im Jahr 1940 wurden zwei Stollen reaktiviert. Sie liegen knapp nebeneinander. Das Streckennetz wurde mit 100 m angegeben. Im Mundloch-Bereich eines Stollens wurde ein 7 m Schacht abgeteuft. Die Lagerstätte liegt im Brixner Quarzphyllit und hat eine Ausdehnung von 30 m im Streichen und 100 m im Fallen. Der Platz ist leicht zu finden und vermittelt einen guten Eindruck einer alpinen Prospektionsarbeit in Notzeiten.

Man kann bis zum Nisslhof mit dem Auto fahren; lohnender ist aber eine Rundwanderung. Sie beginnt 2 km nach Astfeld, wo links – bei einem Bildstock – eine asphaltierte Straße abzweigt. Auf ihr steigt man, mit stets hübschen Ausblicken auf das Tal, in einer Schleife zum Nisslhof hinauf. Man benützt den Forstweg fast eben nach Süden, überquert einen Bach und steigt nach Beginn des Waldes auf einem schlecht erkenntlichen Steig links abwärts. Infolge des geräumigen Vorplatzes ist der große Stollen (1.150 m) leicht zu finden. Braungefärbte Haufen von Pyrrhotin-Derberz kennzeichnen die Stelle. Der Stollen liegt im festen Gestein und kann begangen werden. Beim Stolleneingang liegt rechterhand der erwähnte Schacht.
Rund 15 m entfernt in Südrichtung befindet sich das zweite offene Mundloch. Es ist ein kleiner Stollen, der nach einigen Metern verbrochen ist. Etwas tiefer im Gelände (1.136, 1.145 m) sollen sich zwei weitere Stollen befunden haben. Zum Abstieg durch den kleinwüchsigen Wald benützt man einen der alten, das Gelände durchziehenden Berg- und Ziehwege und kommt zur Wiese, oberhalb der Straße, die zum Ausgangspunkt führt.
Exel[33] gibt folgende Mineralien an: Sphalerit, Galenit, Pyrit, Chalkopyrit, Arsenopyit, Cobaltit, Tetraedrit, Boulangerit, Antimonit, Bornit, Markasit, Siderit, Hämatit, Molybdänit, ferner Quarz, Rutil, Chlorit.

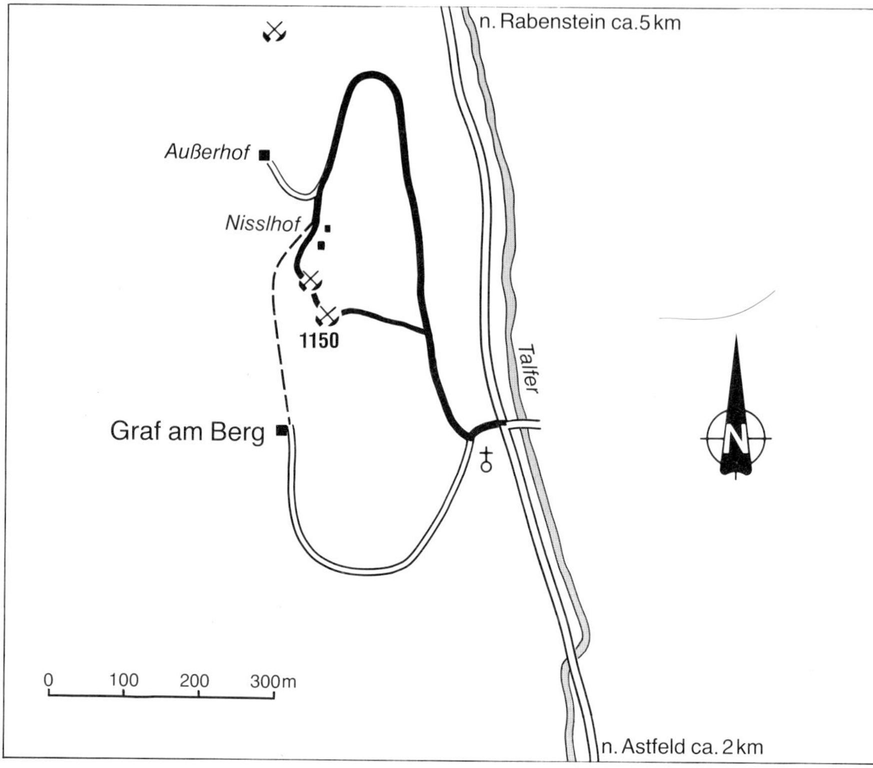

WEGVERLAUF

Ausgangspunkt: Bildstock (ca. 1.050 m) 2 km nach Astfeld—Nisslhof (1.162 m) 1/4 Std.—Knappenlöcher (1.150 m) 1/4 Std.—Waldabstieg 1/4 Std.
Gesamtzeit: 3/4–1 Std.
Karten: siehe Wanderung 8.3

3. ANTIMON-BERGBAU WINDLAHN

G. Gasser[48] hat schon 1913 über das Vorkommen von Antimonit (Sb_2S_3) auf der Westseite des Rittner Horns, gegen das Sarntal hin, berichtet. Antimonglanz kommt nur an wenigen Stellen Südtirols, z. B. im Schneeberggebiet, vor. Das Mineral selbst ist unscheinbar grau gefärbt und metallglänzend, Kristalle und nadelige Ausformungen kommen vor. Antimon ist

Abb. rechts – *oben: Das gemauerte Mundloch des Johanni-Stollens am Weg Nr. 6 zur Kapelle "Am Toten" (Villanderer Alm).*
– unten: Trockenmauerwerk im Johanni-Stollen (2.050 m) am Seeberg. (Wanderung 12)

PERICOLO
PERICOLO
USARE

durch seine härtenden Eigenschaften ein wichtiger Bestandteil hochwertiger Metall-Legierungen.
Im Jahr 1930 wurde am orographisch linken Ufer des Tanzbaches, in einer Höhe von 1.370 m, mit dem Abbau des dortigen Vorkommens begonnen. Das Abbaugebiet liegt im Gemeindegebiet von Ritten. Die Bergleute, teils Einheimische, teils Italiener, die in Blockhütten untergebracht waren, wohnten in Windlahn. Die aus Bozen stammenden Unternehmer Gasser und Niedermaier verkauften 1933 den Bergbau an den Industriellen Angelo Cester aus Chioggia (VE), der das Unternehmen fünf Jahre betrieb. Das geförderte Hauwerk wurde in einer primitiven Waschanlage aufbereitet. In Säcken verpackt wurde es mit Pferdefuhrwerken auf der alten Tanzbachtalstraße talaus geliefert. Im Sommer 1938 riß ein Unwetter die Straße und einige Hütten fort. Durch den damit verbundenen Betriebsstillstand kam Cester in finanzielle Schwierigkeiten und verkaufte das Bergwerk an die Firma SAGMA (Mailand). In der folgenden Zeit wurde eine Materialseilbahn gebaut, um den Transport zu verbessern. Ab 1943 betrieb eine deutsche Firma den Abbau, der nach Kriegsende 1945 endgültig stillgelegt wurde.[27, 88] Nähere Daten über die Produktion oder Beschäftigungszahlen waren nicht zu erhalten.
Die Wanderung zu dieser ehemaligen Betriebsstätte ist bergbautechnisch und mineralogisch wenig ergiebig. Man findet keine Stollen, Berghäuser oder bemerkenswerte Halden. Andererseits liegt Windlahn in einem idyllischen Winkel des Sarntales und gibt einen Eindruck, mit welcher Kühnheit man seinerzeit hochgelegene Abbaugebiete erschlossen hat.
Vor dem Weiler Bundschen zweigt vor der Brücke rechts (östlich) der Wanderweg Nr. 2 ab. Da es sich bei diesem Weg um eine durchwegs asphaltierte und mit Leitschienen versicherte öffentliche Straße handelt, empfiehlt es sich, das Auto zu benützen. Immer hoch über dem Tanzbachtal fährt man talein, bis sich die Wiesenmulde öffnet, in der die Höfe von Windlahn liegen. Auf dem Weg Nr. 2 nach Gißmann steigt man vom „Häuslhof“ zum Bach hinunter, überquert ihn auf der Brücke und verläßt ihn gleich nachher bei einem verfallenen Sägewerk nach links. Am orographisch linken Bachufer steigt man ca. $1/4$ Std. aufwärts. Wo der Weg etwas ebener wird, kommen von rechts zwei kleine Bäche herunter, die durch eine Betonröhre unter dem Weg in den Tanzbach fließen. Genau über dieser Stelle lag das Abbaugebiet im steilen und – trotz Baumbestand – von Lockermaterial gekennzeichneten Gelände. Die Halde, die sich rund 40 Höhenmeter über dem Weg befindet, ist mit Dickicht überwachsen und nur mit Mühe zu erkennen. An ihrem oberen Ende befindet sich eine mit ungepflegtem Jungwald bestandene ebene Fläche. Das zugehörige Mundloch des Stollens ist nicht mehr zu erkennen.
Die Antimonitvererzung besteht aus einem ONO—WSW streichenden saigeren Gang im Bozner Quarzporphyr[32]. Mineraliensammler müßten die Bodenkrume entfernen um Antimonit zu finden. Im anstehenden Fels beobachtet man gelblich braune Krusten von Antimonocker (Cervantit), einem Oxidationsprodukt des Antimonits, welches das Gestein überzieht.

Abb. links: *Hauptförderstollen (Rosa-Stollen) im Fluorit-Bergbau Rabenstein, Sarntal.*

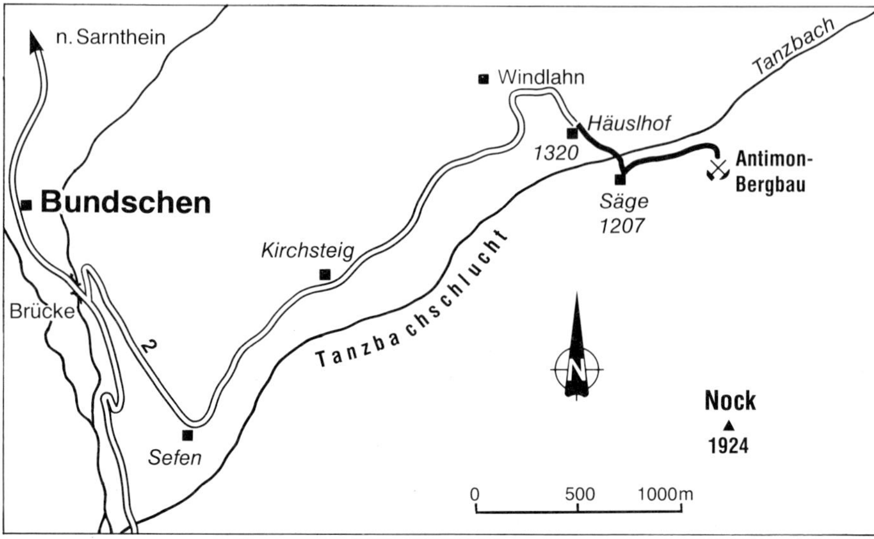

Windlahn selbst hat sich seit 150 Jahren kaum verändert. Staffler berichtet von der Siedlung mit 14 Häusern und 74 Einwohnern, die *3 Stunden vom Dorf entfernt* liegt. Die Straße verbindet jetzt den „Weiler im Gebirge" mit der Welt.

WEGVERLAUF

Ausgangspunkt: Fraktion Windlahn „Häuslhof" (1.320 m); erreichbar auf der Zufahrtstraße vom Sarntal, Abzweigung vor Bundschen (923 m); zu Fuß $1^1/_2$ Std.; Weg Nr. 2—Tanzbachbrücke—Bergwerksgelände (1.370 m) $^1/_2$–$^3/_4$ Std.; Abstieg wie Aufstieg.
Gesamtzeit: 1–2 Std.
Karten: Freytag & Berndt Nr. 51 Bozen, Meran; Kompaß Nr. 54 Bozen; IGM Blatt 10 I, N.E.

FLUORIT-BERGBAU BRANTENTAL/VALLARSA 14

In Südtirol haben die beiden bestehenden Fluoritbergbaue den einstigen Erzbergbau abgelöst.
Das Vorkommen im Brantental, mit dem wir uns hier beschäftigen, zeigt deutlich die kritischen Punkte der an vorausschaubar begrenzte Lagerstätten gebundenen montanistischen Tätigkeit. Sie steht durch ihre Abhängigkeit von der abbauwürdigen Menge im Gegensatz zu den meist standortunabhängigen und erweiterungsfähigen chemischen und technischen Industriezweigen. Die Erschöpfung der Lagerstätte „Vallarsa Süd" an der orographisch linken Seite des Tales, die von 1965–1975 abgebaut wurde, war der Grund, daß man auf die orographisch rechte Seite des Brantentales wechselte und den Abbau „Vallarsa Nord" im Jahre 1975 begann.
Vallarsa Süd ist inzwischen nicht nur aufgelassen worden, sondern durch Aufräumung, Begrünung und Wiederherstellung des ursprünglichen Zustandes im Gelände kaum mehr lokalisierbar. Dieser Grubenbau lag in einer Höhe von 950–1.280 m. In nahezu gleicher Höhenlage gegenüber befindet sich die derzeit betriebene Grube „Wolf" an der nördlichen Brantentalseite, im Raum zwischen Leifers im Etschtal und Deutschnofen am Regglberg.
Nach Prospektionen ab 1961 begann man die Lagerstätte mit fünf Horizonten aufzuschließen. Es begann mit den Stollen Wolf-Nord (1.238 m) und Wolf-Süd (1.237 m) in der Nähe des Wölfl-Hofes.
Hauptstollen wurde dann der Barbara-Stollen in 1.184 m. Er ist derzeit rund 2,5 km lang, und von ihm aus wird weitergesucht. Nach unten folgen der Förderstollen in 1.070 m und schließlich in 1.011 m der Horizont zur Seilbahn.
Die steil abfallende und touristisch uninteressante rechte Seite des Brantentales liegt abbautechnisch vorteilhaft. Das Fluoritvorkommen erstreckt sich ca. 3 km von SW nach NO. Die Gänge von unterschiedlicher Mächtigkeit (2–10 m) reichen in die Tiefe und befinden sich im Bozner Quarzporphyr. Der Abbau erfolgt nach dem Kammer-Pfeiler-System in Teilsohlen („Sub level stoping"). Diese Methode erfordert den Aufbruch von Schächten zwischen dem 1.070 und 1.184 m Horizont. In vertikalen Abständen zwischen diesen Schächten für Material und Personen, werden gangstreichend Abbau-Querschläge vorgetrieben. Das Hauwerk wird hereingesprengt und mittels Schrapper in den Abwurfschacht gefördert. Es fällt in einen Bunker. Von dort übernimmt die Lokförderung (Grubenbahn) des 1.070 m langen Stollens den Weitertransport zum Abwurf in einen 400 t Bunker. Von diesem wird das Förderband in 1.011 m zur Seilbahn beschickt.
Im Gegensatz zum Fluorit-Bergbau Rabenstein (vergl. Nr. 13), in dem von unten nach oben gefördert wird, wird hier energiesparend von oben nach unten gearbeitet. Eine gute Maschinenausstattung und ausgezeichnetes Personal erlauben eine rationelle Arbeitsweise.
Wer glaubt, daß ein aktiver Bergbau ein Bild emsiger Betriebsamkeit bietet wird überrascht sein, daß eine Wanderung dorthin, sofern man nicht gerade bei Schichtanfang oder Schichtende (6.^{oo}/14.^{oo} Uhr) unterwegs ist, kaum mit Menschen in Berührung bringt. Der Streifzug durch das Bergbaugebiet hat den Nachteil, daß die Bergwanderung abwärts mit einem einstündigen

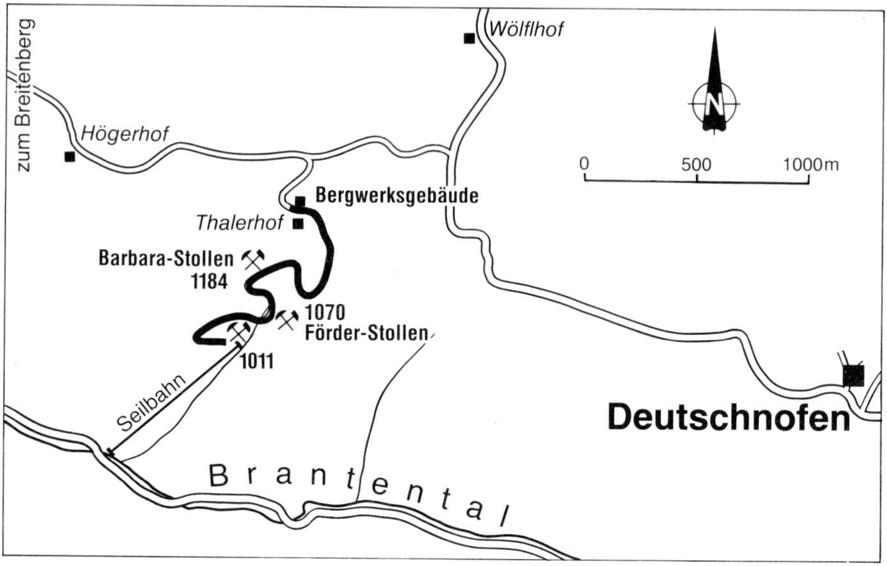

Aufstieg am Rückweg verbunden ist. Von einem Rundweg über den Leiferer Höhenweg und zurück über den Breitenberg ist abzuraten.
Die Exkursion beginnt in Deutschnofen, von wo man auf der Straße zuerst nach Westen und dann nach Norden fährt. Bei der Abzweigung „Högerhof" hält man sich links abwärts und biegt dann bei der Tafel „Bergwerk-Miniera" links ab. Man parkt bei der Gebäudegruppe des Bergwerkes.
Die Größe der Anlage kommt daher, daß man bei der Betriebsaufnahme im Jahr 1975 durch die Firma Montedison mit rund 100 Beschäftigten rechnete. Inzwischen haben Eigentümer und Firmenstrategien gewechselt. Zuerst war es die Firma „AG Fluormine" und ab 1982 die Firma „Prealpi Mineraria". Durch den Bau einer 2,5 km langen Straße bis zum Förderstollen in 1.070 m Höhe wurde es möglich, daß die Beschäftigten täglich von ihrem Wohnort zur Arbeitsstelle und zurück fahren können. Infolge der Mechanisierung wurde die Belegschaft auf ca. 20 Personen verringert.
Wir beginnen unseren Weg abwärts zum Thalerhof (1.280 m) und dann der Markierung Nr. 10 folgend zu einem Platz mit Resten ehemaliger Gebäude. Am alten Weg, über den man zur Straße hinuntergeht, kann man Galenit, Sphalerit und Fluorit finden.
Der Weg auf der Straße ist vorzuziehen, weil man hübsche Ausblicke hat und bei den Bergbauanlagen vorbeikommt. Wo die Straße in den Bachgraben führt, liegt der Barbara-Stollen. Es ist der Hauptstollen in 1.184 m. Man sieht das Mundloch mit den Gleisanlagen für die elektromotorbetriebene Grubenbahn. Die Materialförderung erfolgt im Berg nach unten. Vor dem Stollen steht die Kompressorstation für die Druckluftversorgung zur Bewetterung und zur Transportsteuerung. Weiter geht es auf der Straße abwärts, die zuerst nach links und dann wieder über den Bach nach rechts durch das felsige Gelände führt. Die Straße endet beim Förderstollen 1.070 m mit dem Stollennamen „Settanta". Hier ist die Einfahrt für eine Grubenbahn und die

Ladestation für die Akkumulatoren. Einige nicht mehr benützte massive Hunte stehen vor dem Stollen.
Auf dem Steig Nr. 10 geht es zur Seilbahnbergstation unter dem Stollen 1.011 (Name „Mille"). Aus diesem kommt das Hauwerk auf einem 120 m langen Förderband direkt in den Bunker oberhalb der Verladestation. Ein Mann sorgt für die Beschickung des Bandes und ein weiterer bedient die Seilbahn. Für den Laien, der schönen, weißen, gebrochenen Fluorit erwartet, ist der Anblick des Hauwerkes enttäuschend, denn es ist feucht und sandig und sieht wie grober Mörtel aus. Die Beladung der Förderkörbe der Seilbahn erfolgt automatisch mittels Druckluftsteuerung aus dem Vorratsbunker. Der Transport über die 800 m lange Seilbahn mit einem Höhenunterschied von ca. 300 m bis ins Tal erfolgt durch das Eigengewicht des mit ca. 2,5 t beladenen Korbes, der den leeren bergauf zieht.
Die Tagesproduktion beträgt im Durchschnitt 80–120 t Hauwerk. In der Talstation wird das Material direkt auf LKW verladen und zur weiteren Verarbeitung geführt.
Die Arbeitsstätte wirkt in der Weltabgeschiedenheit der unbesiedelten Talseite recht einsam. Dazu kommt die Vegetationsarmut der sonnenbestrahlten Porphyrfelsen und der Blockhalden mit verkrüppelten Eichen. Brombeerstauden und Schuttpflanzen beleben mit den sich sonnenden Eidechsen das öde Bild.
Aber „Bergbau ist nicht eines Mannes Arbeit" und im Brantental sieht man, wie ein unsichtbares Rädchen in das andere greift, ehe nach Schichtschluß die Anlagen wie im Dornröschenschlaf bis zum nächsten Tag stillstehen.
Nach offiziellen Statistiken[139] betrug die Produktion von Fluorit in den beiden aktiven Bergbaubetrieben Brantental und Rabenstein 1985 25.501 t, 1986 27.708 t und 1987 26.810 t.

WEGVERLAUF

Ausgangspunkt: Berghäuser Brantental (Vallarsa Nord), ca. 1.290 m. Erreichbar auf der Straße von Deutschnofen in Richtung Westen, Abzweigung „Bergwerk-Miniera"; Thalerhof (1.280 m)—Weg Nr. 10—Barbara-Stollen (1.184 m) $^1/_2$ Std.—Förderstollen „Settanta" (1.070 m) $^1/_2$ Std.—Förderstollen „Mille" (1.011 m)—Seilbahnstation $^1/_4$ Std., Rückweg ca. 1 Std.;
Gesamtzeit: 2–3 Std.
Karten: Freytag & Berndt S 1 Bozen, Meran; Kompaß Nr. 54 Bozen; Wanderkarte 1:25.000 Regglberg (Verkehrsverband Deutschnofen–Eggental–Petersberg); IGM Blatt 10 II, N.E. (Bolzano) und Blatt 10 II, S.E. (Nova Ponente).

ERZ UND FLUORIT UM ST. HELENA (DEUTSCHNOFEN)

Die Hochfläche von Deutschnofen gehört zur Bozner Porphyrplatte, die mit ihrer 12.000 km^2 großen Fläche das ausgedehnteste Vorkommen permischer Vulkanite in den Alpen darstellt. Im Gegensatz zu den östlich davon beginnenden Gesteinsserien der Dolomiten, bildet der Quarzporphyr fruchtbare Hochflächen, die an den Rändern wie z. B. ins Etsch- oder Eisacktal in steile und schluchtartige Täler abfallen. Die Abfolge der Tuffe, Laven und Agglomerate wird entweder nach ihrem Chemismus oder dem örtlichen Vorkommen unterteilt. Über dem Porphyr liegen z. T. Sedimente, wie der Grödner Sandstein oder die Bellerophon-Schichten. Für unser Thema genügt es zu wissen, daß in diesem Gebiet Mineralisationen nicht selten zu finden sind. Die hydrothermal entstandenen Lagerstätten treten bevorzugt in den Störungslinien auf. Die Wanderung rund um das aussichtsreich gelegene Kirchlein St. Helena soll uns mit einigen Spuren des Bergbaues bekannt machen.

Es gibt nicht allzu viele Gegenden, die mit so vielen Überlieferungen und Sagen erfüllt sind, wie die Ebenen und Täler am Fuß des Latemar. Es verwundert nicht, daß in der großen Zeit des tirolischen Bergbaues hier eifrig nach Bodenschätzen gesucht wurde.

Im Jahr 1483 scheint der Bergbau bereits in Schwung gewesen zu sein, denn damals bewarb sich Jakob Resch um das Amt des Bergrichters in „Teuschnofen“. Später gehörte die Region zum Berggericht Klausen. Unterlagen über den Bergbau in diesem Gebiet sind spärlich. Da silberhaltige Bleierze vorkamen, wurden die ersten Schürfungen wohl mit dem Ziel der Silbergewinnung begonnen. Bekannt ist, daß am Eingang des Eggentales bei Kampenn Bleierz gewonnen wurde[136]. Im mittleren Eggental erinnern die „Knappenhäuser“ (772 m) am orographisch linken Bachufer an den Bergbau am Halsberg. Dort wurden von 1806–1859 Bleiglanz und Zinkblende abgebaut. Am Weg nach Deutschnofen, und zwar zwischen Eggental und der „Wieser Säge“ am Schwarzenbach, lag eine Erzverarbeitung, die als „Schmelzhütte“ in den Karten erwähnt wird. Schließlich ist bekannt, daß der Bergbau St. Helena am Laabberg von 1720 bis zum Ende des 18. Jh.s in Betrieb war. Er wurde nach dem 2. Weltkrieg für kurze Zeit, mit der Absicht Fluorit zu gewinnen, wieder belegt.[33]

Diesen noch sichtbaren Bergbauspuren und Mineralfundstellen nachzuforschen ist das Ziel unserer Wanderung. Ausgangspunkt des Rundweges ist der Weiler Obermoser (1.420 m) südöstlich von Deutschnofen. Zunächst spaziert man auf der asphaltierten Straße in Richtung SO. Nach einigen Minuten zweigt links ein Fußweg mit dem Wegweiser St. Helena ab. Diesen benützen wir erst als Rückweg und bleiben weiter auf der sanft fallenden Straße bis zur Häusergruppe um den Bayerlhof (1.378 m). Hier endet die asphaltierte Straße und setzt sich in einem Fahrweg in Richtung Norden fort. Man geht durch Wiesen und Wald bis man den Weisbaumerhof (1.381 m) sieht. Bei einem hölzernen Wassertrog auf der linken Seite zweigt rechts ein Traktorweg ab. Er führt in zwei Kehren auf einen ebenen und schütter bewachsenen Boden abwärts. Von dort sieht man das Haldengelände, das

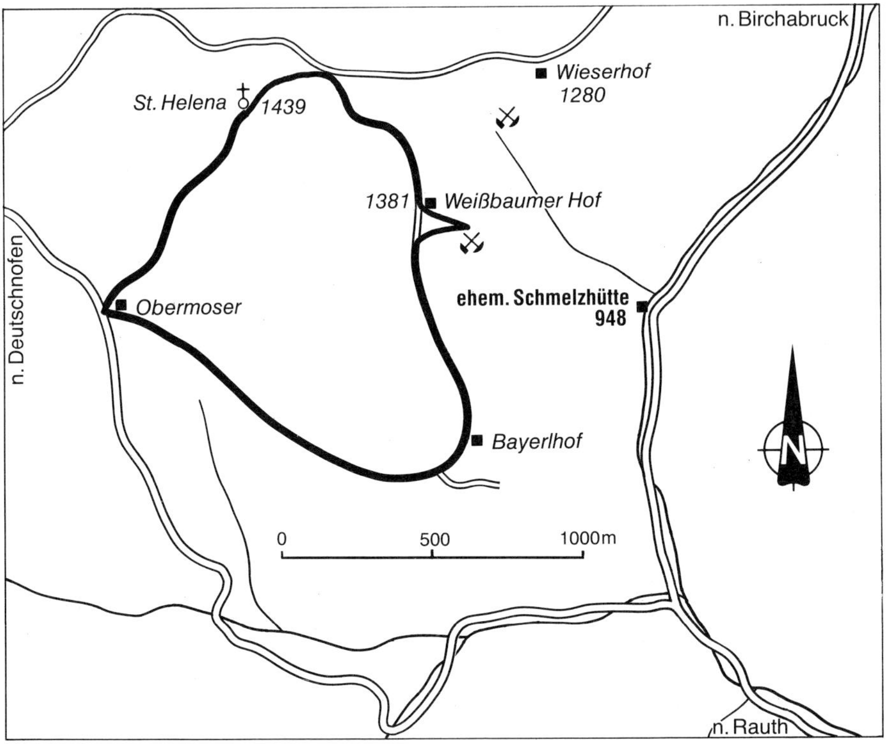

sich in zwei Stufen hangaufwärts ausdehnt. Die untere Halde ist rund 30 m hoch, die Mundlöcher der oben befindlichen Stollen sind zugeschüttet. Die anschließende zweite Halde ist rund 40 m hoch und endet in einer Verflachung. Man erkennt Pingen und die verschütteten Mundlöcher. Reste der jüngsten Bergbautätigkeit vor 30 Jahren sind zahlreich zu finden: Eisenteile, Schienen, Holzbalken usw. Auf den Halden findet man Galenit, Sphalerit, Chalkopyrit, Pyrit und Fluoritstufen.

L. Vuillermin hat vor zwei Jahrzehnten die Lagerstätte beschrieben[149]. Sie liegt an der Grenze zwischen Porphyr und Sedimentgestein und besteht aus zwei nahezu konkordanten Gängen im Abstand von ca. 300 m. Im östlichen Gang, der seit altersher die Bezeichnung Bergbau St. Helena trägt, wurde Bleierz abgebaut. Im Jahre 1958 wurde der Abbau durch die Firma Silicifera Tridentina für kurze Zeit wieder aufgenommen.

Der südliche Gang weist nur einen geringen Gehalt von Bleierz auf, so daß er in historischen Zeiten kein Interesse fand. Dafür ist der Anteil an Fluorit höher, der in den sechziger Jahren abgebaut und mittels Seilbahn zur Straße geliefert wurde. Der Weitertransport erfolgte über das Lavazé-Joch (1.807 m) zum Bergbau Prestavel (vergleiche Nr. 16) und zur Verarbeitung nach Mezzolombardo.

Nach Besichtigung des Bergbaugeländes können wir entweder direkt vom höchsten Punkt weglos durch den Wald aufsteigen oder den Herkunftsweg

zurück nehmen. Wir kommen zum Weisbaumerhof mit herrlichem Blick auf die Dolomiten.
Man bleibt auf der Hof-Zufahrtstraße in Richtung Nordwesten, bis man auf die vom Wieserhof (1.280 m) heraufkommende Straße trifft. Auf ihr kurz weiter, bis man links oberhalb im freien Feld zwei Hütten sieht. An ihnen vorbei trifft man jenseits des Zaunes auf eine breite Schneise mit Wegspuren. In Richtung Süden geht man aufwärts bis zum Zaun um die Wiesen von St. Helena. Neben der weithin sichtbaren Kirche steht ein Bauernhof mit Jausenstation.
Die Sage berichtet, daß diese Kirche auf einem silberhaltigen Felsen steht. Das Gotteshaus wurde früh erbaut und 1410 neu geweiht. Nun ist zwar die hl. Helena keine ausgesprochene Bergbaupatronin, aber es bestehen mit der unmittelbaren Umgebung doch enge Beziehungen.
Während wir in St. Helena an den an der Kirchenseite aufgestellten Tischen der Gastwirtschaft sitzen und unsere wohlverdiente Rast genießen, sollte man sich auch des bekannten Spruches erinnern, der die Beliebtheit der weiblichen Schutzheiligen beinhaltet: *Barbara mit dem Turm, Gretl mit dem Wurm, Kathl mit dem Radl, sind die heiligen drei Tiroler Madl.*
Auf dem breiten und markierten Weg in Richtung Südwesten kommen wir ohne Orientierungsprobleme nach Obermoser zurück.

WEGVERLAUF
Ausgangspunkt: Weiler Obermoser (1.420 m), südöstlich von Deutschnofen; Bayerlhof (1.378 m) 1/2 Std.—Bergbau St. Helena 1/2 Std.—Weisbaumerhof (1.381 m) 3/4 Std.—Kirche St. Helena (1.429 m) 1/2 Std.—Obermoser 1/2 Std.
Gesamtzeit: ca. 3 Std.
Karten: Freytag & Berndt S 1 Bozen, Meran; Kompaß 54 Bozen; Wanderkarte 1:25.000 Regglberg (Verkehrsverband Deutschnofen-Eggen-Petersberg); IGM Blatt 10 II, N.E. und Blatt 10 II, S.E.

RADEINER KNAPPENLÖCHER, URZEITFUNDE JOCHGRIMM, BERGBAU PRESTAVEL 16

Erdgeschichte und Menschenwerk zwischen Regglberg und Fleimstal

Regglberg wird die gegen das Etschtal hin steil abfallende und durch tief eingeschnittene Täler unterteilte Hochfläche genannt, auf der die verstreuten Einzelhöfe und Weiler der Gemeinden Deutschnofen, Petersberg und Aldein liegen. Durch ihre klimatisch begünstigte Lage auf dem „oberen“ Stockwerk,

Abb. rechte Seite: *Im Fluorit-Bergbau Rabenstein, Sarntal (Wanderung 13).*

Abb. oben: *Kompressorstation und Einfahrt zum Barbara-Stollen (1.184 m) im Fluorit-Bergbau Brantental (Wanderung 14).*

links: *Im Nörggele-Loch beim Saxnerhof, Oberplars (Wanderung 26).*

ihren ausgedehnten Wäldern, ebenen Wiesenflächen und fruchtbaren Almweiden haben die Bewohner viele Eigenarten bewahrt.[52]
Das Fleimstal ist das Mittelstück des italienisch- und ladinischsprachigen, 40 km langen Avisiotales mit dem Hauptort Cavalese. Seine nördlichen Seitentäler, Val Gambis und Val di Stava, erstrecken sich bis zur Landesgrenze Südtirols am Lavazé- und Reiter-Joch. Die frei stehenden Gipfel der Eggentaler Berge überragen den weitgeschwungenen Wald- und Wiesengürtel und bieten eine ungehinderte Aussicht auf Latemar, Rosengarten, die Brenta, Presanella- und Ortlergruppe sowie die Ötztaler Alpen.
Der Name Weißhorn ist auf die hellweiße Gipfelkuppe zurückzuführen, die aus Muschelkalk und Mendeldolomit besteht. Während der Berg gegen Süden zu den „Pugglwiesen" des Jochgrimm sanft abfällt, ist seine Nordwestseite wie von einem Riesenhobel aufgerissen. Sie bietet ein Schichtenprofil der Gesteinsfolge, wie man es sich imposanter nicht vorstellen kann. Das Ergebnis des winzige Gesteinsmengen, aber Jahrmillionen hindurch abtragenden Wassers, präsentiert uns die Bletterbach-Schlucht. Dieser Canyon überwindet auf der 12 km langen Strecke vom Weißhorngipfel bis zur Etsch bei Auer rund 2.000 Höhenmeter und bildet eine Kette von Stufen und Wasserfällen. Im oberen Bereich ist der Anriß fächerförmig in Rippen und Rinnen aufgegliedert. Später bilden sich Kessel, und weiter unten verläuft die enge Schlucht im harten Porphyr. Wie in einem Archiv, in dem Akt auf Akt wohlgeordnet abgelegt wird, lagern die geologischen Schichten nahezu waagrecht übereinander. Das Ordnungssystem ist gut zu erkennen. Den Untergrund bildet der Quarzporphyrsockel, der bis in eine Höhe von 1.400–1.450 m reicht. Die Siedlungen Radein und Aldein liegen auf den folgenden, leicht verwitterbaren Böden von Grödner Sandstein. Es folgen Bellerophon- und Werfener-Schichten. Darauf aufgesetzt sind die Triasgesteine.
Die Schluchtenbildung ist im oberen Teil durch die von weichen Mergeln und Sandstein gebildeten Bankungen leichter zu erklären, als im unten anstehenden festen Porphyr. Hier hat das Wasser seinen Weg durch Spalten genommen, die durch Hebung oder Senkung einzelner Schollen oder Verwerfungen entstanden sind.
Die Bletterbach-Schlucht ermöglicht einen Blick auf die Schichtfolge der Erdkruste, wie sie vor einigen 100 Mio. Jahren entstand. Die weiß bis rötlich gebänderten Gipseinlagerungen, die von Pflanzen stammenden Kohleneinschlüsse, die oberflächlichen Veränderungen durch Geröll- und Sandmassen und schließlich die Versteinerungsreste von Schnecken und Muscheln im Grödner Sandstein lassen genügend Fragen offen, mit denen zu beschäftigen es sich lohnt.[93, 120, 140]

1. RADEINER KNAPPENLÖCHER

Auch der Bergbau-Spurensucher wird im Schluchtbereich fündig. Daß die Knappenlöcher von Radein nicht verschüttet worden sind, verdanken sie dem Umstand, daß ihre Mundlöcher im steilen Gelände liegen. So hat sich das herabstürzende Material nicht ablagern können und fiel in den Schluchtgrund. Auf den Karten heißt diese Stelle auf der orographisch linken

Bachseite „Taubenleck". Der Name, der mit den gleichnamigen Vögeln nichts zu tun hat, ist eine Verballhornung der bergmännischen Ortsbezeichnung „taubes Eck", d. h. einer Örtlichkeit, an der kein oder nur wenig Erz gefunden wurde. Urkunden von 1556 und 1558 über diesen Bergbau liegen im Tiroler Landesarchiv in Innsbruck. Die Schürfungen erfolgten also lange vor der Einführung des Sprengstoffes (um 1640), wie die Schrämspuren im Bergesinneren beweisen.
Die Knappenlöcher wurden durch den Besitzer des Gasthofes Zirmerhof in Radein, Sepp Perwanger, zugänglich gemacht. Seine Mutter verfaßte eine Beschreibung der Bergbauüberlieferungen, aus der wir Einzelheiten entnehmen können[119]. Eine Häusergruppe nordöstlich der Oberradeiner Kirche führt den Namen „Stadt". Es sind uralte – Radein wurde urkundlich schon im 13. Jh. erwähnt – wuchtige Steingebäude, die, wie die Überlieferung berichtet, einst die Knappen beherbergten. Im „Veidlhof" wurde das Kupfererz zu Metall geschmolzen; eine Urkunde von 1555 erwähnt die Schmelzhütte. Am „Goldplatzl", auf halbem Weg zwischen Stollen und „Stadt", wurde das Hauwerk auf Fuhrwerke verladen.
Der Besuch der Knappenlöcher ist problemlos. Auf dem Weg Nr. 3 kommt man, gemütlich abwärts wandernd, zur Bletterbach-Schlucht. Bevor der Weg nach Weißenstein in Kehren zum Bachgrund hinunterleitet, steht eine Tafel mit der Aufschrift „Knappenlöcher, Wasserfall", die uns zum Ziel weist. Man sieht links eine kleine, gerade noch schliefbare Öffnung mit trockenem Boden und rechts das große Mundloch, dessen First durch gesetzte Stempel abgesichert wurde. Der Boden ist naß und lettig, Stiefel sind erforderlich. Erdreich und Gestein sind von grünschimmerndem Malachit überzogen. Nach etwa 10 m vereinigen sich die beiden Stollen.
Von dieser Erweiterung gehen nach links verschiedene Querschläge ab. Die Anlage ist ein vorzügliches Beispiel einer gut erhalten gebliebenen Schräm-

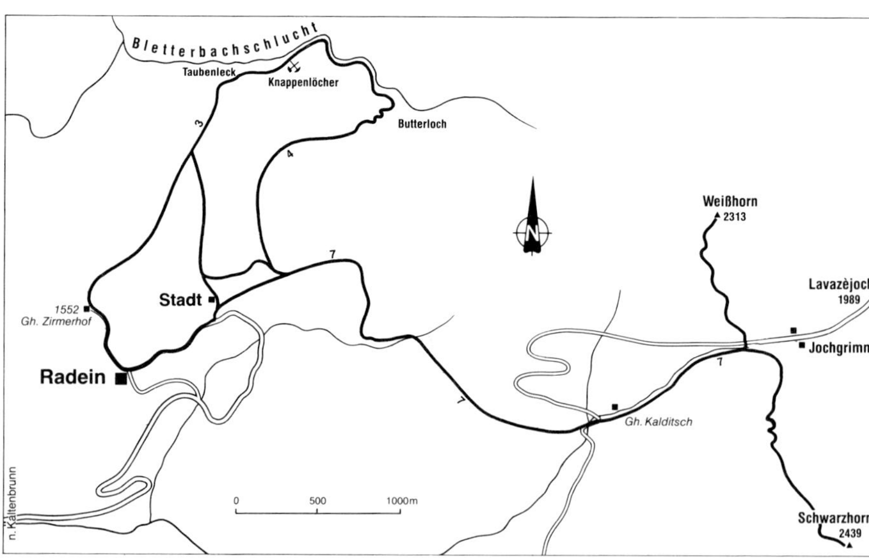

arbeit mit sparsamstem Ausbruch und sorgfältigem Auspicken der Erzadern. Der Hauptstollen (Höhe 2 m, Breite 0,8–1,0 m) im festen Sandstein, biegt nach Südosten ab. Nach 20–25 m ist infolge des angesammelten Wassers derzeit ein weiteres Vordringen nicht mehr möglich. Bemerkenswert ist das häufige Auftreten von Kohleeinschlüssen. Die grüne Farbe des Malachit bildet mit dem Schwarz der organischen Reste und dem silbrigen Reflex der Wassertropfen im Schein der Lampe ein märchenhaftes Bild.
Zu korrigieren wäre das im Schrifttum erwähnte Vorkommen von Steinsalz. Entweder wurde Gips ($CaSO_4$) mit Salz (NaCl) verwechselt, oder man wollte das Ansehen der Örtlichkeit heben. Nach der Überlieferung bedeutet Salz nämlich Segen, Schwefel von den Kupfer-Fahlerzen hingegen Fluch, weil der Geruch mit dem Teufel zusammenhängt.
Zum Rückweg kann man den Weg Nr. 3 mit einem Umweg über „Stadt, Kirche“ (Wegweiser) nehmen oder die Wanderung bachaufwärts fortsetzen. Nach ca. 1 km im wasserarmen Schotterbett kommt man zum 35 m hohen Wasserfall, der die beiden Kessel „Butterloch" unten und „Gorz“ oben trennt. Hier stehen wir in einer abenteuerlichen Landschaft und einem der interessantesten geologischen Aufschlüsse Europas. Zwei Eisenleitern ermöglichen den Aufstieg zum oben verlaufenden Europäischen Fernwanderweg Nr. 4, der uns zum Ausgangspunkt zurückbringt.

2. URZEITFUNDE JOCHGRIMM

Das geheimnisvolle Bergwerk am Bletterbach ist nicht die einzige Spur menschlichen Wirkens in diesem Gebiet. Aus dem Goldbrünnl am Jochgrimm hätten die Venediger Mandln immer wieder Goldsand geholt und sind *davon so reich geworden, daß sie sich die schönsten Paläste gebaut haben, die man in Venedig noch sehen kann.*[56]
Der 1.993 m hoch gelegene Wiesensattel von Jochgrimm ist der Schauplatz einiger Sagen. So jener vom Riesen Grimm, der eine Königstochter raubte und in den wilden Felsen des Weißhorns umkam. Im Speisesaal im Zirmerhof in Oberradein und an der Fassade des Hotels am Joch findet man Darstellungen der Ereignisse. Wie häufig bei Sagen, fand man hier nicht nur ein Körnchen, sondern einen ganzen Klumpen Wahrheit.[92]
Systematische Grabungen in dieser Höhe brachten Funde zu Tage, welche das Bild der Besiedlung erweitern und bis in das 6.Jtd. v. Chr. zurückdatieren lassen: *Es ist anzunehmen, daß die ... Dolomitenfundplätze ... als saisonsbedingte in der guten Jahreszeit von epipaläolithischen Jägergruppen aufgesuchte Rastplätze zu deuten sind.*[12] Am Schwarzhorn wurde eine Siedlung aus der Eisenzeit gefunden, *in die sich die Bevölkerung der Hochebene von Lavazé und Jochgrimm zurückzog zur Zeit von Stammeskämpfen oder während der aufeinanderfolgenden Einfälle fremder Völker.*[12]

3. BERGBAU PRESTAVEL

Kehren wir nach diesen prähistorischen Fragen zum montanistischen Wirken im Raum des Schwarzhorns zurück. Über das Lavazé-Joch und den Zanggen verläuft die Grenze zwischen Südtirol und der Provinz Trient. In der Südwestflanke des Berges im trentinischen Val di Gambis lag der Bergbau

Prestavel. Die Lage der Stollen, Förderanlagen und die Aufbereitung sind in den Karten eingezeichnet.
Die Lagerstätte mit Sulfidvererzungen und Fluorit liegt in der Bozner Porphyrzone. Aus diesem Zusammenhang mit den Südtiroler Bodenschätzen und der Möglichkeit, die Besteigung des Zanggen mit einer interessanten Bergbau-Wanderung zu verbinden, wurde die „Miniera Prestavel", die nicht mehr auf Südtiroler Gebiet liegt, in diese Sammlung aufgenommen.
Dieses Bergwerk, im Besitz der Firma Prealpi Mineraria S.p.A., Zogno (Bergamo), war bis in die Mitte der 70er Jahre in Betrieb. Stollen befanden sich in 1.787 m, 1.715 m, 1.630 m und 1.420 m Seehöhe. Mittels Seilbahn

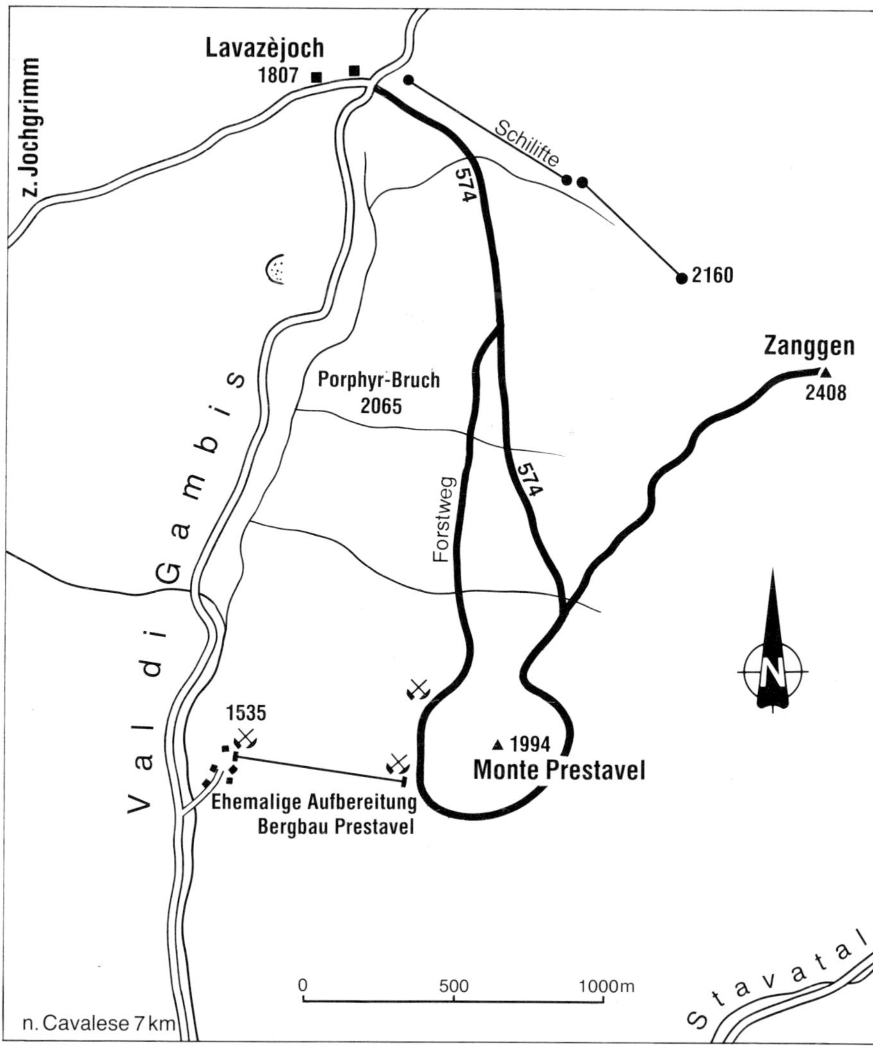

wurde das Hauwerk zur Aufbereitung (1.523 m) nahe der Lavazé-Joch-Straße, 10 km von Cavalese entfernt, gebracht. Gefördert wurden täglich 200 t Sulfiderz (Galenit, Sphalerit) und 30 t Fluorit[49, 98]. Nach Einstellen des Betriebes wurden alle Anlagen abgebaut, und der Besucher kann sich nur mehr an Hand der Reste orientieren. Auf den Halden und im Talbereich sind schöne Mineralienfunde möglich: Galenit, Sphalerit, Chalkopyrit, Fluorit, Calcit, Baryt, Quarz, Chalkosin, Luzonit, Tetraedrit, Smithsonit, Cerussit, Hemimorphit[33].

Ausgangspunkt unserer Wanderung ist der Schlepplift auf der östlichen Seite des Lavazé-Joches. Man folgt der Markierung Nr. 574 bis zu einem Wasserschloß. Dann bleibt man rechts auf einer Forststraße, die in kaum merklicher Steigung quer durch das Gehänge bis zu den Resten der Stollen und der Seilbahnkopfstation (1.825 m) führt.

Von diesem Platz aus führt ein schmäler werdender Weg in zwei Kehren höher, wendet sich dann nach Osten und hört schließlich auf. Weglos strebt man etwas rechts haltend bis zur bewaldeten Kammhöhe des Monte Prestavel (1.994 m) aufwärts. Hier trifft man auf einen schmalen Steig mit gelber Markierung, der uns in aussichtsreicher Wanderung auf ein Köpfl (2.086 m) und jenseits hinab zum Sattel (2.065 m) führt, wo man auf die Markierung 574 trifft. Diesem Weg folgt man steil aufwärts zu einem Vorgipfel mit Windschutzmauer und auf dem Kamm, z. T. über Blockwerk und Aufschwünge, zum breiten Gipfel des Zanggen (2.408 m).

Ausnahmsweise dient uns die Gipfelaussicht nicht nur zur Bewunderung der Fernsicht und der nahen Türme des Latemar, sondern zur Erinnerung an die Bergbaukatastrophe von Stava im Jahr 1984.

Erfolg und Mißerfolg, Licht und Dunkel, Freude und Trauer liegen im Montanbereich nahe beieinander. *Wer beim Erschließen der unterirdischen Lagerstätten tätig ist, der steht nicht im rückwärtigen Dienst, sondern in Konfrontation mit einer Aufgabe, die voller Herausforderung ist.*[56]

Am Schluß dieses Kapitels möge ein Hinweis stehen. Im Jochgrimm Haus betreibt die Familie Daldass seit 1870 im Sommer ein Heubad. „Die grüne Sauna“ hat es Giovanni E. Bergna[7] genannt: *Diese Badekur besteht darin, daß man den nackten Körper in die Masse eines besonderen, in Gärung befindlichen Heus, das man nur in gewissen Zonen der Region vorfindet, einbettet. Die Kur ist für viele Leiden heilsam, im Besonderen bei Gelenksmuskelerkrankungen und Fettleibigkeit.* Im Bäder-ABC ist Näheres zu finden.

WEGVERLAUF

1. Radeiner Knappenlöcher

Ausgangspunkt: Oberradein, Gasthof Zirmerhof (1.552 m); erreichbar von Auer über Kaltenbrunn; Weg Nr. 3—Knappenlöcher am Taubenleck (ca. 1.460 m) $1/_2$–$3/_4$ Std.

Rückweg: Weg Nr. 3 bis zur Abzweigung zum Forstweg „Stadt, Kirche“—und retour zum Ausgangspunkt $3/_4$ Std.; oder —Wasserfall-Weg zum Butterloch—Aufstieg über Eisenleitern zum Fernwanderweg Nr. 4—Ausgangspunkt 1–1$1/_2$ Std.

2. Jochgrimm—Weisshorn bzw. Schwarzhorn

Ausgangspunkt: Oberradein; auf dem Weg Nr. 7 zum Almgasthof Kalditsch

(1.853 m)—Jochgrimm (1.989 m) $1^1/_2$–2 Std.—Weißhorn (2.313 m) bzw. Schwarzhorn (1.989 m) je 1 Std.; Abstieg wie Aufstieg.
Gesamtzeit: 4–5 Std.

3. Bergbau Prestavel—Zanggen
Ausgangspunkt: Lavazé-Joch (1.807 m); erreichbar durch das Eggental über Rauth (1.276 m) oder durch das Val di Gambis von Cavalese (1.000 m); Weg 574—Miniera Prestavel (1.823 m)—Waldsattel (2.065 m) $1^1/_2$–2 Std.—Weg 574 zum Zanggen (2.408 m) 1–1 $^1/_2$ Std.; Abstieg: Weg 574 zum Ausgangspunkt: $1^1/_2$–2 Std.
Gesamtzeit: $3^1/_2$–$4^1/_2$ Std.
Karten: Freytag & Berndt S 7 Überetsch, Kalterer See, Unterland; Kompaß Nr.74 Tramin-Cavalese; Wanderkarte 1:25.000 Regglberg (Verkehrsverband Deutschnofen-Eggen-Petersberg; IGM Blatt 11 III, S.O. (S. Nicolò d'Egna).

ERZLAHN UND KNAPPENSTUBE IM LATEMAR 17

Die Latemargruppe bildet mit ihrer reichgegliederten Nordseite die malerische Kulisse des vielbesuchten Karersees. Sie ist mit dem gegenüberliegenden Rosengarten nicht zu vergleichen. Im Gegensatz zu den wuchtigen Vajolett-Türmen, den Wandfluchten von Rosengarten und Rotwand sind die Latemargipfel in brüchige Zinnen und Zacken aufgelöst.
Die Formen-Eigenart läßt sich geologisch erklären. Im Latemar ist der Riffkalk weniger dolomitisiert, die Felsen sind farblich heller und stärker geschichtet, sie neigen dazu, sich in Schutt aufzulösen. Das aus der mittleren Trias stammende Kalkgestein ist von den Gängen eines jüngeren Schmelzgesteins (z. B. Augitporphyr) durchzogen. An der Grenze der Gesteinsarten treten Mineralisationen auf, und die Erosion wirkt an den Schichtpaketen stärker. Das Interesse der Kletterer an diesem Gebiet ist gering, denn die nach Norden abstürzenden Türme sind brüchig und von Süden gesehen Schotterhaufen. Das Fehlen der Hochtouristen kompensieren die Wanderer. Am häufigsten wird die Latemarspitze (2.791 m) bestiegen.
Wie die Namen Erzlahn, Erzlahnscharte und Erzlahnspitze andeuten, wurde hier nach Erz geschürft. Es ist eines der wenigen Gebiete in Südtirol, in denen Eisenerze vorkommen.[115] Die Angabe im Schrifttum[136], wonach schon 1558 ein Bergbau auf Eisen bestand, ist nur bedingt richtig. Der Abbau des Hämatits erfolgte nämlich nicht zur Eisenverhüttung, sondern zur direkten Verwendung als rote Mineralfarbe.
Mineralogisch ist Hämatit (Fe_2O_3) ein Eisenoxid. In alpinen Klüften kristallisiert es in Form von kleinen Lamellen von dunkelgrauer bis blauschwarzer Farbe. In dünnen Blättchen ist Hämatit rot durchscheinend. Schuppige Massen des Minerals werden als Eisenglimmer, dichte Aggregate als Glaskopf und erdige als Roteisenerz oder Rotsteine bezeichnet. Hier handelt es sich um eine solche Varietät, die 40% Eisen enthält. Hämatit

verwittert leicht, so daß sich neben Klüften mit anstehendem Hämatit auch Stellen finden, an denen Schichten von hell- bis dunkelrotem, feinerdigem oder pulvrigem Material abgelagert sind.
Urkunden von 1562 beweisen, daß die Art der Erdfarbengewinnung sehr alt ist[103]. Diese wurden für den Anstrich der Kupferdächer der Innsbrucker Hofgebäude benötigt. Eine Anreibung von Hämatit mit Öl ergab eine streichfähige Deckschicht. Wie aus den Dokumenten hervorgeht, war man hinsichtlich des gewünschten Farbtones sehr heikel und verlangte mustergetreue Lieferung. Vorab sollten 8 Zentner (448 kg) geliefert werden, 20 weitere Zentner waren vorzubereiten. Durch die Herkunftsangabe „Welschnofer Joch", über das die Grenze zwischen Welschnofen und dem Fleimstal verlief, ist es sicher, daß die Ware aus dem Nordteil des Latemars kam.
Ob und wieviel in den folgenden Jahrhunderten abgebaut wurde, wissen wir nicht. Klebelsberg[75] berichtet, daß in den zwanziger Jahren das rote Farbpulver als „Minium" verkauft wurde. Im Fachhhandel ist Minium, das als Schutzanstrich gegen Rost verwendet wird, jedoch Mennige (Pb_3O_4). Üblich war Eisenrot oder Ocker (Fe_2O_3) als Pigmentfarbe.
Bemerkenswert sind die Sagen, die sich mit dem Bergbau am Latemar beschäftigen. Darin kommen die Erzlahn, die Venediger- und Goldmannln vor, der goldene Saal im Reiterjoch und die Goldwurzel in der Knappenstube[55, 57, 113]. Wie aus der roten Hämatitfarbe der „blaue Stein" wurde, von dem ein geheimnisvolles Männlein lebte, weil ihm ein Bozner Färber einen guten Preis zahlte, ist nicht mit der Wirklichkeit in Einklang zu bringen.
In der Beschreibung der Latemargruppe im Jahr 1900 berichtete Th. Christomannos[15], daß die Volksüberlieferung die Erzlahn und die Geplänklahn als Sitz von Bergbaubetrieben kennt. Höhlungen oberhalb der Bewallerköpfe werden als verfallene Stollen bezeichnet. Im „Geplänk" und in der „Knappenstube" soll Knappenwerkzeug wie Hämmer und Bohreisen gefunden worden sein.
Möglicherweise waren diese Berichte und die Rohstoffknappheit nach dem Ersten Weltkrieg die Ursache, daß man sich neuerdings mit dem Vorkommen befaßte. Im Jahr 1921 wurde begonnen, Farberde in der Knappenstube abzubauen. Mit einigen Unterbrechungen wurde der Abbau bis 1935 fortgesetzt. Im Jahre 1924 hatte Sagui über die Lagerstätte geschrieben[130]. Es wurde festgestellt, daß neben Hämatit gelegentlich auch Limonit von intensiv gelber Farbe zu finden ist.
Weitere Aufschließungsarbeiten erfolgten ab 1935 auf der Westseite des Latemar. Dort wurde Hämatit aus mehreren 1 bis 1,50 m breiten Gängen gewonnen. Zum Transport des Materials wurde eine Seilbahn gebaut. Die Zerkleinerung durch Mahlen, Sieben und Sichten erfolgte in Bozen. Durch einen Bergsturz wurde die Seilbahn zerstört und der Betrieb eingestellt. Da eine nähere Ortsangabe fehlt, ist dieses Vorkommen, das im Bereich des Reiterjoches zu suchen wäre, nicht auffindbar.
Sucht man in den Karten nach den seinerzeitigen Bergbau-Örtlichkeiten, so sind diese falsch oder überhaupt nicht eingezeichnet. So wird die breite Schuttreiße von der Erzlahnscharte in das Eggental als Erzlahn bezeichnet, obwohl früher mit diesem Namen alle Schuttfelder zwischen der Großen Kirchtagweidspitze (2.616 m) und dem Eggentaler Horn (2.749 m) gemeint waren.[15]

In der Wanderkarte Regglberg fehlt die Knappenstube. Sie liegt zwischen den beiden Felsgraten, die von der Großen Kirchtagweidspitze nach Norden ziehen. Der längere Ast verläuft in Nordwest-Richtung über die Kleine Kirchtagweidspitze (2.377 m) zum Bewaller-Köpfl (2.111 m). Der andere, kürzere Grat strebt nach Norden und zieht über den Hohen Stuhl (2.403 m) zu den Ausläufern oberhalb des Jagdhauses Mitterleger. In der alpinen Literatur wird als Geplänk Lahn die Furche verzeichnet, die in Form von Schrofen und Schuttrunsen zur Kleinen Latemarscharte (2.326 m) zieht. Westlich davon liegt die Rotlahn, deren Farbbezeichnung auf Eisenmineralien schließen läßt.
Im Gegensatz zu den erhalten gebliebenen Namen mit den Begriffen Erz und Knappe sind die im Gelände auffindbaren Spuren spärlich. Die beschriebenen Wanderungen sind als Anregungen zu verstehen, die den eigenen Initiativen Spielraum lassen.

1. ERZLAHN

Sechshundert Meter Aufstieg erspart man sich, wenn man mit dem Oberholz-Sessellift von Obereggen zum Fuß des Eggentaler Horns hinauffährt. Von der Bergstation erreicht man nach kurzem Anstieg den Latemarhöhenweg Nr. 22. Er führt zuerst eben und dann abfallend nach Norden und bietet einen schönen Blick auf die Waldfläche zwischen Eggental und Lavazé-Joch. Der Weg biegt nach Osten, und man erreicht den Felskessel der Erzlahn. Vom gezackten Latemar-Hauptkamm stürzen Wandpartien und Schrofengürtel in die Tiefe und enden in einem riesigen, fast 1.500 m breiten und 600 m hohen Felszirkus. Die oben steilen Kare werden unten flacher und laufen in blockübersäten Mulden aus. Heute wird als Erzlahn nur das Schuttfeld zur Erzlahnscharte bezeichnet. Wo seinerzeit Hämatit gewonnen wurde, läßt sich nicht mehr feststellen. Vom Weg Nr. 22 kann man auf Steigspuren in das öde und einsame Kar steigen. Imposant ist sein Ausmaß, auffallend der farbliche Gegensatz zwischen hellem Kalk und rötlichem Dolomit und den fast schwarzen Blöcken von Augitporphyr. Wo die Felsen der Erzlahnspitze im Schutt enden, findet man Nischen und Höhlungen, in denen rote hämatithaltige Erde abgelagert ist. Es ist anzunehmen, daß die Bergleute die leicht transportierbare rote Erde sammelten.
Nach dem Kennenlernen dieses in seiner Dimension und Geschlossenheit eindrucksvollen Platzes – der Aufstieg zur Erzlahnscharte ist möglich aber mühsam – geht man zum Weg Nr. 22 zurück und auf diesem talwärts.

Abb. rechts – *oben: Im Fluorit-Bergbau Brantental wird der Bunker der Seilbahnstation mittels Förderband aus dem 1.011 m-Horizont beschickt. Die Seilbahn überwindet 300 Höhenmeter bis zur Lkw-Verladung im Tal (Wanderung 14).*

– unten: Halde unterhalb des Weißbaumerhofes bei St. Helena/Deutschnofen. In den seit altersher bekannten Gruben (Bleiglanz, Zinkblende) wurde vor rund drei Jahrzehnten kurzzeitig Fluorit abgebaut (Wanderung 15).

links: *Ortsbrust im Knappenloch Radein mit Spuren der Schrämarbeit aus dem 16. Jahrhundert.*

unten: *Die Radeiner Knappenlöcher oberhalb der Bletterbachschlucht wurden im 16. Jahrhundert beschürft.*

Die Markierung leitet zu einem Forstweg, wo man auf die Kennzeichnung 21 A trifft, die nach Obereggen hinableitet. Wenn der in der Sommersaison verkehrende Lift nicht mehr in Betrieb ist, empfiehlt es sich, die Wanderung umgekehrt zu unternehmen: Aufstieg auf den Wegen 21 A und 22 zur Lift-Bergstation, Abstieg über den Gh. Epircher-Lahner nach Obereggen.

2. GAMSSTALLSCHARTE—ERZLAHNSCHARTE—ERZLAHN

Durch den Bau der privaten Latemarhütte (Rifugio Torre della Pisa, 2.671 m) ist das Wegenetz auf der Latemar-Westseite und im Valsordakessel verbessert worden. Eine Rundtour ergibt sich, wenn man von der Oberholz-Liftstation den Steig Nr. 18 zur Gamsstallscharte benützt. Jenseits steigt man in den Valsordakessel hinunter und bleibt auf dem Weg Nr. 18, der bis unter die Erzlahnscharte führt. Der Abstieg über die steile und unten von grobblockigen Steinen erfüllte Lahn erfordert alpine Erfahrung. Wegen der Schneelage ist im Frühsommer von einer Begehung abzuraten. Bei diesem Abstieg kann man nach Hämatit und Mineralien suchen. Die Rückkehr erfolgt auf den Wegen 21 A und 22 nach Obereggen.

3. KNAPPENSTUBE

Durch die eingangs erwähnte Beschäftigung mit der Montan- und Alpingeschichte des Latemar ist es möglich, die in Vergessenheit geratene Örtlichkeit zu beschreiben. Der letzte Teil des Aufstieges ist weglos und mühsam. Im Knappenstuben-Kar dürften noch weitere Bergbaureste zu finden sein.
Von der Pension Bewallerhof benützt man den Weg Nr. 21 bis zum Fuß des Bewallerköpfls. Von dort zieht der Steig fast eben nach Norden. Er trifft auf einen Forstweg, der zuerst abwärts und dann nach Osten führt. Wo der Weg in Richtung Jh. Mitterleger zu steigen anfängt, befindet man sich unter dem von unten nicht sichtbaren Knappenstuben-Kar. Es liegt zwischen Kleiner Kirchtagweidspitze rechts und Hohem Stuhl links.
Das Wort „Knappenstube“ ist keine Bezeichnung für eine Unterkunft der Bergleute, sondern bedeutet, so wie „Knappenkuchl“, ein Fund- und Abbaugebiet. In die Knappenstube führt kein Steig, so daß 300 Höhenmeter weglos zu überwinden sind. Von der Straße steigt man zuerst westlich zu einem Wasserschloß und dann direkt über die kleinen freien Flächen des Steilhanges hinauf. Wenn man die Karstufe erreicht hat, befindet man sich in einer geräumigen, von Bäumen eingefaßten Mulde, die sich bergwärts in Schutt, Felsen und Rinnen fortsetzt. Zwischen der Kl. und Gr. Kirchtagweidspitze liegt der Knappenstubensattel.
In den Felsen, die von der Kl. Kirchtagweidspitze herabziehen, befinden sich schwarze Spalten. Etwa 20 m oberhalb des Wandfußes sieht man einen Höhleneingang, neben dem eine kleine Zirbe wächst. Unterhalb, wo die Felsen anfangen, öffnet sich das Mundloch eines Stollens. Man entdeckt die mit einer halbhohen Steinmauer verschlossene Öffnung erst, wenn man davor steht. Der Zustand der vorhandenen Bretter und Pölzhölzer läßt auf

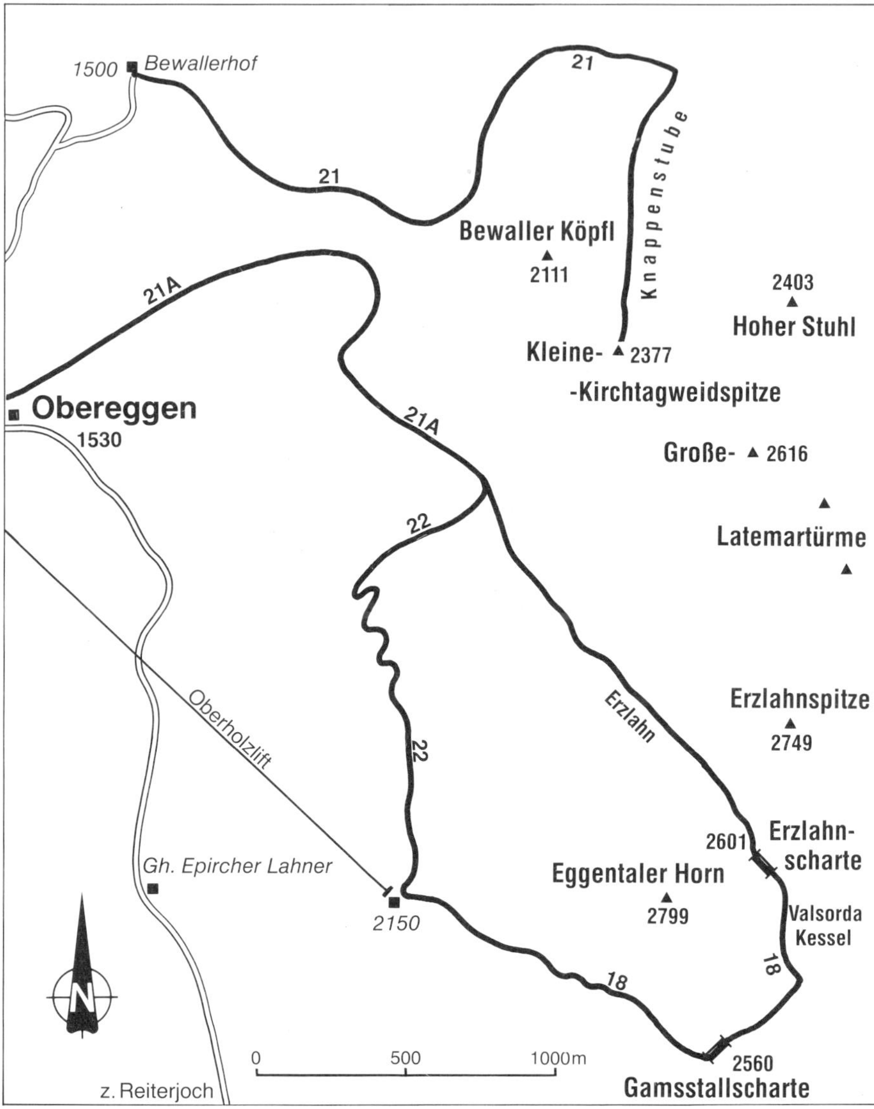

ein Alter von ca. 60 Jahren schließen, d. h. der Abbau dürfte in den zwanziger Jahren erfolgt sein. Der sich verengende Stollen teilt sich in zwei Äste. Der rechte Teil steht mit einer mehrere Meter hohen Kluft in Verbindung, durch die von oben her Tageslicht dringt. Am Stollen-Boden findet man Roterde, jedoch keinen anstehenden Hämatit. Der hier beschriebene Stollen dürfte nicht der einzige sein. „Glück Auf, den künftigen Besuchern!"
Zum Abstieg benutzt man den Aufstiegsweg. Man kann auch zum nahen Bewaller-Köpfl queren und von dort zum Weg Nr. 21 absteigen.

WEGVERLAUF

1. Erzlahn

Ausgangspunkt: Bergstation des Oberholz-Liftes (2.150 m); erreichbar von Obereggen (1.530 m); Weg Nr. 22—Erzlahn (ca. 2.000 m) $^{3}/_{4}$ Std.—Erzlahn Aufstieg (ca. 2.300 m) 1 Std.—Weg Nr. 22 und 21 A—Obereggen (1.530 m) 1–1$^{1}/_{2}$ Std.

Gesamtzeit: 4–4 $^{1}/_{2}$ Std.

Alternativ: Aufstieg von Obereggen auf dem Weg 21 A und 22 zur Erzlahn und Lift-Bergstation, Abstieg über Epircher-Lahner (1.830 m) nach Obereggen (5–5 $^{1}/_{2}$ Std.).

2. Gamsstallscharte—Erzlahnscharte—Erzlahn

Ausgangspunkt: Lift-Bergstation wie vorher; Weg Nr. 18 Gamsstallscharte (2.560 m) 1–1$^{1}/_{2}$ Std.—Valsordakessel—Erzlahnscharte (2.601 m) $^{3}/_{4}$–1 Std. —Erzlahn (ca. 2.000 m) 1 Std.—Weg Nr. 22 und 21 A nach Obereggen 1 Std.

Gesamtzeit: 4$^{1}/_{2}$ Std.

3. Knappenstube

Ausgangspunkt: Bewallerhof (1.500 m); erreichbar auf der Straße von Eggen (1.126 m) oder Obereggen (1.530 m); Weg Nr. 21 bis ca. 1,5 km vor dem Jagdhaus Mitterleger (ca. 1.800 m) 2 Std.—Knappenstube (2.100 m) 1 Std.—Stollen (ca. 2.150 m) $^{1}/_{4}$ Std.; Abstieg wie Aufstieg.

Gesamtzeit: 4 $^{1}/_{2}$–5 $^{1}/_{2}$ Std.

Karten: Freytag & Berndt S 7 Überetsch, Kalterer See, Unterland; Kompaß Nr. 54 Bozen; Wanderkarte 1:25.000 Regglberg (Verkehrsverband Deutschnofen-Eggen-Petersburg); IGM Blatt 11 III, S.O. (San Nicolò d'Ega).

Auskunft: Verkehrsverein, I-39050 Obereggen.

BERGBAU IM TAL DER MOCHENI (FERSENTAL) 18

Das in der Provinz Trient gelegene Gebiet wurde aus mehreren Gründen in die vorliegende Sammlung aufgenommen. Zum einen, weil hier vorgeschichtlicher Kupferbergbau nachgewiesen wurde[124], weiters, weil das Trentino besondere Bedeutung für die Geschichte des Tiroler Montanwesens hat. Für die Aufnahme in die Wanderbeschreibung sprach schließlich der Umstand, daß das Tal eine deutsche Sprachinsel bildet. In der k.k. Monarchie Österreich-Ungarn gehörte das Trentino zur Gefürsteten Grafschaft Tirol, und zwar bis zu deren Ende im Jahr 1918.[160]

Die Fersentaler stammen von schwäbischen und Nordtiroler Kolonisten des 12. bis 15. Jh.s ab und haben durch ihre vom deutschen Sprachraum isolierte Lage einen mittelhochdeutschen Dialekt bewahrt. Grund der Bekanntheit des Tales waren u. a. die Lagerstätten von Silber und Kupfer, die die „canoppi" (Knappen) anzogen. Die Talbewohner sind heute eine Gruppe von weniger als 1.000 Personen, die in den vier inneren Talgemeinden von Palai, Außer-

flouruz, Innerflouruz und Aichlait leben. Die Verdienstmöglichkeiten sind gering, und der Fremdenverkehr ist auf drei Sommermonate beschränkt. Der neuzeitliche Straßenbau hat auch die obersten Höfe an das Verkehrsnetz angeschlossen. Die Landwirtschaft bietet infolge der Höhenlage nur mäßige Erträge. Der früher ausgeübte „Wanderhandel“ lohnt nicht mehr. Jüngere Leute fahren zur Arbeit ins Tal oder wandern aus. Die Kinder werden täglich mit dem Schulbus nach Pergine gebracht, italienisch ist Unterrichtssprache und deutsch auf den heimatlichen Umgang beschränkt. Während des Zweiten Weltkrieges wurden die Fersentaler in das Gebiet von Budweis in der heutigen Tschechoslowakei ausgesiedelt; manche Rücksiedler besitzen Kenntnisse der tschechischen Sprache. Angesichts der Autonomie in Südtirol wäre Schutz und Erhaltung auch dieser Minderheit zu erhoffen.
Über das Fersental gibt es eine umfangreiche Literatur[50, 126, 159]. Das Wort „Mocheni“, in der italienischen Benennung „Valle dei Mocheni“ entstand durch Zusammenlegung der zwei Worte „Machen ich“, mit denen die Fersentaler jede ihnen angebotene Arbeit annahmen. Der Dialekt klingt dumpf und schwer mit seinen vielen a und o: Stoll – Stall, Hausch – Küche, Kölder – Keller, Hit – Hütte, Prun – Brunnen, Camer van Alten – Elternzimmer. Wer sich für Eigenheit dieser Sprachgruppe interessiert, sei auf das Schrifttum[159] verwiesen.
Das Bergbaugebiet Trient-Valsugana liegt östlich von Trient und erstreckt sich bis zur Provinzgrenze von Belluno. Die „Suganer Linie“ bildet den geologischen Südrand der Dolomiten und der Bozner Porphyrplatte und grenzt an das Wiederauftauchen der kristallinen Gesteine des südalpinen Sockels. Es ist ein montanistisch vielfältiges Gebiet. Nicht nur im Umkreis des Fersentales (z. B. im Westen: Zink-Blei Bergbau bei Nogaré, Bergbau bei Gril/Faida; im Osten: Blei-Zink Bergbau bei Valar; Fluorit-Bergbau Vignola Felèsina; Bergbaue um die Cima d'Orno (1.538 m), z. B. Roveda (Aichlait) und Tingherla; im Süden: Pyrit-Bergbau am Caldonazzosee, Calceranica), sondern auch weiter östlich bis Fiera di Primiero (Primör) wurden bedeutende Vorkommnisse abgebaut: Bergbau Cinque Valli bei Roncegno (Silber, Blei, Zink), Pralongo (Kupfer, Blei), Sagran-Mis/Vallalta (Quecksilber)[33, 123, 136, 155].
Pergine (482 m), das alte Persen, überragt von der gleichnamigen Burg (erbaut im 15. Jh.), war der Mittelpunkt des früheren Trientiner Bergbaues. Das Berggericht Persen bestand ab dem 14. Jh. (1339) und erstreckte sich bis zum Nonsberg und bis Terlan und Klausen[155]. Unter Kaiser Maximilian wurde 1504 in Persen eine Schmelzhütte errichtet. Nach der erfolgreichen Zeit im 15. und 16. Jh., in der Kaiser und Bischof sich die Erträge teilten, was nicht immer ohne Streit abging, begann wie überall, der „Abfall vom Berge“: *Die Ursache lag vor allem in dem Mangel an kapitalkräftigen Gewerken. Auch Erzdiebstähle und betrügerische Machenschaften der welschen Einwanderer, „Visentainer“ (Venezianer), die vorgaben, das Silber mit Scheidewasser aus den Erzen gewinnen zu können, verschlechterten die Lage der auf kostspielige Versuche nicht eingestellten kleinen Gewerken*[136].
Das Bergwesen erholte sich nicht mehr. *Viele Lagerstätten waren erschöpft,*

Abb. rechte Seite: *Die Erzlahn im Latemar, Dolomiten. Der Höhenunterschied zwischen Scharte und Waldgürtel beträgt ca. 600 m (Wanderung 17).*

oben: *Stollen aus der Knappenstube im Latemar. Abgebaut wurde Hämatit als Grundlage für rote Schutzanstriche (Wanderung 17).*

Rechte Seite – *oben: verwachsenes Mundloch eines Stollens des Kupfer-Bergbaues Erdemolo im Fersental.*

– unten: Ein Naturwunder ist die von Kupfersalz-Farben überzogene Halde beim Erdemolo-Hof (1.717 m) im Fersental (Wanderung 18).

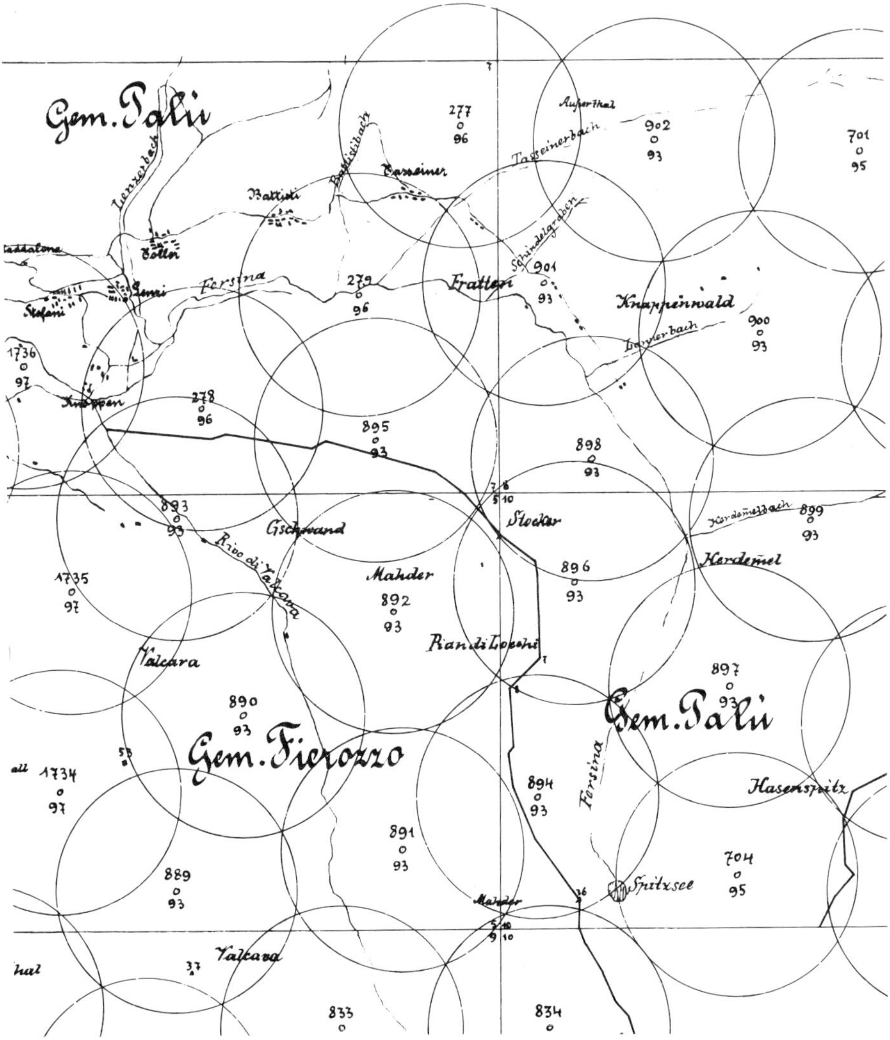

oben: *Bergbau Fersental, Gemeinde Palai, um 1900. Die Anmeldung der Grubenmaße zur Erlangung der Abbaurechte erfolgte so vollständig, daß keine freien Flächen zu erkennen sind. Unsere Wanderung Nr. 18 geht von Palu über Frotten und den Knappenwald zum Spitzsee, jetzt Erdemolo-Hütte.*

links: *Das geheimnisvolle Felsengrab von St. Peter oberhalb von Kaltern (Wanderung 19).*

beinahe das ganze Bergwesen war am Ende des 17. Jh.s auf die Vitriolgewinnung zusammengeschmolzen.[56]
Eine kritische Wertung der in der montanistischen Literatur häufig angeführten Urkunden,welche die Besiedlung des Fersentales durch Bergleute belegen, zeigt, daß die vorher und nachher bestehende bäuerliche Struktur durch den Bergbau nicht verändert wurde[129]. Das deutschsprachige Volkstum wurde im 15. Jh. durch deutsche Knappen und Gewerke verbreitet, aber nicht begründet. Dennoch hat die Blütezeit des Montanwesens im Gedächtnis der Fersentaler Spuren hinterlassen.
Unsere Fahrt ins Fersental beginnt bei Pergine und geht zuerst nach St. Orsola (925 m), einer italienisch-sprachigen Gemeinde. Auf der schönen, neu trassierten Straße fährt man dann, immer hoch über dem Bach und mit schönen Ausblicken nach Palai (Palu die Fersina) 1.129 m. Der Ort besteht aus vielen am Berghang verstreuten Häusern und besitzt zwei Gasthöfe. Eine Verbindungsstraße führt in den Talgrund und – am Weiler Knappen vorüber – auf der orographisch linken Talseite über St. Felix (Innerflouruz), St. Franz (Außerflouruz) und Gereut (Frassilongo) hinaus nach Pergine.
Der Ausgangspunkt unserer Wanderung ist Frotten (Vrotn) 1.540 m; er liegt rund 300 Meter höher als Palai. Wir können ihn entweder auf dem Weg über Battista (Patüstr) und Tasaineri zu Fuß in rund 1 Std. erreichen, oder mit dem Auto auf der schmalen, asphaltierten Zufahrt direkt dorthin fahren.
In diesem inneren Talbereich befanden sich zahlreiche Gruben auf Silber- und Kupfererze. Die Bewohner sind dadurch nicht reicher geworden, und Zeugnisse kirchlicher oder profaner Bergwerkskultur sind kaum zu sehen. Allenfalls kann man dazu die St. Magdalena-Kirche in Palai (erbaut 1522) rechnen, die von allen Höfen aus sichtbar ist. Dann die dem hl. Laurentius geweihte Kirche auf den „Dossalt" in Flouruz, die im 18. Jh. aufgelassen wurde. Weil zwischen Bauern- und Knappenhäusern kein Unterschied besteht, sind letztere nicht festzustellen[159].
Die meisten Stollen sind verfallen oder unkenntlich. Geologisch gesehen befinden sich die sulfidischen Erzgänge im Bozner Porphyr. Der Quarzporphyr ist häufig grünlich gefärbt. An Mineralien begegnen einem vornehmlich Pyrit, Sphalerit, Chalkopyrit, Galenit, Arsenopyrit, Hämatit, Quarz, Calcit, Fluorit, Baryt u. a. m. Anzumerken ist, daß mineralogisch interessante Fundstätten, die z. T. auch schöne Kristalle führen, auf der Westseite des Fersentales, z. B. im Bereich Val de Borri nördlich von St. Orsola reichlicher auftreten. Dafür ist die Landschaft in dem hier beschriebenen Teil des Fersentales, mit den bis hoch hinauf begrünten Gipfeln, den kleinen, wasserreichen Tälern und den versteckten, blumenreichen Karen unvergleichlich reizvoller.

Von Frotten folgen wir der Markierung „Europäischer Fernwanderweg Nr. 5 bzw. Nr. 325 talein. Zuerst auf einer Straße, dann auf einem Traktorweg. Nach Überschreitung des Lanerbaches kommen wir zu einem unterhalb des Weges stehenden neuen Haus. Rund 50 Höhenmeter darüber befindet sich am orographisch linken Ufer des Baches der St. Barbara-Stollen (1.635 m). Er ist ein Stück begehbar. Wie man aus der Felsbearbeitung, die händisch erfolgte, schließen kann, dürfte er aus der Zeit vor 1600 stammen.
Abgebaut wurde im senkrecht Ost-West streichenden Gang Pyrit, Sphalerit, Galenit und Chalkopyrit. Im steilen Gelände, das durch die vorgenommenen

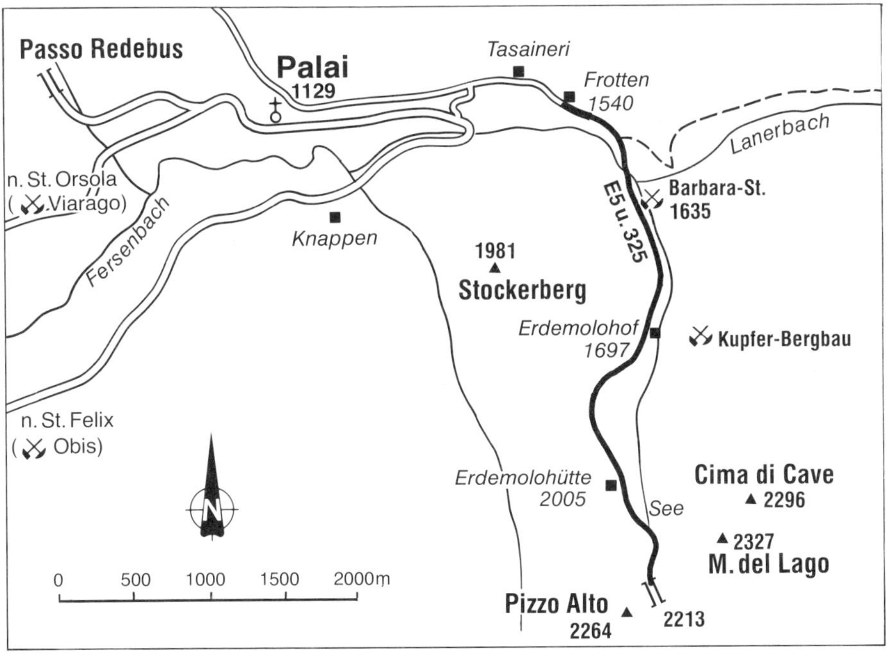

Holzschlägerungen mühsam zu begehen ist, sind noch weitere Stollen bzw. deren Reste zu finden. Der Bergbau erfolgte im übrigen nur auf dieser Talseite und auf der Südseite des gegenüberliegenden Stockerberges.
Nach der Besichtigung gehen wir bis zur Brücke weiter talein. Wir benützen sie nicht, sondern bleiben auf der orographisch rechten Bachseite und streben dem unter einem Wasserfall befindlichen Haldengebiet zu. Es liegt etwa in gleicher Höhe wie der gegenüberliegende Hermdele Hof (Maso Erdemolo, 1.717 m). Diese seinerzeit ganzjährig bewohnte Hofstelle wurde aufgelassen. Jetzt steht dort ein steingebautes Privathaus (Lenzi-Haus).
Der Anblick der Halde überrascht durch die Farbenfülle. Die dunkelbraun gefärbten Porphyrbrocken sind mit leuchtend grünen und manchmal blauen Überzügen versehen. Die Farben beschränken sich aber nicht auf einige ausgesuchte Stellen, sondern erstrecken sich über das ganze Gelände, so daß man den grünen Schimmer sogar aus der Ferne wahrnehmen kann. Im lebhaften Gegensatz zum Braun und Grün stehen die hellweißen Quarzbrocken. Untersucht man die Stücke, so sieht man, daß die dünne Farbschicht sich auf die Oberfläche beschränkt und die dem Boden zugewandte Seite keine Kupferfarbe zeigt. Die Überzüge bilden sich unter dem Einfluß von Feuchtigkeit aus dem Chalkopyrit, wodurch die Oxidationsprodukte Malachit und Azurit entstehen. Im Haldenschutt findet man reichlich Erzeinschlüsse. Die zugehörigen Stollenmundlöcher in 1.680 und 1.697 m Seehöhe sind verbrochen. Aus den deutlich auszumachenden Öffnungen fließt kupferhältiges Wasser. Exel[33] berichtet von einem 20–30 cm mächtigen Erzkörper in

Richtung Nordnordost–Südsüdwest, der mit 30–40° nach Südsüdost einfällt. Er führt Pyrit und Chalkopyrit. Als besondere Seltenheit weist der Autor auf das Vorkommen von Rhodochrosit (Himbeerspat) hin. Dieses adernbildende, himbeerfarbige Mangancarbonat ($MnCO_3$) ist nur in den Pyritlagerstätte von Palai gefunden worden. Vielleicht hat jemand Glück und kann das Vorkommen bestätigen. Das farbige Naturwunder von Erdemolo ist einen Besuch wert!
Wer nach diesem ersten Teil der Wanderung auch die Landschaft um den Erdemolo-See kennenlernen möchte, steigt auf dem steilen Weg zur Erdemolo-Hütte (2.005 m) hinauf. Wie in einem Amphitheater liegt der türkisfarbige See. Noch mehr von der Umgebung sieht man, wenn man den Weg Nr. 325 (E 5) zur Seescharte (Forcella del Lago, 2.213 m) hinaufsteigt. Knapp unterhalb der Scharte entdeckt man Mauerreste und einen breiten Weg. Es sind Reste von Bauten aus dem Ersten Weltkrieg. Über den Kamm zum Rifugio Sette Selle (2.014 m) verlief die österreichisch-italienische Grenze. Viele Motive haben den Menschen veranlaßt, sich mit dem Gebirge zu beschäftigen: Jagd, Bergbau, Almwirtschaft, Krieg. Wir freuen uns über die Ruhe und den weiten Horizont, der uns hier vergönnt ist!

Wer Zeit und Lust hat, sollte im äußeren Fersental noch zwei Örtlichkeiten besuchen. Einmal den vor wenigen Jahren aufgelassenen Bergbau Obis im Talgrund zwischen St. Felix im Osten und St. Orsola im Westen. Man erreicht ihn über eine schmale Straße von St. Orsola Bagni/Terme mit dem Auto. Ein anderes empfehlenswertes Mitnahmeziel ist der 1940 eingestellte Kupferbergbau Viarago. Er liegt nordwestlich dieser Ortschaft (680 m) und fällt durch eine steile und unbewachsene Halde auf. Sie reicht bis in die Weingärten oberhalb der Häuser. Von den vier Stollen in 640 bis 721 m Höhe im Porphyr sind nur mehr Reste zu erkennen. Die hochgelegenen Haldenbereiche und die gegen den Berg La Predoccia (981 m) hin gelegenen Gräben bieten Mineraliensammlern gute Fundmöglichkeiten. Neben den schon genannten Mineralien kommen Hämatit, Magnetit, Tetraedrit, Arsenopyrit, Markasit, ja sogar Gold (?) vor.[33]
Um das heißbegehrte Edelmetall Gold ranken sich viele Fersentaler Sagen[33]. So soll laut Volksmeinung der Stockerberg so viel Gold enthalten, daß er es verdienen würde, mit einem Kupferdach gedeckt oder mit einem Kupfermantel geschützt zu werden. Einst waren die Knappen so reich, daß sie mit goldenen Kugeln (bocce d'oro) „watschelten" (Spiel). Das Sperkmandl mit „weißem Bart von solcher Länge, daß er ihn dreimal um die Taille wickeln und knoten mußte, um nicht darüber zu stolpern" ist als schatzhütendes Bergmännlein „lo Sperkmantl" in das italienische Sagengut eingegangen[55]. Vielleicht hat der Schriftsteller Robert Musil (1880–1942) recht, wenn er in der Novelle „Grigia" über die Mocheni schreibt: *Die Art ihres alten Lebens hatten sie halb bewahrt und halb vergessen, und was sie davon bewahrt hatten, verstanden sie wohl selbst nicht mehr.*

WEGVERLAUF

Ausgangspunkt: Frotten (Vrotn) 1.540 m im Fersental (Valle dei Mocheni); erreichbar von Pergine (482 m)/Val Sugana über St. Orsola—Palai (Palu del Fersina) 1.129 m; Europäischer Fernwanderweg E 5 bzw. 325—Knappenloch

St. Barbara (1.635 m) 1/2 Std.—Bergbau gegenüber Hermdele Hof (Maso Erdemolo) 1.697 m 1/2 Std.—Erdemolo-Hütte (2.005 m)—1–1 1/2 Std.—Forcella del Lago (2.213 m) 3/4 Std.; Abstieg wie Aufstieg.
Gesamtzeit: 5–6 Std.
Karten: Freytag & Berndt 060 Trento bzw. 061 Borgo-Valsugana; Kompaß Nr. 75 Trento-Levico-Lavarone; IGM Blatt 21 II, N.E. (Palù del Fersina) und Blatt 21,II,N.O. (Baselga die Piné).
Auskünfte: Palai: Municipio di Palù del Fersina, I-38050 Plù del Fersina; Pergine: Azienda Autonoma Soggiorno e Turismo, I-38075 Pergine.

GÖTTER, GRÄBER UND BERGBAU IM WEINPARADIES KALTERN

19

Altenburg—St. Peter—Rastenbachklamm

Die Lage von Altenburg ist sehr schön, und die Aussicht, welche man von der Felsenwand hinter der Kirche genießt ... eine der reizendsten im ganzen Etschland schreibt J. J. Staffler[138]. Aber auch sonst ist die Gegend *reich an ausgewählten Schätzen jeglicher Art und voll Harmonie im buntesten Wechsel, erscheint als wahres Lust-Revier ... ein unerreichbares Original.* Wenn einer der in diesem Buch beschriebenen Wanderungen eine besondere Auszeichnung verliehen werden müßte, so ist es diese. Sie vereint in überaus harmonischer Weise Ereignisse der Urgeschichte und Geschichte, Zeugnisse menschlichen Gottesglaubens und erdverhafteter bergbaulicher Tätigkeit mit den Eindrücken einer paradiesischen Landschaft.

Das erste Ziel unseres Weges ist Altenburg, eine Ortschaft, die 300 m höher als der Kalterer See liegt. Die Fahrstraße, die dort hinauf führt, benützen wir nicht, weil der beschriebene Rundweg schöner ist. Vom Ortsteil St. Josef, 3,5 km südlich von Kaltern, zweigt rechts beim „Sonnleitnerhof" eine schmale Straße ab, die beim Haus „Seeberg" endet. Dahinter beginnt der Wanderweg Nr. 14. Der uralte z. T. gepflasterte „Nussentalweg" leitet in einigen Kehren durch struppigen Laubwald zur Hochfläche. Entlang der Straße strebt man der Altenburger Kirche, die dem hl. Vigilius geweiht ist, zu. Der heutige Bau stammt aus der Zeit um 1500. Von der Aussichtsterrasse unterhalb der Kirche sieht man gegenüber auf einem bewaldeten Felskopf die Ruine von St. Peter. Ein tiefer und unwirtlicher Graben liegt dazwischen. Der Weiterweg ist einfacher als man zunächst annimmt. Über einen durch Steintreppen und Geländer gesicherten Weg steigt man zu einem mächtigen, steingefügten Pfeiler ab. Er ist der Rest eines schon im 14. Jh. erwähnten Viaduktes, der damals die Schlucht überspannte. Jetzt führt eine Holztreppe mit 40 Stufen bis zum Pfeilerfundament hinunter. Eine steile Steintreppe auf der Gegenseite ermöglicht den Aufstieg zur Hochfläche von St. Peter.

Der Eindruck der Kirchenruine, vor der man steht, ist überwältigend. Von der ehemals dreischiffigen Kirche, an die westseitig ein Querschiff angebaut worden war, sind außer der östlichen Giebelwand nur Mauerreste vorhanden. In der aus romanischer Zeit stammenden Rundapsis befinden sich Reste einer aufgemalten Marmorimitation, deren Herstellung um 1400 erfolgt sein dürfte. Über das Alter des Kirchenbaues gehen die Ansichten, die von vorgeschichtlich über frühchristlich bis mittelalterlich reichen, auseinander. Der Architektur nach zu schließen, zählt St. Peter zu den ersten frühchristlichen Sakralbauten des Landes, und die Annahme des Entstehens im 5. Jh. n. Chr. scheint gerechtfertigt.[86]
Lebhafte Diskussionen hat das „Felsengrab" an der Südseite der Kirche ausgelöst. Dort findet man eine übermannsgroße Wanne, die sorgfältig aus dem dort anstehenden Konglomeratgestein herausgemeißelt wurde. Sie ist 2,25 m lang, 0,7 m breit und 0,4 m tief, hat am Boden eine runde Schale (40 cm Durchmesser, 13 cm Tiefe) mit sieben Zulaufrinnen. Wozu diente das alles, wer waren die Erbauer? Eine zufriedenstellend Erklärung ist schwierig, weil vergleichbare Funde fehlen. Außerdem haben andere Merkwürdigkeiten in der unmittelbaren Umgebung den Umfang der Spekulationen erweitert. Nahe der Aussichtsstelle am Ostrand des Kirchenplateaus hinter den dort stehenden Bänken, befinden sich zehn große Schalen, deren Durchmesser bis zu 28 cm beträgt. Das Schalenstein-Problem wurde bereits bei der Wanderung Nr. 1 angeschnitten. Eine denkbare Verbindung der 10 Schalen mit der Schale in der Felswanne würde auf eine vorchristliche Opfer-, Kult- oder Ortungsstelle hinweisen. Phantasievolle Autoren haben den Schauplatz sogar mit Tier- und Menschenopfer in Zusammenhang gebracht. So entstanden Verwendungs-Erklärungen als Taufbecken, als Grab oder sogar als Schlafstätte. Als wahrscheinlichstes Besiedlungsdatum wird das 1. Jh. v. Chr. angenommen.[92]
Bevor man den Ort verläßt, sollte man die Aussicht bewundern: in der Tiefe der Kalterer See, umgeben von einem Kranz von Weingärten und Gütern, in der Mitte die Ruinen von Leuchtenburg und Laimburg, die fruchtbare Talfurche der Etsch von Bozen bis Salurn und dahinter die Zinnen und Zacken der Dolomiten.
Nach der Beschäftigung mit den Spuren des Überirdischen ist das Unterirdische unser nächstes Ziel. Zu diesem Zweck steigen wir zum Pfeiler zurück und dann auf einem sehr steilen, aber durch Stufen und Geländer gesicherten Weg in die Rastenbachklamm. Am Ende der ersten Treppenreihe befindet sich links ein offener Stollen. Er stammt aus jener Zeit, in welcher nicht mit Sprengstoff, sondern händisch gearbeitet wurde. Der sparsame Ausbruch und die Schrämspuren an den Stollenwänden sind typische Merkmale. Der Stollen ist 22 m lang und gefahrlos zu begehen; Erz ist nicht zu bemerken.

Wir steigen bis zum düsteren und bachdurchrauschten Grund der Klamm ab. Eine Tafel weist auf die Besonderheiten dieses Naturschutzgebietes hin, das sich durch seine südalpine Gehölzflora und durch seltene Pflanzen auszeichnet. In der Rastenbachklamm wandern wir ein kurzes Stück aufwärts, bis wir auf der orographisch linken Bachseite ein Stollen-Mundloch entdekken. Vom Altenburger Bleibergbau, der von 1472–1659[136] in Betrieb gewesen sein soll und der viele Zechen aufwies, ist dieser Stollen, dessen Name nicht näher bekannt ist, erhalten geblieben.

Seine Lage im Bannkreis von St. Peter hat das Interesse der Heimatforscher erweckt. G. Innerebner hat im Jahr 1928 einen Befahrungsversuch unternommen und sich 1936 gründlich mit dem Stollen befaßt[64]. Rund 86 m kam man im ersten Stollenbereich voran, dann stoppte Wasser das weitere Vordringen. Bei einem weiteren Versuch überwand man den ersoffenen tiefen Schacht am Beginn des großen Aufbruches mit einem „sargähnlichen, zerlegbaren Kistenboot“. Die Höhe der Aufbrüche wurde mit Hilfe eines Luftballons gemessen und ergab 25 m und mehr. Mit den vorhandenen Hilfsmitteln gelang es aber nicht, zu den oberen Etagen zu kommen.
Dieser Schritt gelang im Jahr 1946. O. Eisenstecken und H. Glaser kamen 240 m tief in das Bergesinnere. Im Jahr 1948 erreichte Glaser in einem riskanten Alleingang 300 m: *ohne ein natürliches Ende des Bergwerkes zu finden, da eine Verschüttung das Weiterkommen verhinderte.*
Wie aus dem mit einer Skizze versehenen Bericht von Eisenstecken[30] hervorgeht, waren diese Befahrungen durch die während des Zweiten Weltkrieges durchgeführten Erschließungsarbeiten möglich geworden. Infolge der Rohstoffknappheit bereitete man eine Wiedergewältigung des Bergbaues vor. Dazu ist es aber nicht gekommen. Die beiden Bozner kamen im Februar 1946 bis zur großen Halle. Der Schacht, der im Jahr 1936 mit Wasser gefüllt war und mit dem Boot überwunden wurde, lag jetzt trocken. Seine Tiefe wurde mit 30 m ermittelt. Im Zuge der erwähnten kriegsbedingten Arbeiten waren Stege und Leitern angebracht worden, die für den Weiterweg benützt wurden. Weil die Balken und Bretter vom Wasser und dem Schimmel bereits angegriffen waren, war die Begehung nur durch zusätzliche Seilsicherung möglich. Auf diese Art und Weise gelang es, rund 10 m höher den Richtung Norden verlaufenden Hauptstollen zu finden. Er war fast eben und gut begehbar. Der Stollen wurde vermessen und die angetroffenen Schächte und Querschläge eingezeichnet. Über den Aufbau des Bergwerkes lesen wir: *Es handelt sich hier um eine typische Spaltenfüllung. Der vertikale Porphyrspalt ist etwa 1 m breit und mit erzhaltigem Material gefüllt. Das wurde so ausgebeutet, daß immer Querriegel stehen gelassen wurden, in waagrechter Richtung in etwa 6–8 m Abstand, in senkrechter bis zu 4 m. So bildeten sich Stockwerke, die senkrecht mit Leitern, waagrecht mit Holzgestänge überbrückt wurden*[30].

Die Lagerstätte besteht aus zwei Gängen, die nordwestlich—südöstlich streichen und steil nach Osten in einer Mächtigkeit von einigen cm bis 2 m einfallen. An Mineralien wurden neben der Karbonatsinterschicht körniger Galenit, Fluorit, Baryt und Quarz gefunden..
Mit entsprechender Ausrüstung sind die ersten 80 m bis zum Schacht zu begehen. Man gewinnt einen guten Eindruck der alten, den Klüften nachgehenden, Abbautechnik. Ein weiteres Vordringen in das vermutlich in vielen Stockwerken übereinanderliegende Grubengebäude ist infolge des Fehlens von Leitern und Stegen nicht mehr möglich. Wohin das Hauwerk zur Aufbereitung bzw. Verhüttung gebracht wurde, ist unbekannt. Angeblich sollen sich unter der Rastenbachklamm Reste eines ehemaligen Bremsberges befunden haben, über den das Material zu Tal geliefert wurde. Heute ist davon nichts mehr zu sehen.
Zum Abstieg benützen wir den Weg durch die Klamm, welcher abwechslungsreich ist und prächtige Tief- und Fernblicke bietet. Der Weg geht

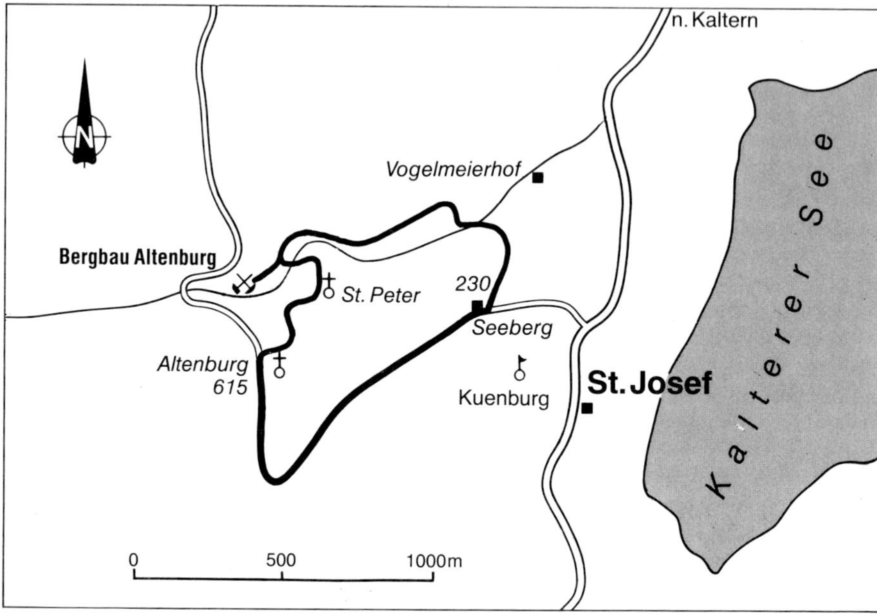

zuerst im Bachgrund und zieht dort wo der Wasserfall beginnt, auf der orographisch linken Seite, auf einem Steig aus der Schlucht hinaus. Über eine Treppenleiter von mehr als 80 Stufen gelangt man zu einem Rücken. Dort mündet der gemütlichere „Bärentalweg" ein, der ebenfalls von der Altenburger Hochfläche herunterkommt. Ab hier geht es weniger steil im schönen Waldgelände weiter. Man folgt den Wegweisern „Kaltern" solange, bis unterhalb eine asphaltierte Straße sichtbar wird. Hier verläßt man den nach Norden führenden Kalterer Weg und geht auf der Straße bis zur Bachbrücke und rechts haltend zum Ausgangspunkt zurück.
Wenn der Ausspruch „Hoffnung baut Bergwerk" Berechtigung hat, dann hier. Man ist immer erstaunt, wie viele Generationen vor uns Erz gesucht und gefunden haben. Vielleicht war es folgender Hinweis, dem man nachging: *Findet man im Wasser, das den Berg herunterrinnt, viele rote, blaue, schwarze oder grüne Steine, enthält aber das Wasser kein Erz, so ist doch zu schließen, daß solche Wasser von Erzgängen herkommen.*[142]

WEGVERLAUF
Ausgangspunkt: Haus „Seeberg" (ca. 230 m) im Ortsteil St. Josef von Kaltern; erreichbar von der Straße Kaltern—Tramin, Abzweigung rechts, und zwar 200 m nach der Abzweigung zum Kalterer See; Weg Nr. 14—Altenburg (615 m) 1 Std.—St. Peter (589 m) 1/2 Std.—Rastenbachklamm Bergbau Altenburg (500 m) 1/2 Std.—Rastenbachklamm—Ausgangspunkt 1 Std.
Gesamtzeit: 3–4 Std.
Karten: Freytag & Berndt S 1 Bozen, Meran; Kompaß Nr. 54 Bozen bzw. 74; IGM Blatt 10 II, S.O. (Kaltern).

VOM BERGBAU IN NALS UND TERLAN

Im Gegensatz zu Bergwerken, die in Seitentälern liegen oder hoch über der Waldgrenze gesucht werden müssen, dehnen sich die Halden des Terlaner Bergbaues im Ortsbereich aus. Es ist dies der einzige Bergbau in Südtirol, der von einer Hauptverkehrsstraße (Bozen—Meran) aus eingesehen werden kann. Der letzte Akt in der langen Geschichte des Silber-, Blei- und Zink-Bergbaues wurde 1957 abgeschlossen. Siedlungen, Obstgärten und Rebenkulturen grenzen an das Grubengelände, das sich am Fuß der „Silberleiten“ an der Nordwestseite des Dorfes ausdehnt. Es wird nur mehr wenige Jahre dauern, bis die üppige Vegetation von diesem Gelände Besitz ergreift.
Ähnliches gilt auch für Nals auf der gegenüberliegenden Etschtalseite. Der historische Bergbau von Terlan und Nals stand in scharfem Gegensatz zur Landwirtschaft. Entlang des früher unregulierten Etschflusses dehnten sich Auwälder und Sümpfe. Der beschränkte Kulturboden an den Talseiten war begehrt, und die montanistische Tätigkeit wurde als Störenfried empfunden. Klagen wegen „verschütteter“ Weinberge, abgeholzter Wälder und giftiger Schwefelrauchgase von den Schmelzhütten waren häufig. Andererseits berichtet die Überlieferung, daß der berühmte weiße Terlaner Wein „dem Champagner an Geist und Gehalt am nächsten“[20] seinen Geschmack und seine Farbe den Spuren von Silbermetall verdankt, das die Rebe aus dem erzhaltigen Boden bezieht.
Die Geschichte des Terlaner und Nalser Bergbaues wurde mehrfach beschrieben[41, 71, 89]. Da aus der Blütezeit im 16. Jh. nur ganz wenige Überreste geblieben sind, genügen einige orientierende Angaben. Über Produktionsmengen und Einzelheiten der damaligen Technologie liegen keine Angaben vor, so daß das Bild lückenhaft bleibt.
Die Verhüttung erfolgte teils vor Ort und teils in Brixlegg, das für die Silbergewinnung große Mengen Blei benötigte. Das Berggericht Nals-Terlan, dessen Wirkungsbereich bis in den Vinschgau reichte, hatte seinen Sitz zuerst in Nals und dann von 1533 bis 1690 in Terlan. Die Bedeutung der Terlaner Lagerstätte geht aus einer Bildtafel im Schwazer Bergbuch (1556) hervor. Die aufsteigenden Reihen der drei Dutzend Stollenmundlöcher zeigen, daß die Erzklüfte nicht nach der Breite, sondern senkrecht übereinander verlaufen. Im Kommentar wird auf die damit verbundenen Probleme hingewiesen: *Die Gänge sind aber kurzklüftig und haben sich in der Tiefe nicht edel erwiesen. Die Gewerken haben dort keinen sonderlichen Überschuß erzielt.*[133] Viele Auseinandersetzungen zwischen Knappen und Gewerken hinsichtlich der Entlohnung und des Naturalbezuges, die bemängelten Entscheidungen der Bergrichter, die Ansuchen um Fronfreiheit usw. bilden den Eindruck, der sich aus dem Archivmaterial ergibt.

Auf unserem Spaziergang durch das Bergbaugelände von Terlan begleitet uns die jüngste Bergbaugeschichte. Abgebaut wurde von 1903–1930 und dann wieder von 1951–1957 durch die ital. Gesellschaft Quintoforo. In dieser Zeit wurden Prospektionen und geologische Aufnahmen durchgeführt, so daß neuere Daten vorliegen. Es handelt sich um sulfidische Mineralisation (Galenit, Sphalerit, Pyrit, Chalkopyrit usw.) im Porphyr unterschiedlicher

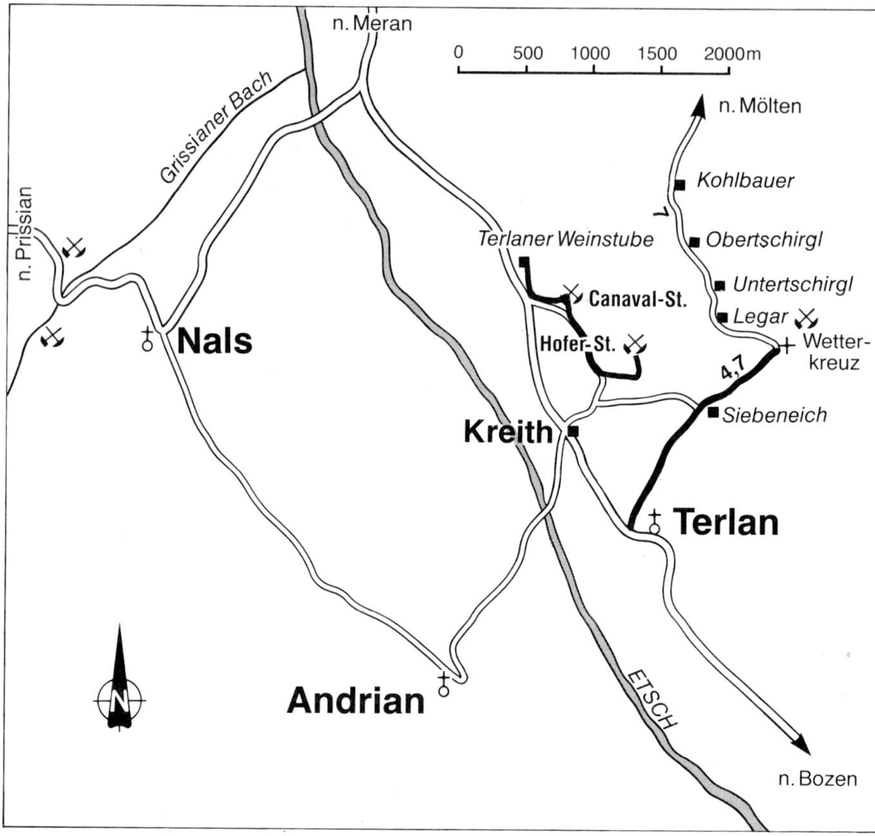

Struktur. Die Erzlagerstätten sind hydrothermalen Ursprungs. Mehrere Gänge streichen von Norden nach Süden bzw. Nordwesten nach Südosten. In der letzten Betriebsperiode wurden zwei Hauptgänge im Porphyr verfolgt, deren Mächtigkeit von wenigen cm bis zu 2 m schwankte. Es handelt sich um den „Hangend-" und „Liegend-" Gang. Sie wurden mit einem Stollensystem von rund 2.000 m Streckenlänge in Horizonten von –60 bis +40 m aufgefahren. Die alten Grubenbaue befinden sich ca. 150 m höher.
Obige Wegkizze[6] zeigt die Lagerstätte mit den beiden Hauptstollen. 1953 betrug die Produktion 250 t Hauwerk/Monat. Die höchste Leistung während des 1.Weltkrieges waren 350–400 t/Monat. 500–1000 g Silber erhielt man aus 1 t Blei. Dieser Gehalt von 0,05–0,1% beweist, daß sich die in alten Berichten genannten Werte von 20–40 kg Silber/t Blei auf sehr unreines Silber beziehen.
Unsere Wanderung im Terlaner Revier beginnt beim Gasthof „Terlaner Weinstube". Auf einem hübschen Weg durch die Obstgärten kommt man nach wenigen Minuten zum ehemaligen „Silberleitenhof", der umgebaut wurde. Dahinter erstreckt sich eine gelbe feinsandige Halde, an deren bergseitigem Ende das Mundloch des Canaval-Stollens (263 m Seehöhe) liegt.

Der Stollen führte nach Osten und erreichte nach 570 m den „Liegend-“ und nach 603 m den „Hangend-“ Gang. Auf der Halde findet man Galenit, Sphalerit und Eisenmineralien. Die nunmehr über 30 Jahre brachliegende und z. T. verunreinigte Fläche ist als Siedlungsgebiet vorgesehen, so daß in Kürze die Bergbauspuren verschwunden sein werden.
Am Weiterweg bleiben wir auf der Straße in Richtung Terlan und kommen zur Häusergruppe Kreit mit dem „Hallerhof“ und dem „Kräuterbinderhof“. Links aufwärts haltend, kommen wir zu den Weingärten. Dahinter liegt die kahle und schwefelgelb gefärbte Halde.
Man findet Eingänge verstürzter Mundlöcher, die ober- und unterhalb des Null-Horizontes (Canaval-Stollen) die Haupterzgänge anschnitten. 40 Höhenmeter darüber ist der Hofer-Stollen, der vor dem Bau des Canaval-Stollens Hauptförderstollen war. Noch höher oben befinden sich die damit zusammenhängenden Stollen Helena 1 bis 3. Bemerkenswert ist, daß die Stollen im festen Porphyr verlaufen und nur gelegentlich, z. B. nahe der Mundlöcher oder in Störzonen, verzimmert oder auszementiert werden mußten.
Infolge der leichten Zugänglichkeit sind die Halden abgesucht, bieten aber dennoch Fundmöglichkeiten. Exel[33] gibt folgende Mineralien an: Galenit, Sphalerit, Chalkopyrit, Pyrrhotin, Chalkosin, Covellin, Pyrit, Arsenopyrit, Tetraedrit, Fluorit, Hämatit, Quarz, Goethit, Limonit, Calcit, Aragonit, Dolomit, Ankerit, Siderit, Smithsonit, Malachit, Hydrozinkit, Baryt, Gips u. a. In verschiedenen Stollen wurden Aragonit- und Gipskristalle, Höhlenperlen und Sinter gefunden[40].
Wer den Spaziergang durch das Terlaner Bergbaugelände verlängern möchte, dem sei der Aufstieg zum „Wetterkreuz“ empfohlen. Man geht zunächst in Richtung Dorf und dann auf der Straße zum Ansitz Liebeneich. Von dort leitet die Markierung 4/7 hinauf zum Linzlhof und in die Schlucht des Petersbaches. Beim letzten Haus steigt man nach rechts hinauf zum Porphyrkopf mit einem großen Kreuz. Früher stand hier das Knappenkirchlein St. Peter, von dem keine Spuren mehr zu entdecken sind. Das Gelände unterhalb sowie die Weiler Legar, Oberlegar, Petersbach und Obertschirgl werden in Zusammenhang mit dem Bergbau urkundlich erwähnt.
Einen guten Zugang zu den alten Stollen vermittelt die neue Straße nach Mölten. Sie befinden sich oberhalb der großen Brücke auf der orographisch rechten Seite des Petersbaches. Rund 300 m weiter in Richtung Gasthaus Legar kommt man zu einer Hangbrücke. Oberhalb der Straße sieht man ein Mundloch, das beim Bau freigelegt wurde. Etwa in der Höhe dieser Brücke findet man versteckt im Gelände den Zugang zu einem Stollensystem, das in schöner Schrämarbeit mehr als 100 m in den Berg führt.

Zum Unterschied von Terlan ist das Nalser Revier nach dem 17. Jh. nicht wieder neu gewältigt worden. Die üppige Vegetation und der Einfluß von Frost und Regen sowie das Fehlen von Halden im Porphyrgestein haben nahezu alle Zeugnisse des Bergbaues vor 450 Jahren ausgelöscht. Seinerzeit reichten die untersten Stollen bis zur Kirche von Nals, z. B. bis dorthin, wo jetzt das Gebäude einer Weinkellerei steht. In der Bevölkerung bekannt ist ein Knappenloch, das sich unmittelbar neben der Straße nach Prissian befindet. Es liegt auf der orographisch rechten Bachseite in der Höhe der dort den Prissianbach überquerenden Straßenbrücke. Sein Mundloch ist verstürzt und dicht verwachsen, ein Besuch lohnt nicht. Weitere lokalisierbare Stollen befinden sich auf der orographisch linken Flanke des Prissianbaches, beiderseits der Straße, u. a. im Gebiet des Lingerhofes und des Rastlbucher Hofes.

Es ist erstaunlich, wie wenig aus der Bergbaublütezeit übrig geblieben ist. Die mit den Namen von Heiligen benannten Stollen sind verstürzt und unauffindbar, die Sage von den Silberfäden, die an den Wurzeln mancher Bäume hingen wird belächelt, die Erinnerung an die „Knochenarbeit" der Bergleute wird verdrängt und es gibt weder profane noch kirchliche Zeugnisse der Bergbaukultur. Nur Flurnamen wie „Silberleiten" und „Silberbach" erinnern an die längst vergessene Zeit, in der man im Boden nach verwertbaren Metallen suchte.

WEGVERLAUF
Ausgangspunkt: Gasthof Terlaner Weinstube; an der Straße 1 km nordwestlich von Terlan, Parkplatz; Canaval-Stollen—Kreit—Hofer-Stollen 1/2–3/4 Std.
Gesamtzeit: 1–1 1/2 Std.
Variante 1: Weg Nr. 4/7 über Liebeneich zum Wetterkreuz 1 1/2 Std. Abstieg wie Aufstieg.
Gesamtzeit: 2 1/2 Std.—In der heißen Jahreszeit nicht zu empfehlen!
Variante 2: Fahrt auf der Straße nach Mölten bis Gasthof Legar.
Karten: Freytag & Berndt S 1 Bozen, Meran; Kompaß Nr. 54 Bozen; IGM Blatt 10 I, S.O. (Terlan), Blatt 10 IV, S.E. (Tesino).

WASSER UND KNAPPENLÖCHER IM ULTENTAL 21

Mineralquellen und Heilbäder sind häufig in geologischen Störungszonen zu finden. Das Ultental besitzt einige davon: Bad Mitterbad, dessen mineralische Eisenvitriolquelle schon im Jahr 1842 über 1800 Gäste anzog. Über einige andere „Ultner Badln" wird auf Seite 235 berichtet. Die „Judikarien-Linie" welche die Ostalpen von den Südalpen trennt, ist eine *der wichtigsten Störungsflächen im Bau der Ostalpen, eine Bruch- und Rißfläche, an der zwei grundverschiedene Gebirgsmassen aneinander zu liegen gekommen sind: Die Masse der kristallinen Gesteine der Adamello und Ortler Gruppe im Westen bis Nordwesten an die Trias-, Jura-, Kreide- bis Tertiär-Schichten das Etschbuchtgebirges im Osten bis Südosten*[76]. Diese Linie verläuft von Malè bis in die Gegend von Meran und dann weiter in das Pustertal. An das Ötztaler Kristallin schließt sich im Süden die Vinschgauer Schieferzone an. Sie besteht aus Phyllitgneisen, Quarzphylliten, Glimmerschiefer und granitischen Einsprengseln. Eine Sonderstellung nimmt die Laaser Marmorserie ein.
Die Bodenschätze sind spärlich, und auch sonst war das Tal infolge der

schlechten Zugänglichkeit wirtschaftlich nur von mäßiger Bedeutung. *Es zieht sich 40 km weit in das Urgebirge hinein. Sowohl sein Eingang, als auch sein an die mächtigen Ausläufer des Ortlergebirges sich anlehnender Hintergrund sind landschaftlich nicht uninteressant. Durch seinen Holzreichtum ist es für die Spekulationen der Engländer und Italiener wichtig geworden,* heißt es im Naturführer von 1913.[20]

Inzwischen hat sich vieles gewandelt. Eine Straße wurde 1907 gebaut, der Fremdenverkehr nahm zu, und die Wasserkraft wurde mit sechs Stauseen und Kraftwerken genützt. Die Bäder bilden keine Anziehungspunkte mehr.
Wenig bekannt ist, daß im Ultental einst Bergbau betrieben wurde. Eine kurze, aber hübsche Wanderung führt von St. Pankraz zu den Knappenlöchern am Wieserbach. Dort wurde schon im 16. Jh. geschürft, doch liegen bisher keine urkundlichen Belege über diesen Bergbau vor. Im Schrifttum liest man von *3 Stollen von über 30 m Länge, mit Adern von Malachit, doch geringem Kupfergehalt; ca. 1614.*[20] In einer neueren Arbeit[116] wurde der Mineralbestand untersucht und Chalkopyrit, Galenit, Pyrit, Sphalerit und Quarz am Kontakt von Granit zu Quarzphyllit gefunden. Im Jahr 1923 war der Besitzer von Bad Lad, Josef Kupelwieser, kurzfristig der Inhaber der Schürfrechte im Ultental[107].
Der Weg zu den Knappenlöchern, die den Einheimischen bekannt sind, ist nicht markiert, aber leicht zu finden. Von St. Pankraz fährt man auf der Straße 1,5 km talein bis zu einer Tankstelle. Von dort hinab zum Valschauer Bach und zum Sportplatz (P). Das oberhalb gelegene ehemalige Bad Lad soll seinen Namen vom Aufladen des Erzes erhalten haben, das von dieser Stelle talaus transportiert wurde.
Wir wandern zuerst ein paar Minuten auf der Straße orographisch rechts des Talbaches und steigen dann auf der rechten Seite des Wieserbaches aufwärts. Oberhalb steht ein altertümliches Haus, der Kratzerhof. Der Wieserbach ist verbaut, es wurden Betonsperren, Ufermauern und Straßen errichtet. Wir gehen in dem einsamen Tal weiter und überschreiten bei der zweiten Brücke den Bach. Oberhalb der Brücke befindet sich im Wald eine alte Mühle. Darüber öffnet sich in der Felswand, etwa 2 m über dem Boden ein Stollen. Er geht ein Stück geradeaus und setzt sich dann nach links oben fort. Man kann Blei- und Zinkerze feststellen. Geht man weiter bachaufwärts, so kommt man an Halden vorbei, welche reichlich Galenit und Sphalerit enthalten. Beim Umherwandern in dem Bereich von 800–1.150 m Seehöhe kann man ebene Böden und Pingen entdecken, die vom ehemaligen Bergbau herrühren. Weitere Einbauten befinden sich weiter oben am Bach, und zwar auf der orographisch rechten Seite.
Zum Abstieg benützen wir den alten Weg, der unterhalb der Mühle vorbeiführt und hoch über dem Wieserbach schließlich zu einem kleinen Hof leitet. Weiter oben im Gelände befindet sich der Silberhof (956 m), dessen Name auf frühe Schürfe schließen läßt. Auch die Hofgruppierung „Buchen" soll von Bergleuten bewohnt gewesen sein.
Zum Abstieg durch die Wiesen benützen wir einen schmalen und aussichtsreichen Steig. Im Talgrund treffen wir auf einen breiten Weg und kommen beim „Häusl am Stein" vorbei. Es ist dies eine kuriose Wohnstätte, die einige Meter höher als der Bachgrund auf einem Felsen gebaut worden ist. Die Überlieferung berichtet, daß im Jahr 1832 ein großes Unwetter das

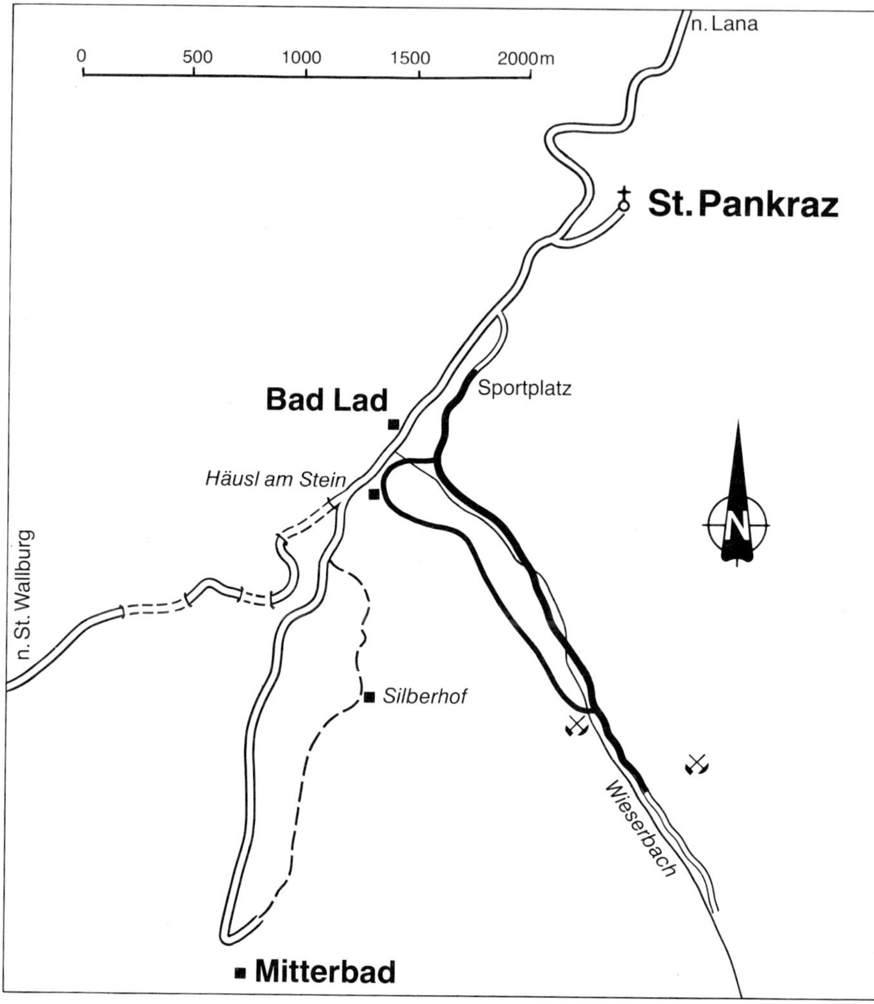

Bachbett aufwühlte und alle Bauten, die nahe dem Wasser standen, wegriß. Überraschenderweise blieb dieses Haus stehen, weil es der Besitzer, ohne es zu wissen, auf einem riesigen Stein erbaut hat, so daß das Gebäude die Katastrophe überstand. Entlang der Straße kehren wir zum Ausgangspunkt zurück.

Abschließend noch ein Hinweis auf einen anderen mineralischen Werkstoff, nämlich Marmor, der seinerzeit im Ultental gewonnen wurde. Auf das Vorkommen wurde man aufmerksam, weil schon früher dort sehr reiner Kalk gebrannt wurde. Die 1907 gegründete „Ulten-Edelmarmorwerke KG". betrieb beim „Dorfhof" in der Streusiedlung Larcherberg oberhalb des heutigen Zoggler Stausees ein Marmorwerk mit Steinsäge und Schleiferei. Das Produkt

fand guten Absatz: *Große Marmorblöcke wurden gebrochen, mit Pferdegespann nach Lana transportiert und in ganz Europa verkauft. Von 1908 bis 1913 waren rund 100 Arbeiter beschäftigt. Aus dem Marmor wurden Grabkreuze und Statuen gemeißelt.*[45] Nach Ende des Ersten Weltkrieges wurde der Abbau eingestellt.
Wir verabschieden uns mit der Inschrift am Uhrturm von St. Pankraz. Sie stammt aus dem 14. Jh. und ist zeitlos gültig: *Jede Stunde, die naht, sei Himmelssaat – Von diesen eine ist die Deine.*

WEGVERLAUF
Ausgangspunkt: Sportplatz von St. Pankraz, ca. 2 km südwestlich am Valschauer Bach; Wieserbachtal—Mühle und Knappenlöcher $^3/_4$–1Std.—Rückweg auf der orographisch linken Bachseite und Abstieg zum Häusl am Stein $^1/_2$ Std.—Ausgangspunkt $^1/_4$ Std.
Gesamtzeit: $1^1/_2$–2 Std.
Karten: Freytag & Berndt S 13 Ultental; Kompaß Nr. 53 Meran, IGM Blatt 10 IV, N.E. (Lana).

LAAS: MARMOR UND ONYX 22

Der Südtiroler Erzbergbau gehört der Vergangenheit an. Der Abbau von Steinen und Erden hingegen ist im Aufwind. Jährlich werden rund 1,3 Mio. t Sand und Schotter, 135.000 t Porphyrsteine, 25.000 t Kalksteine, 29.000 t Tonerde, 5.000 t Kalk- und Serpentinschiefer und 58.000 t Marmor gewonnen (Durchschnitt der Produktion 1984–86)[139]. Von allen diesen Materialen ist der Laaser Marmor der Edelste. *Der Carrara-Marmor ist Käse, leblos, stumpf, der Laaser Marmor lebendig, leuchtend* lobte schon vor mehr als 100 Jahren der Münchner Hofbildhauer Schwanthaler.
Im Gegensatz zum Marmor, der in Ratschings und Partschins gewonnen und industriell verwertet wird, kommt der weiße Marmor in den verschiedenen strukturierten bzw. gemaserten Sorten ausschließlich aus Laas. Ab Mitte des vorigen Jahrhunderts erfolgte, nach vorheriger gelegentlicher Verwendung, ein systematischer Abbau in verschiedenen Brüchen. Um das kostbare Produkt nicht zu beschädigen, wurden in Handarbeit Holzkeile in die „Lassen" (Risse) getrieben und die Blöcke durch Brechen (dreiseitiges Loslösen des Blockes mit Fäustel, Spitzeisen und Brechstange) und Herausschneiden mit Stahlseilen unter Verwendung von Quarzsand als Schleifmittel isoliert.[127]
Die Steinbrüche beiderseits der Jennerwand (2.958 m) liegen im Laaser und Göflaner Tal in über 2.000 m Seehöhe. Beim Taltransport müssen Höhenunterschiede bis zu 1.500 m überwunden werden. Das dazu entwickelte Transportsystem ist ein technisches Meisterwerk, das im Laufe der Jahrzehnte dem jeweiligen Stand der Technik angepaßt wurde. In den ersten Zeiten ging man folgendermaßen vor: Auf den Steilstrecken wurden die Steinblöcke auf seilgebremsten Rutschbahnen vorsichtig hinabgelassen. Flachere Stellen wurden durch „Schluzen", d. h. Ziehen auf seifenbeschmierten Holzrinnen,

überwunden. Auf den ebenen Förderstrecken zogen Pferde und Ochsen die beladenen Wagen und Schlitten. Mit welchem Aufwand und welcher Mühe dies erfolgte wird deutlich, wenn man erfährt, daß die für die Schrägstrecken eingesetzten Hanfseile 6,5 cm dick waren. Ein Seil von 75 m Länge wog 180 kg. Mindestens 6 Mann mußten mit Schlingen von 30 kg am Rücken das Seil nach Gebrauch wieder nach oben bringen.
In den Jahren um die Jahrhundertwende wurden gewichtige Blöcke in die Bildhauer-Werkstätten Deutschlands geliefert. Im Jahr 1903 wurde für das Moltke-Denkmal in der Berliner Siegesallee ein Stein von 32 m^3 Volumen und 100 Tonnen Gewicht geschickt. Er wurde auf einem Spezialwagen, der von 30 Ochsen gezogen wurde, über die zuvor verstärkten Brücken nach Bozen gebracht und dort auf die Eisenbahn verfrachtet.

Der Laaser Marmor ist infolge seiner gleichmäßig körnigen Struktur, der guten Polierfähigkeit und der besonders hohen Witterungsbeständigkeit für Denkmäler geschätzt. Daraus hergestellte Statuen sind über die ganze Welt verstreut. L. Köll hat sich in einer ausführlichen Studie[80] mit der Geschichte und der Technik des Laaser Steins befaßt. Technische und kaufmännische Details, Zeichnungen und Bilder ergänzen die umfangreiche Darstellung. Bemerkenswert ist, daß ein einheimischer Unternehmer, Josef Lechner (1851–1925) im Weißwasserbruch den Tagbau begann und 1906 den „Urstollen" (Stollenbau bis 1921) eröffnete. Von ihm stammen Projektunterlagen für die optimale Nutzung der Lagerstätte. Mit dem Ende des 1. Weltkrieges änderte sich für die Laaser Industrie gezwungener Maßen der Staat und das Wirtschaftsgebiet. Im Jahre 1928 wurde der Marmorabbau durch die Gründung der Lasa Marmor AG belebt. Die Gewinnungsmethoden wurden modernisiert und der Transport durch den Bau eines Bremsberges verbessert. Neuzeitliche Schneide- und Poliermaschinen ermöglichten Qualitätsverbesserungen und Kosteneinsparungen. Nach der problematischen Zeit im 2. Weltkrieg begann eine Belebung des Geschäftsumfanges. Im Jahr 1964 wurden 21.000 t Marmor gewonnen und mehr als 100 Arbeiter beschäftigt. In den Folgejahren sank die Produktion wieder und hat sich derzeit auf eine Jahresleistung von rund 5.000 t eingependelt, die mit 60 Beschäftigten erzielt wird. Vorzugsweise werden Rohblöcke und Platten hergestellt. Zugeschnittene Blöcke erster Qualität für bildhauerische Verwendung kosten bis zu 12 Mio. Lire (öS 120.000,–) pro m^3 bzw. 3 t.
Absatzgebiete sind zu je einem Drittel Italien, übriges Europa und die restliche Welt.
Durch die im Jahr 1959 gebaute Verbindungsstraße zwischen dem Weißwasserbruch (1.555 m) im Westen und dem Göflaner- bzw. Mitterwandlbruch (2.000–2.500 m) im Osten, kann im Sommer im hochgelegenen Wandlbruch und im Winter im Weißwasserbruch durchgehend gearbeitet werden. Der Transport erfolgt mit Lastkraftwagen zum Weißwasserbruch (1.555 m) und von dort mit Kränen und einer Seilbahn mit einem Höhenunterschied von 174 m hinab in das Laaser Tal (1.384 m). Dann folgt eine Flachstrecke von 1,9 km mit einer Schmalspureisenbahn zur Bremsberg-Station (1.332 m). Dort wird der Waggon ohne Umladen auf die Plattform der Seilbahn geschoben. Die Standseilbahn in das Tal ist 950 m lang und überwindet 480 m Höhenunterschied mit einer Geschwindigkeit von 1 m/sek. Im Talbereich (881 m) wird der Waggon zum Lagerplatz der Lasa AG

(869 m) gezogen. Mit dem Hebekran wird die Last bis zum vorgesehenen Lagerplatz transportiert. Im Werksgelände liegen einige 1000 t Material. Durch die steigenden Qualitätsanforderungen ist gelagertes Material z. T. nur schwer absetzbar; daher die Notwendigkeit eines laufenden Nachschubes aus den Marmorbrüchen.

Diese Informationen bilden die Grundlage für das Verständnis der Arbeit im Steinbruch und beim Transport. Die Marmorbrüche ändern sich von Jahr zu Jahr. Abbau-Horizonte, Bruchhallen, Stollen und Pfeiler beherrschen das Bild der *eigensinnigen Unregelmäßigkeit*[80].

Um den Eindruck der Gewinnung dieser Bodenschätze zu erhalten, gibt es verschiedene Möglichkeiten. Man kann einen der bezeichneten Wege (z. B. Nr. 5) in das Laaser Tal gehen, oder man kann vom Parkplatz der Forststraße (1.500 m) oberhalb von Parnatz auf der orographisch linken Talseite auf dem Weg Nr. 7 zur Laaser Hütte wandern.

Empfehlenswerter ist folgende Route: Man fährt von Laas über die Etschbrücke und hält sich zuerst links und dann in Richtung Laaser Tal. Unterhalb des Martinikirchleins zweigt links eine schmale Straße nach Tarnell (1.240 m) ab. Auf dieser Straße kommt man in einigen Kehren rasch höher. Bevor die Straße auf die Wiesen hinausführt (Gatter, Viehrost), zweigt links eine asphaltierte Forststraße ab. Sie verfolgt man bis zur Fahrverbotstafel oberhalb der Höfe von Tarnell (Parkmöglichkeit).

Nun zu Fuß auf dem Forstweg weiter, bis nach einer scharfen Linkskehre rechter Hand der Weg Nr. 9 B abzweigt. Auf ihm steigt man durch schönen Hochwald bis zur Werksstraße hinauf. Diese 6 km lange Straße verbindet den Wandlbruch und den Weißwasserbruch. Auf der abwärts führenden Straße wandert man durch drei Tunnels zum Weißwasserbruch im Westen.

Das Betreten der Werksanlagen ist nicht erlaubt, und es liegt an den Besuchern, die Anordnungen zu respektieren. Seitens des Verkehrsvereines Laas laufen Bestrebungen, sachkundige Führungen zu organisieren.

Laas führt Hammer und Meißel im Wappen. Ein Spaziergang durch den von der Steinbearbeitung geprägten Ort ist durchaus lohnend. Im Mittelpunkt befindet sich die Kirche mit einer erhalten gebliebenen Apsis aus romanischer Zeit mit einem Rundbogenfries, Flechtwerk und Tierfiguren. Bemerkenswert sind die steingefügten wuchtigen Häuser im Ortskern, die weißleuchtende Marmorfigur des Kaisers Franz Josef vor dem Verkehrsverein und die mit Marmorwürfeln gepflasterten Gehsteige. Besonders interessant ist ein Besuch der Fachschule für Steinbearbeitung. Die mit der Laaser Mittelschule verbundene Einrichtung setzt seit 1983 die Tradition der alten Schule fort. Sie wurde 1879 gegründet und nach der Verlegung nach Bozen (1911) im Jahr 1930 aufgelassen.[24]

Die hohe Schule der Bildhauerei kann man gelegentlich auf dem Gelände der Lasa-AG bewundern. Im Verkaufsraum des Unternehmens stehen anspruchsvolle Figuren.

Noch ein weiteres künstlerisch verwertbares Steinmaterial kommt im Gebiet von Laas vor, der sogenannte „Laaser Onyx". Er dient zur Herstellung farbenschöner Zier- und Gebrauchsgegenstände und als Material für den Schnitt von Gemmen. Diese Eigenschaft verdankt das Mineral der Dicke der einzelnen Schichten, die eine Bearbeitung mit dem Messer ermöglichen.

L. Köll[79] berichtete, daß Onyx außer am Laaser Sonnenberg, wohin unsere

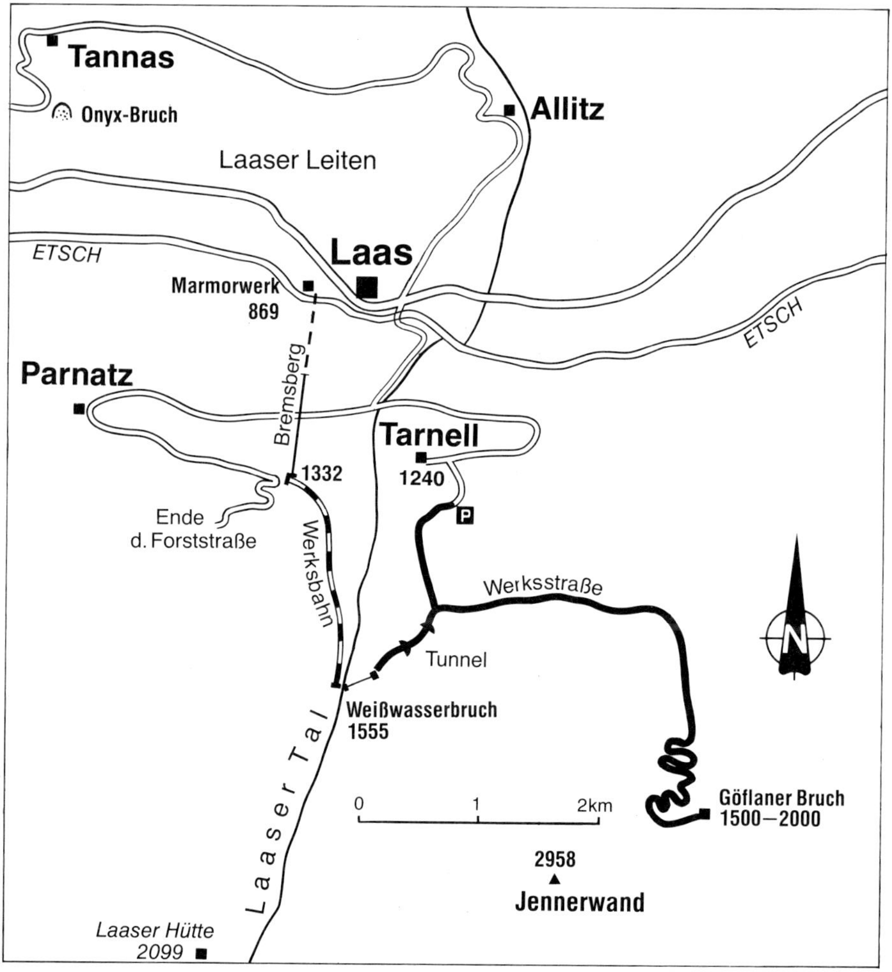

Wanderung führt, auch noch am Stierberg bei Tanas in Kortsch und bei der Franzenshöhe (Stilfser-Joch-Straße) vorkommt. Abgebaut wurde er in Laas schon vor der Jahrhundertwende. Bis in die zwanziger Jahre wurden insgesamt 110 m^3 gewonnen. *Die an der Laaser Leite gewonnenen größeren Blöcke wurden unbossiert vom Bruch auf den verhältnismäßig nahen Talboden abgeseilt und nach Laas geführt. Kleinere Stücke brachte man auf dem einfachen Fahrweg, der vom Bruch zur St. Sisiniuskirche, westlich von Laas, abfällt, auf Schlitten ins Tal. Dort wurden sie auf Fuhrwerke verladen und auf diesen nach Laas gebracht. In diesem Bruch arbeiteten seinerzeit nur etwa 5 oder 6 Mann, aber auch nur wenige Monate um den Februar herum … Seinerzeit wurden sehr hohe Verkaufspreise erzielt, jedoch nur,*

wenn er sofort vom Bruch weg unter Dach gebracht worden war. Denn er verträgt, weil sehr rissig, auch spröde, keine Nässe. [79]
Im Onyx-Bruch auf der Laaser Leiten ist noch Material zu finden. Der stillgelegte Steinbruch ist vom Tal aus leicht zu erkennen, denn westlich davon findet sich eine auffallend rotgefärbte Felspartie. Man erreicht die Stelle, wenn man im Westen des Ortes die Staatsstraße beim Sportplatz verläßt und weglos über die vegetationsarmen Sonnenhänge in Richtung Tanas aufsteigt. *Der naturkundlich interessierte Feriengast findet hier sein Betätigungsfeld* heißt es im Ortsprospekt.
Laas und seine Mineralien sind eine Reise wert. *In den Bildern meiner Kindheit sind alle Wege weiß. Marmorweiß,* schreibt der Südtiroler Luis Stefan Stecher[24], *noch im Schlaf baute ich aus polierten Marmorbrocken, die ich aus dem Wegschotter sortierte . . . schimmernde Paläste . . . Das Leben lockte mich in der Folge über viele Meere. Aber die Bilder meiner Kindheit waren überall wie Kletten . . . Ich denke da zum Beispiel an eine Begebenheit in Manhattan, die Hitze lastete über der Schalterhalle in aller Schwere, als meine Fingerspitzen unvermittel den kühlen weißen Stein aus Laas erkannten.*

WEGVERLAUF

1. Weißwasserbruch
Ausgangspunkt: Ende der asphaltierten Forststraße (ca. 1.300 m), Fahrverbotstafel, Parkmöglichkeit; erreichbar von Laas (870 m) auf der Straße nach Tarnell (1.240 m), vorher bei Viehrost links abbiegen; Weg Nr. 9 B—Werkstraße (1.610 m)—drei Tunnels—Weißwasserbruch (1.555 m) 3/4–1 Std.; Abstieg wie Aufstieg.
Gesamtzeit: 1 1/2–2 Std.

2. Weitere Wandermöglichkeiten im Laaser-Tal
Laaser-Hütte (2.099 m) vom Parkplatz 1.500 m oberhalb von Parnetz 1 3/4–2 Std.
Gesamtzeit: 2 3/4–3 1/4 Std.
Variante: Werkstraße (1.610 m)—Göflaner Marmorbrüche (2.500 m) 3 Std.
Gesamtzeit: ca. 5 Std.

3. Onyx-Bruch
Ausgangspunkt: Sportplatz westlich von Laas; Laaser Leiten-Bruch (ca. 1.100 m) ca. 3/4 Std.
Karten: Freytag & Berndt S 2 Vinschgau; Kompaß Nr. 52 Vinschgau; IGM Blatt Nr. 9 IV, N.E.
Auskünfte: Verkehrsverein Laas, I-39023 Laas.

Es überrascht daher immer wieder von neuem, wenn man in landeskundlichen Führern Formulierungen findet, die von einem regen Bergbau mit reichem Gewinn oder von der wichtigen Rolle des Bergbaues für diesen oder jenen Vinschgauer Ort sprechen. Der Vinschgau ist – gemessen an den anderen Tiroler Bergrevieren – immer ein bescheidenes Erzabbaugebiet gewesen, in dem dieser Wirtschaftszweig keine überragende Rolle gespielt hat[85].

Urteilt der Historiker zu hart? Die Erfahrungen bei der Suche nach Schürfstellen oder Resten der Bergbaukultur geben ihm recht.[27] Einige erhalten gebliebene Knappenlöcher von unergiebigen Schürfen, kaum mehr sichtbare Halden und das Fehlen von Berghäusern oder Transportwegen geben wenig Veranlassung für eine ergiebige Bergbauwanderung.[112]

So bleiben außer den Hinweisen auf einige Orte, die öfter im montanistischen Schrifttum erwähnt werden, eigentlich nur zwei Ziele, deren Besuch sich lohnt. Beide liegen direkt an Verkehrswegen, haben aber eine Beziehung zur Umgebung. Es sind die Prader Schmelz im Suldental und die Kirche Maria in der Schmelz im Martelltal.

Bevor die beiden Örtlichkeiten beschrieben werden, seien einige allgemeine Hinweise vorangestellt. Laggar (1.720 m) und Zuckbühel (1.700 m) hoch über Goldrain werden oft als Beispiele hochalpiner Knappensiedlungen genannt. Daß in dieser Extremlage, in der man heute nur mehr die Grundmauern der alten Höfe findet, der „Schmalzkübl laar" wird[56], muß nicht mit dem Bergbau zu tun haben, sondern kann ebenso der Landwirtschaft zugerechnet werden. Von den oberhalb des Schlosses Annaberg liegenden Stollen in 1.200–1.400 m Seehöhe, und zwar zwischen Fallerbach im Westen und Thiessbach im Osten, welche im 15. und 16. Jh. in Betrieb waren, ist heute nur mehr wenig zu sehen. Die Blei- und Zinkerze befinden sich im feinschuppigen Paragneis. Die Lagerstätte besteht aus einer mineralisierten Bank von etwa 1 m Mächtigkeit und Nord-Süd Neigung. Die Stollen liegen nur wenige Meter voneinander entfernt und gehen 30–60 m in den Berg. Anläßlich einer Untersuchung im Jahr 1965 wurden 20 Eingänge gefunden, von denen einige offen sind. Murara und Perna[117] veröffentlichten eine Skizze mit dem Verlauf der Stollen. Man kann daraus ersehen, wie die Einbauten von Ost (1.330 m) nach West (1.305 m) absinken und dem natürlichen Verlauf der Felsbank folgen. Eine Analyse des Erzvorkommens ergab folgende Werte: Blei 24,4%, Zink 8,8%, Schwefel 9,8%, Eisen 2,6%, Kieselerde 43,0%; unter 0,1% lagen Antimon, Kupfer, Cadmium u. a. Die Steppenvegetation des Vinschgauer Sonnenberges, der Plattenweg am Rande der Tissbachschlucht und die Scherben- und Schalensteinfunde auf den Annaberger Böden bieten ungleich reizvollere Beobachtungsmöglichkeiten als die bescheidenen mineralischen Funde.

Nicht viel anders ist die Situation in Eyrs. Der Name des Ortes wird im Buch

Abb. rechts: – *Namenloser Stollen am Abstiegsweg von St. Peter in die Rastenbachklamm (Wanderung 21).*

von Wolfsstrigl-Wolfskron[158] in Zusammenhang mit dem Abbau von Bleiglanz mehrfach erwähnt. Als Regalbesitzer veranlaßten die Äbte von Marienberg im 16. Jh. Neuschürfe beiderseits des Tanaserbaches unterhalb des St. Peter-Kirchleins. Ein offener Stollen in 957 m Seehöhe ist noch vorhanden. Interessant ist die Sage vom nachtleuchtenden Berg oberhalb des Ortes, dessen unterirdische Metall-Lager im Dunkeln strahlen. Der Wunsch nach schnellem Reichtum hat in allen Zeiten die Phantasie des Menschen beflügelt. Auch am Tartscher Bühel soll Fahlerz und Eisen abgebaut worden sein[72]. Dieser Hügel, nördlich der Kleinstadt Glurns, ist als Wahrzeichen des Vinschgaues bekannt. Dort steht die St.-Veit-Kirche, in deren Nähe ein Hirschgeweihteil mit rätischer Inschrift gefunden wurde, dessen Alter ins 5.—3. Jh. v. Chr. eingestuft wird[92].

Sieht man von den Lagerstätten im Münstertal (Eisen) und bei Nauders (Silber, Kupfer, Blei) ab, so ist ein wenig ergiebiger, jedoch zeitlich lange dauernder Bergbau nur im Sulden- und Martelltal nachgewiesen. Die Verhüttung der Suldener Erze erfolgte in der Schmelzhütte von Prad. Zusammen mit dem Kalkofen und den Getreide- und Sägemühlen bieten die Reste der Hüttenanlage ein wertvolles technisches Denkmal, das leider im Verfall begriffen ist.[25]

Die Anlage liegt 1,5 km südlich von Prad direkt an der Stilfser-Joch-Staße. Erhalten ist der doppelwandige Turm des Kalkofens, der bis 1900 in Betrieb war. Etwa 100 m talein findet man die von Pflanzen überwucherten Grundmauern des alten Schmelzofens und die Gewölbe der Nebengebäude. Der Plan, welcher anläßlich der Katastererstellung 1787 aufgenommen wurde, erlaubt es, die vorhandenen Reste zu identifizieren[85]. Was waren die Gründe für die Errichtung der „Prader Schmelz“ und woher kam das Rohmaterial?

Im Suldental hat man während des späten Mittelalters und der beginnenden Neuzeit Eisenerz abgebaut. Die Verhüttung erfolgte zuerst in Innersulden, und zwar im Völlensteinhof, der früher Schmiedhof bzw. Ofenwieshof hieß. Es wurden Roheisenbarren hergestellt. Bereits 1547 wird auch die Hütte von Prad genannt. Dorthin wurde vermutlich das Erz aus anderen Revieren, z. B. von Eyrs geliefert. Urkunden aus dieser Zeit beziffern die Jahresproduktion beider Hütten mit 45.000–50.000 kg Roheisen.

Wie überall in Tirol, begann Mitte des 16. Jh.s auch hier der Rückgang des Montanwesens. Der Schmelzbetrieb in Prad ruhte 100 Jahre (1600–1700) gänzlich. Erst gegen Ende des 17. Jahrhunderts wurden verheißungsvolle Vorkommen in Sulden und am Prader Berg oberhalb des Egghofes entdeckt. Dies war der Anlaß, den Hüttenbetrieb wieder aufzunehmen. Als man dann Erzvorkommen im Ortsbereich von Nauders (Tiefhof, Mutzköpfe) fand, wurde die Hütte 1720 erweitert. Neben Eisen aus Sulden – die dortige Hütte war eingegangen – war Prad in der Lage, die silberhältigen Blei- und Kupfer-

Abb. links – *oben: Die Kirchenruine von St. Peter zählt zu den ersten frühchristlichen Sakralbauten des Landes (Wanderung 19).*

– unten: Die Terlaner Gruben (Hofer-Stollen) grenzen unmittelbar an die Weingärten (Wanderung 20).

erze aus Nauders zu verarbeiten. Man rechnete mit einer Jahreskapazität von 400 Zentner Grubenerz (1 Zentner = 56 kg, daraus gewinnbar 6,2 kg Rohkupfer), somit im Ganzen 3.480 kg Kupfermetall/Jahr. Gewiß kein hoher Ertrag. Hätte man aber das Hauwerk in die landesfürstliche Schmelzhütte in Brixlegg liefern müssen, so wäre es ein Verlustgeschäft gewesen. So funktionierte die Prader Schmelz fast 80 Jahre klaglos. Erst gegen Endes des 18. Jh.s wurden die Anliefermengen immer kleiner. Mit Erztransporten aus dem Oberinntal und Prospektionen im Rojen- und Langtauferertal hoffte man, die Schmelze in Gang zu halten. Dennoch mußte zu Beginn des 19. Jh.s das Prader Röst- und Schmelzwerk seine Tätigkeit beenden[85].
Im erweiterten Sinn gehört auch die Prader Kalkproduktion zum Montanbereich. In Theresianischer Zeit waren zwei Kalköfen in Betrieb, die viel Brennholz benötigten. Weitere Kalköfen befanden sich in Taufers, Schlinig, Langtaufers, Stilfs und auf der Malser Heide.[85]
Die Auflassung der Prader Schmelz hatte keine spürbaren Folgen. Für den Waldbestand war der Ausfall des Holzbezuges ein Vorteil, und für die Bevölkerung war der Stillstand der Hütte kein Schaden. Beschäftigungsmöglichkeiten für die ortsansässige Bevölkerung gab es weder im Bergbau noch bei der Verarbeitung. Das Urteil des Historikers ist berechtigt: *Die Bedeutung des Obervinschgauer Bergbaues und der auf ihm fußenden, einzigen funktionsgewerblichen Siedlung Schmelz bei Prad besteht darin, daß sie während ihrer Betriebszeit den lokalen Bedarf an Eisen wohl mehr als genug befriedigen und Überschüsse in eisenarme Gebiete abgeben konnte, jedoch kaum Eisen in entferntere Gegenden exportierte* (R. Loose).[85]
Im Mittelvinschgau hat das schon erwähnte Martelltal montanhistorische Bedeutung. In den Chloritschieferlagen der im inneren Talbereich anstehenden Quarzphyllite kommen Sulfidvererzungen vor. Überliefert sind Gruben auf Kupfer, Silber, Eisen, Blei und Alaun. Sie lagen südwestlich des heutigen Zufritt-Stausees im Pedertal, Madritschtal, Zufalltal, unter der Furkelescharte und später in Gand, wo man Kupfer fand. Bereits im 13. Jh. soll im Talinneren abgebaut worden sein; im 15. Jh. (1448) war der Bergbau im Besitz der Grafen von Matsch und später der Bischöfe von Chur. Zwischen 1700 und 1760 wurde der Marteller Bergbau durch Graf Hendl von Goldrain neu belebt. Hendl betrieb 1759 auch Gruben in Eyrs. In Morter bestand eine Schmelzhütte.

Im Jahr 1711 ließ Graf Hendl bei der Marteller Schmelzhütte eine Kapelle für die Bergleute erbauen. Diese Kirche „Maria in der Schmelz" besteht noch und ist ein lohnendes Besuchsziel. Es ist allerdings nicht mehr der ursprüngliche Bau, denn dieser wurde durch herabstürzende Felsen und abgeschwemmtes Erdreich immer tiefer in den Boden versenkt. Deswegen wurde 1894/95 ein Neubau errichtet. Die Kirche liegt in 1.556 m Seehöhe, direkt an der Talstraße. Daß hier tatsächlich die alte Schmelze stand, ist leicht zu beweisen. Mit einiger Geduld gelingt es, unterhalb der Straße am orographisch rechten Bachufer, dort wo ein seitliches Wässerlein einmündet, schwarzgefärbte Schichten mit Metallschlacke zu finden.
Ein eigenartiges Gefühl ergreift einen, wenn man die Schlackenteile in der Hand hält und überlegt, von welchem Stollen das Material wohl stammt, und wer die Menschen gewesen sind, die hier im wilden Gebirgstal nach Erzen schürften, Holzkohle brannten und die Röst- und Schmelzöfen in Gang

hielten. *Unsere liebe Frau in der Schmelz, bitte für uns*, lautete der Gebetswunsch der Knappen. Er fand nicht immer Erfüllung, so 1782 nicht, als 20 Marteller Bergleute bei einem Wassereinbruch in der Grube ertranken[56]. Auch 1987 nicht, als der Plimabach, trotz aller technischen Vorkehrungen, das Tal verwüstete.

Unser Besuch an zwei geschichtsträchtigen Stellen des Ober- und Mittel-Vinschgaues bleibt somit ein Versuch, an das zu erinnern, was *unsere wackeren Vorfahren vom Bestreben, die von der Natur in so reichlichem Maße gespendeten Gaben unter denkbarsten Schwierigkeiten und Hindernissen zu erobern* (Isser)[71] ausgezeichnet hat.

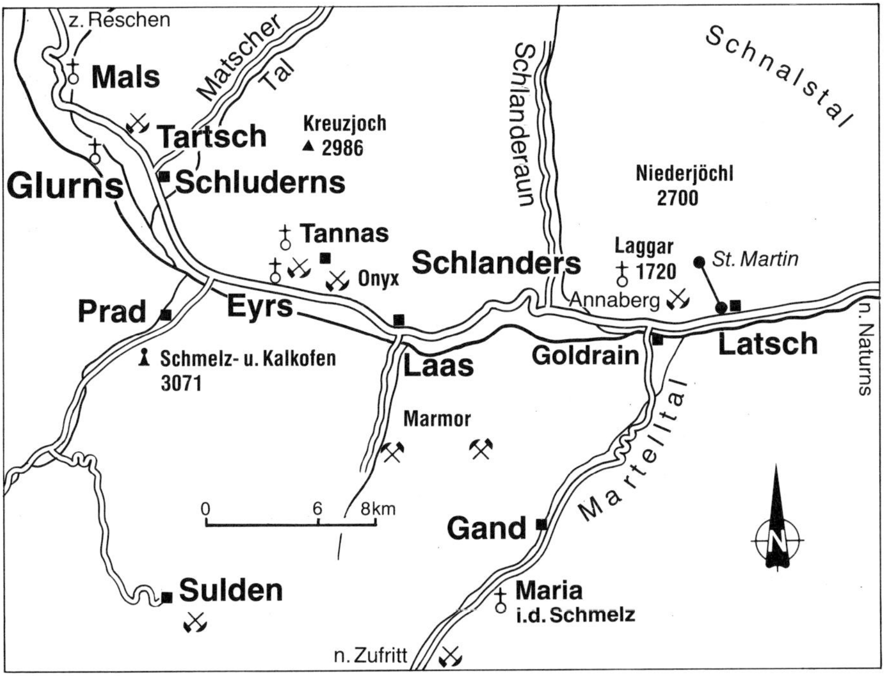

WEGVERLAUF

1. Schmelzhütte Prad im Suldental

Ortsteil Schmelz, ca. 1,5 km von Prad an der Stilfser-Joch-Straße.

Auskunft: Verkehrsamt, I-39026 Prad am Stilfser Joch.

2. Kapelle St. Maria in der Schmelz im Martelltal

Erreichbar auf der Talstraße von Goldrain bzw. Morter über Gand (1.267 m) in Richtung Zufritt-Stausee.

Auskunft: Verkehrsverband Goldrain—Morter—Tatsch, I-39021 Latsch.
Karten: Freytag & Berndt S 2 Vinschgau; Kompaß Nr. 52 Vinschgau; IGM Blatt Nr. 9 I, S.O. (Martell), Blatt Nr. 9 IV, N.O. (Laas).

BERGBAU-KULTUR UND TECHNIK IM AHRNTAL

24

Im Bereich Ahrntal des Südtiroler Bergbaumuseums stehen Stollen, Schächte, das Schmelzwerk, kulturelle und technische Denkmäler im Mittelpunkt des Interesses.
Bei Schloß Taufers gabelt sich das von Bruneck hereinziehende Talbecken. Nach Osten erstreckt sich das Reintal und nach Norden das Ahrntal. In seinem innersten Teil liegt Prettau: *Ein rauhes Alpental und der Lawinengefahr vielfach bloßgestellt. Seine Berge verschließen reiche Kupfererze* (J.J. Staffler). Der Bergbau, das Transportwesen, der Holzverbrauch für die Schmelzhütten und der sich entwickelnde „Ahrner Handel" haben die Bevölkerungsstruktur und die Wirtschaftsformen stark beeinflußt[31].
Beginnend mit dem Abbau im 15. Jh. – ein frühgeschichtlicher Bergbau wird vermutet, ist aber nicht nachzuweisen –, wurde die Montantätigkeit mit großer Beständigkeit in den folgenden Jahrhunderten fortgesetzt.[106] R. Tasser[142] hat sich in einer umfangreichen Arbeit, die auch auf die Arbeitsverhältnisse und Lebensbedingungen der Bergleute eingeht, mit der älteren Geschichte bis 1676 befaßt. Zur Entwicklung trugen die geordneten Besitzverhältnisse des Revieres bei.
Zu den ersten Gewerken gehörten neben dem Landesfürsten und dem Bischof von Brixen auch Leute aus dem Tal und aus Bruneck. In der ersten Hälfte des 16. Jh.s kaufte die Familie Welsberg alle Anteile. Von Karl von Welsberg ging das Bergwerk auf seinen Enkel Christoph von Wolkenstein-Rodenegg über, der es ab 1568 leitete. Während des Dreißigjährigen Krieges geriet der in der Familie vererbte Betrieb in finanzielle Schwierigkeiten und wurde verkauft.
Der Brixner Kaufmann Ludwig Perkhofer und der Brunecker Großhändler Stefan Wenzl übernahmen das Werk. Im Jahr 1676, als der Schwazer Gewerke Georg Tannauer und zwei Neffen Stefan Wenzls als Gesellschafter eintraten, wurde der Kupferbergbau wieder aktiv. Beide Familien wurden später geadelt, die Wenzl als Freiherrn von Sternbach und die Tannauer als Grafen von Tannenberg. Ab 1846 starb die männliche Linie der Tannenberg aus, und die Anteile gingen auf die Familie Enzenberg über. Die Grafen Enzenberg wurden durch Kauf später Alleininhaber.
Graf Hugo von Enzenberg, ein studierter und engagierter Bergbaufachmann, hatte im Jahre 1893 die unangenehme Aufgabe, den durch die Konkurrenz überseeischer Minen unrentabel gewordenen Bergbau schließen zu müssen.

Seine Enttäuschung hat er in einem Gedicht ausgedrückt, das den „Getreidekasten“ in Steinhaus ziert:

Vierhundert Jahr hat das Bergwerk geblüht,
Viel Menschen haben sich darum bemüht,
Die einen mit fleißiger, kräftiger Hand,
Die anderen mit Wissen und scharfem Verstand.
Das Kupfer das beste gewesen ist,
Vom Uralgebirge bis zur spanischen Küst';
Hat ins Tal gebracht gar reichen Segen,
Verkehr ist gewesen mit Schlitten und Wägen.
Da kam von Amerika Kupfer zu viel,
Sie gewinnen es dort ja mit leichtem Spiel:
Das hat uns zu Grund' gr'icht in kurzer Zeit,
Mir ist um Menschen und Bergwerk leid.

Während des 1.Weltkrieges und später von 1957–1971 erfolgte eine Fortsetzung in bescheidenem Umfang. 1964 wurden täglich 14 t Hauwerk gefördert und 35 Personen beschäftigt.[102]
Das Prettauer Erz wurde bis ca. 1550 in Prettau selbst geschmolzen. Die erforderliche Holzkohle kam aus den dortigen Wäldern, die dadurch dermaßen gelichtet wurden, daß die Lawinengefahr für das Dorf immer größer wurde. Später hatte man die Schmelze talaus verlegt. In St. Peter (Marche), Steinhaus und St. Johann (Kofl, Wüer, Arzbach) bestanden Schmelzhütten. Ab 1757 war nur mehr das Werk Arzbach in Betrieb, und 121 Jahre später vernichtete eine Mure die Anlage. Die Schmelzhütte wurde nahe dem Ignaz-Stollen neu errichtet.
Im Gegensatz zu anderen Bergbaugebieten, über die reiches Archivmaterial besteht, Spuren im Gelände jedoch kaum mehr zu finden sind, hat das Ahrntal eine „sprechende Geschichte“. Sie ermöglicht das Kennenlernen der erhaltenen Zeugnisse auf einer Fahrt durch das Tal.
Nach Sand in Taufers führt die Straße durch die Schlucht des Ahrnbaches. In Luttach wendet sich das Haupttal nach Nordosten. Von den steilen Flanken kommen Wildbäche herunter. Im Jahr 1878 zerstörte der Rohrbach die Schmelzhütte Arzbach. Dem „Ahrner Handel“ entstanden 160.000 Gulden Schaden. Heute steht eine neue Siedlung auf der einstigen Unglücksstätte. Vom Abbaugebiet mußte das Hauwerk mehr als 20 km herantransportiert werden. Das geschah im Winter mit Schlitten. Die Abrechnung mit den Fuhrleuten erfolgte nach Vorlage der eigens dafür geprägten Metallmünzen, den „Politten“, die für jede Lieferung ausgegeben wurden. Von 1570–1670 waren mit dieser Arbeit rund 60–70 Personen beschäftigt. Im 16. Jh. wurden im Jahresdurchschnitt 1.300–2.000 Zentner Kupfer (72,8–112 t) aus den herbeigeführten 20.000 Kübl (1 Kübl=84 kg, somit 1.680–2.520 t) Hauwerk erhalten. Im Jahr 1860 wurden vergleichsweise 80.000 Zentner (4.480 t) Hauwerk gefördert und daraus etwa 2.000 Zentner (112 t Erz, 4–5% Cu) und 70.000 Zentner (4.200 t) Pochschlich (1,75% Cu) gewonnen.[142]

Auf der Weiterfahrt durch den freundlicher werdenden Talbereich tritt uns linkerhand bei Mühleck ein auffallendes Gebäude mit Walmdach, Nebenhaus

und Kapelle entgegen. Es war das Haus des Bergrichters. Es befindet sich jetzt in Privatbesitz und ist vorzüglich erhalten[69].
Die Geschichte des Hauses reicht weit zurück. Schon vor 1500 wurde das Berggericht Taufers, das vorher zu Gossensass-Sterzing gehörte, selbständig. Damit wurde die Bedeutung des Ahrner Montanbereiches unterstrichen. G. Heilfurth[56] hat die Geschichte der Tauferer Bergrichter zusammengestellt. Schwaz konnte sich mit der Konkurrenz des hochwertigen Ahrner Kupfers nur schwer abfinden und hat etliche Störversuche unternommen. Im Jahre 1521 wurde Mühleck offizieller Amtssitz; das Haus trägt am Torbogen die Jahreszahl 1586. In den folgenden Zeiten der Bergbaukonjunktur war der Bergrichter nicht nur für die Gruben im Tal, sondern auch für Schürfe in Toblach, Prags, im Gadertal und um Bruneck zuständig. Später unterstand der Bergbau der Berggerichtssubstitution und zuletzt im Staatsverband der k.k. Monarchie der Bergbehörde in Klagenfurt.
Einige Kilometer talein erreicht man Steinhaus. Der zur Großgemeinde Ahrntal gehörige Ort weist eindrucksvolle Gebäude auf. An der Spitze ist das heutige Rathaus mit seinen hübschen Erkern zu erwähnen. Es wurde zu Beginn des 16. Jh.s erbaut und war Sitz der Bergwerksverwaltung und wurde „Faktoramt" genannt. Dieses Haus *soll dem ganzen Ort den Namen gegeben haben, als einziger Mauerbau unter den hölzernen Bauernhäusern*[56]. Es besitzt im 2. Stock ein schönes Deckenfresko. Darauf ist der hl. Daniel und die Bergbaupatronin St. Barbara mit dem Gezähe dargestellt.
Unterhalb der Kirche steht der ehemalige Korn- oder „Traydkasten", in dem der Proviant für die Bergleute gelagert wurde. Ein Teil des Lohnes wurde in Naturalien bezahlt („Pfennwert"). Auf der Außenseite befindet sich das erwähnte Gedicht von Hugo von Enzenberg. Das Gebäude wurde von der Gemeinde Ahrntal gekauft. Es wird ab 1991 für Museumszwecke zur Verfügung stehen.
In der Steinhauser Kirche (erbaut um 1700) befindet sich am linken Seitenaltar eine Darstellung der hl. Barbara aus dem 19. Jh. Der hl. Daniel mit Erzstufe steht in einer Rundbogennische der Außenfassade. An das Kirchgelände schließt das „Grafenhaus" Gasseck an, das die Ausgewogenheit eines adeligen Ansitzes repräsentiert. Er wurde um 1700 umgebaut und befindet sich im Besitz der Familie Enzenberg. Über den seitlichen Eingängen sind folgende Inschriften zu lesen:

OSTSEITE	*WESTSEITE*
Vom tauben Stein	*Unter Gottes Hut*
Scheid ab das Erz	*Mit Witz, Fleiß und Mut*
Vor Sünd und Schein	*Durch Feuers Glut*
Halt frei Dein Herz.	*Trotz Felsen und Flut*
	Bringen Erz wir zu Gut.

Die Familie Enzenberg bewahrt eine Reihe wertvoller und wichtiger Zeugnisse der Bergbauzeit auf: u. a. ein umfassendes Archiv, Zeichnungen, Bilder, Pläne, Holzmodelle der Stollen- und Schachtanlagen sowie solche von Poch- und Waschwerken. Nach der Vereinbarung der Familie mit der Museumsleitung wird die Sammlung künftig im adaptierten Kornkasten ausgestellt werden.

Prettau liegt über 40 km von der Mündung des Pustertales entfernt. Als einziger Ort in Südtirol besitzt die Gemeinde ein Wappen mit dem Bergwerkssymbol. Das 1967 verliehene Wappen zeigt Hammer und Schlägel unter vier Bergspitzen. Die Tradition wird durch die Knappenmusik lebendig gehalten. In der Kirche entdeckt man Gemälde von Gewerken und ein Votivbild, das an das Auffinden von Erz nach 87 Jahren (1611–1698) vergeblicher Arbeit im St.-Nikolaus-Stollen erinnert. Die Gemeindeführung pflegt bewußt die Tradition.
Hinter Prettau, nach dem Weiler Neuhaus, wurde die Straße 1986 zum Schutz gegen Lawinen unterirdisch geführt. Am Ende des Tunnels sieht man die Mauerreste und den Kamin des ehemaligen Schmelzwerkes. Es wurde nach der Vermurung der Arzbacher Hütte im Jahr 1880 errichtet und blieb bis 1893 in Betrieb. Es ist beabsichtigt, das Gebäude zu restaurieren, damit Probeschmelzungen durchgeführt werden können. Aus dem Kupfer sollen Erinnerungsmünzen ähnlich den „Politten" geschlagen werden.
Auf der gegenüberliegenden Bachseite liegt der Bruggerhof und der Eingang zum St.-Ignaz-Stollen. Der über 1 km lange Stollen ist im Rahmen des Museums zugänglich geworden. Auf Einzelheiten wird bei der Beschreibung des Lehrpfades (Wanderung Nr. 25) eingegangen.
Kasern ist die letzte Siedlung des Tales. Von hier überblickt man das auf der orographisch linken Talseite sich erstreckende Abbaugebiet. Es zieht vom Knappenegg, wie die untere Waldpartie genannt wird, bis über die Baumgrenze unterhalb des Röttalkreuzes (2.080 m) hinauf. Es handelt sich im

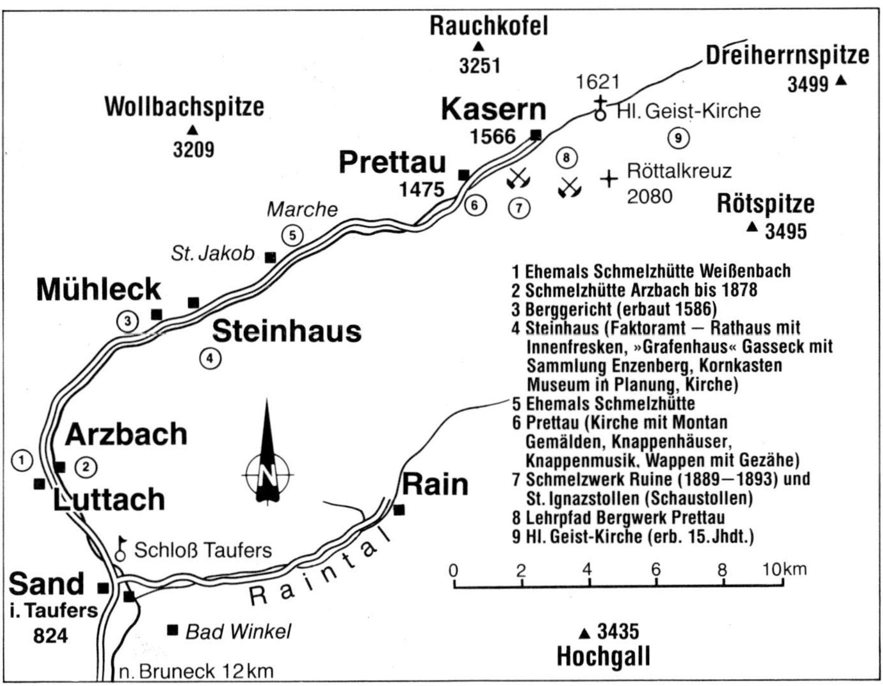

wesentlichen um 12 Erzlager, die man sich als 1 bis 6 m mächtige Bänder in Form konkaver Linsen und seitlich aneinandergereiht vorzustellen hat. Sie reichen bis 550 m in die Tiefe. Der St.-Ignaz-Stollen war der Erbstollen, d. h. der am tiefsten gelegene, der zur Förderung und Wasserableitung diente. Wer nicht den Lehrpfad (Wanderung Nr. 25) begehen möchte, sollte zumindest die Heilig-Geist-Kirche besuchen. Ihre Vergangenheit beruht nicht nur auf ihrer Bedeutung als „Paß- und Rastkirche“ auf dem Weg über den Tauern in den Pinzgau oder das Zillertal, sondern erinnert auch an die Bergbauzeit. Nikolaus Cusanus (1401–1464), der vom Papst bestellte Fürsterzbischof von Brixen, hat sie im Juni 1444 eingeweiht. Unter Mithilfe der Knappen wurde sie um 1500 umgebaut. Nach der Renovierung im Jahre 1977 zeigt sich die volle Schönheit des Bauwerkes. Bedeutsam ist nicht nur das gotische Rippengewölbe, sondern die wiederentdeckten Fresken der Erbauungszeit. Auf dem Bild der Krönung Mariens werden zwei knieende Knappen dargestellt. Hinzuweisen ist auf die Kopie der Reliefplatte aus Kupferkies mit dem Monogramm der Gewerken und der Jahreszahl 1698. Die Heilig-Geist-Kirche ist nicht nur ein idyllischer Schlußpunkt unseres Talbesuches, sondern auch ein geeigneter Ort um darüber nachzudenken, wieviele unheimliche und unerklärliche Dinge sich in dem mit Hoffen und Wünschen eng verflochtenen Montanbereich ereignet haben. Jetzt wo diese Erinnerungen zu schwinden drohen, werden sie durch die Museumspläne weiteren Generationen erhalten.

WEGVERLAUF

Fahrtroute: Bruneck (830 m)—km 17: Sand in Taufers (878 m)—km 22: Luttach (969 m)—km 28: Mühleck, Berggericht—km 30: Steinhaus (1.052 m), Rathaus, Getreidekasten, Kirche, Ansitz Gasseck—km 41: Prettau (1.478 m), Kirche, Profanbauten, Schmelzwerk, Ruine, St.-Ignaz-Stollen, Beginn des Lehrpfades—km 43: Kasern (1.566 m)—km 45: Heilig-Geist-Kirche (1.621 m).
Karten: Freytag & Berndt Nr. 152 Mayrhofen, Zillertaler Alpen; Kompaß Nr. 82 Tauferer- und Ahrntal; Alpenvereinskarte Zillertal, Östl. Blatt, 1:25.000; IGM Blatt Nr. 1a III, S.E.
Auskunft: Gemeinde Prettau, I-39030 Prettau.

Abb. rechts: – oben: *Laaser Marmor, der auf die Weiterverarbeitung wartet (Wanderung 22).*

– unten: *1987 wurde im Gelände der Lasa-AG ein Steinbildhauer-Symposium veranstaltet zu dem mehrere Künstler eingeladen wurden.*

PONTE PRIVATO
PROIBITO IL
PASSAGGIO
DURCHGANG
VERBOTEN
PRIVAT BRÜCKE

Abb. oben: *Mitterbad, das 1825 über 1.000 Gäste verzeichnen konnte, verfällt heute (Wanderung 21 und Heilquellen-ABC: Ultental).*

links: *Der Bremsberg der Lasa Marmor-AG überwindet 480 m Höhenunterschied und dient zum Materialtransport aus dem Weißwasserbruch (Wanderung 22).*

KUPFER-BERGWERK PRETTAU – AHRNTAL 25

St.-Ignaz-Stollen und Lehrpfad

Der von der Gemeinde Prettau und ihrem rührigen Bergbaukomitee zugänglich gemachte Stollen und die sachkundige Beschilderung eines Weges durch das Bergwerksrevier bilden einen neuen Anziehungspunkt für den landschaftlich großartigen inneren Talbereich. Der Eingang des St.-Ignaz-Stollens liegt in 1.524 m Seehöhe gegenüber der Prettauer Schmelzwerksruine nahe der Straße nach Kasern. Der Stollen wurde als letzter des Röttalreviers im Jahre 1761 angeschlagen. Erst nach 44 Jahren Arbeit stieß man 1805 auf Erz. Sein Name geht auf Ignaz Graf Tannenberg zurück, der von 1776–1810 Administrator der Grube war. Später wurde im Stolleninneren ein 90 m tiefer Schacht abgeteuft. Er wurde nach dem österreichischen Erzherzog Johann benannt, der 1839 das Bergwerk besuchte. In drei Horizonten (Ottilienlauf in 44,7 m, Karl-Lauf in 67,3 m und Hugo-Lauf in 90 m Tiefe) versuchte man den Erzvorräten nach unten nachzugehen. Wie spätere geologische Aufnahmen zeigten, ist der Erzkörper unregelmäßig geformt.[16]

Der St.-Ignaz-Stollen ermöglicht im inneren Bereich einen Rundgang, bei dem man die Erweiterung durch Querschläge, die Erschließung eines tieferen Horizontes (–6 m) und die Verbindungen zum darüberliegenden St.-Nikolaus-Stollen kennenlernen kann. Zeugnisse verschiedener Perioden der Bergbautechnik sind zu sehen: Gleisanlagen, Hunte, Förderkorbanlagen, Seiltrommel, Wasserableitungen und anstehende Erzvorräte.

Der Stollen ist 1.186 m lang, führt fast durchwegs durch festes Gestein, und ist gut erhalten und z. T. mit elektrischem Licht versorgt. Dies verdankt er dem Umstand, daß der Bergmann Hofer aus Prettau in seiner Freizeit eine Zementkupferproduktion betreibt. Dieses Produkt, das mit Zement im Sinne unseres heutigen Wortgebrauchs nichts zu tun hat, sondern besser als Schlammkupfer, d. h. ein pastenförmiges Material mit ca. 70% Rohkupfer zu bezeichnen wäre, war seit Jahrhunderten ein Nebenprodukt der Kupfergewinnung. Es ist ein Recycling-Produkt, das zuerst bei der Reinherstellung von Kupfervitriol ($CuSO_4$) anfiel. Später lernte man, daß sich auf ähnliche Weise auch aus kupferhältigen Wässern Rohkupfer abscheiden läßt. Man legte in die abfließenden Grubenwässer Eisenspäne oder Eisenstäbe und ließ einige Wochen vergehen, bis man den abgesetzten Kupferschlamm herausschöpfen konnte: *Ain cimentwasser thudt auss eisen kupffer machen* heißt es in einem Bericht aus der Vorzeit der Chemie.[31] Heute kennt man die ablaufenden Vorgänge und weiß, daß elektrochemische Reaktionen zwischen zwei Metallen unterschiedlicher Eigenschaften wie Kupfer und Eisen bei Anwesenheit eines Elektrolyts (Wasser) so ablaufen, daß das unedlere Metall (Eisen) aufgelöst wird und das edlere (Kupfer) ausfällt.

Abb. links – oben: *Der aufgelassene Hof Laggar (1.720 m) soll von Knappen bewohnt gewesen sein. Im gegenüber sichtbaren Martelltal ist die Kirche Maria in der Schmelz (1.556 m) ein Zeugnis der Bergbaukultur (Wanderung 23).*

– unten: *Das Bergrichterhaus in Mühleck, Ahrntal, heute im Privatbesitz, trägt die Jahreszahl 1586 am Torbogen (Wanderung 23).*

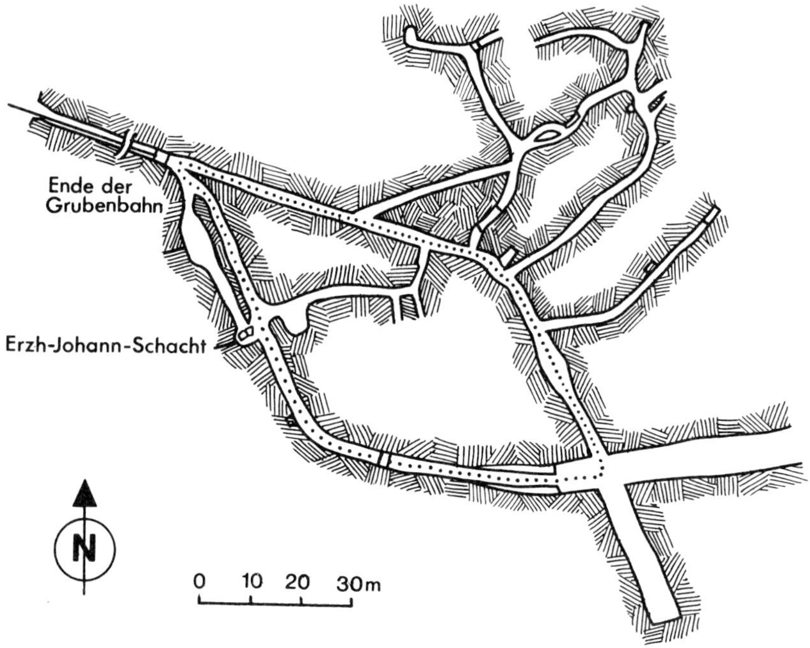

oben: *Streckennetz im St.-Ignaz-Stollen, Kupferbergwerk Prettau*

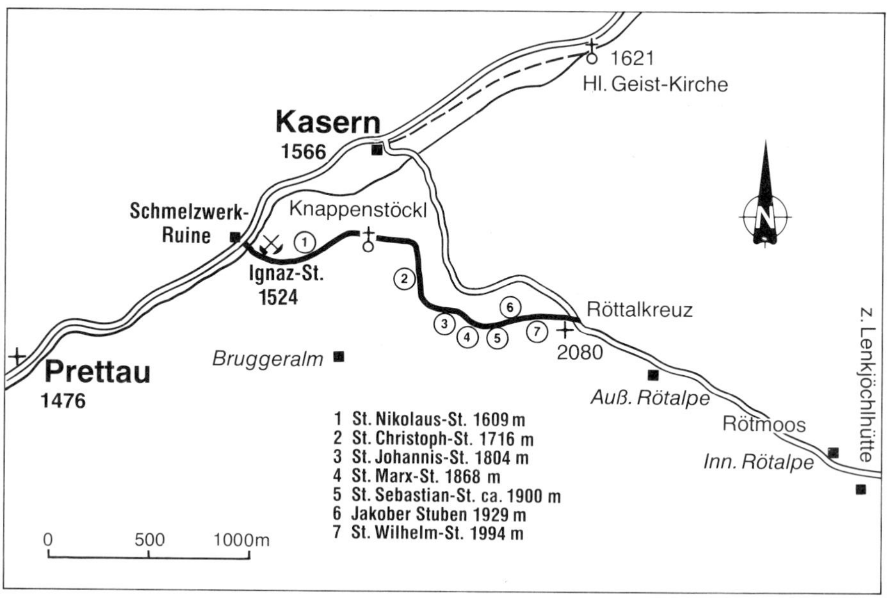

In der Praxis, die man im Ignaz-Stollen sehen kann, geschieht dies, indem Abfall-Eisenbänder, in 20–30 m lange Holzrinnen gelegt werden. Im Laufe einiger Tage beginnt die Korrosion an der Oberfläche der Eisenteile, die schließlich zerfallen und sich auflösen. Der gebildete rotbraune Kupferschlamm sinkt zu Boden, er „zementiert“ und wird von eingelegten Sieben zurückgehalten. Es handelt sich um stark verunreinigtes Kupfer, das bei einem Preisvergleich mit dem 99,9%igen Elektrolytkupfer (1 kg kostet 4.500 Lire) kaum die Transportkosten zur Weiterverarbeitung lohnen würde.
Mit den Arbeiten im St.-Ignaz-Stollen wird aber ein anderes Ziel verfolgt. Eine Arbeitsgruppe der Universität Cagliari (Sardinien) beschäftigt sich mit Untersuchungen der Kupferabscheidung mittels Eisenbakterien (Thiobacillus ferrooxidans). Auf mikrobiologischem Weg hofft man eine Vereinfachung und Verbesserung der Kupferabscheidung zu erreichen. Der Vorteil dieser „biohydrometallurgischen“ Produktion liegt in der Möglichkeit der Verwendung von Roherzen mit geringem – bis zu 0,25% – Kupfergehalt. Ob und wieweit solche Verfahren in der industriellen Praxis Verwendung finden, wird die Zukunft zeigen.
Der Besuch des Stollens erfolgt unter fachkundiger Führung, welche geologische, mineralogische und montanhistorische Informationen vermittelt.

Abb. unten: *Räumliche Darstellung des Erzkörpers unter dem Horizont des St.-Ignaz-Stollens, der durch den Erzherzog-Johann-Schacht und drei Läufe erschlossen wurde. (Nach Colbertaldo und Leonardelli*[16]*)*

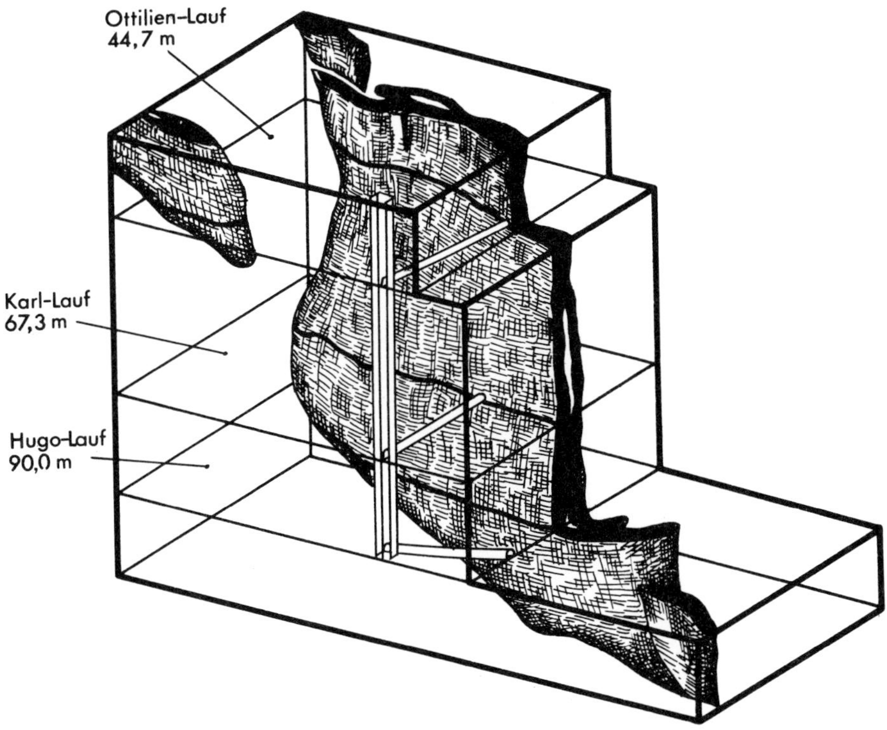

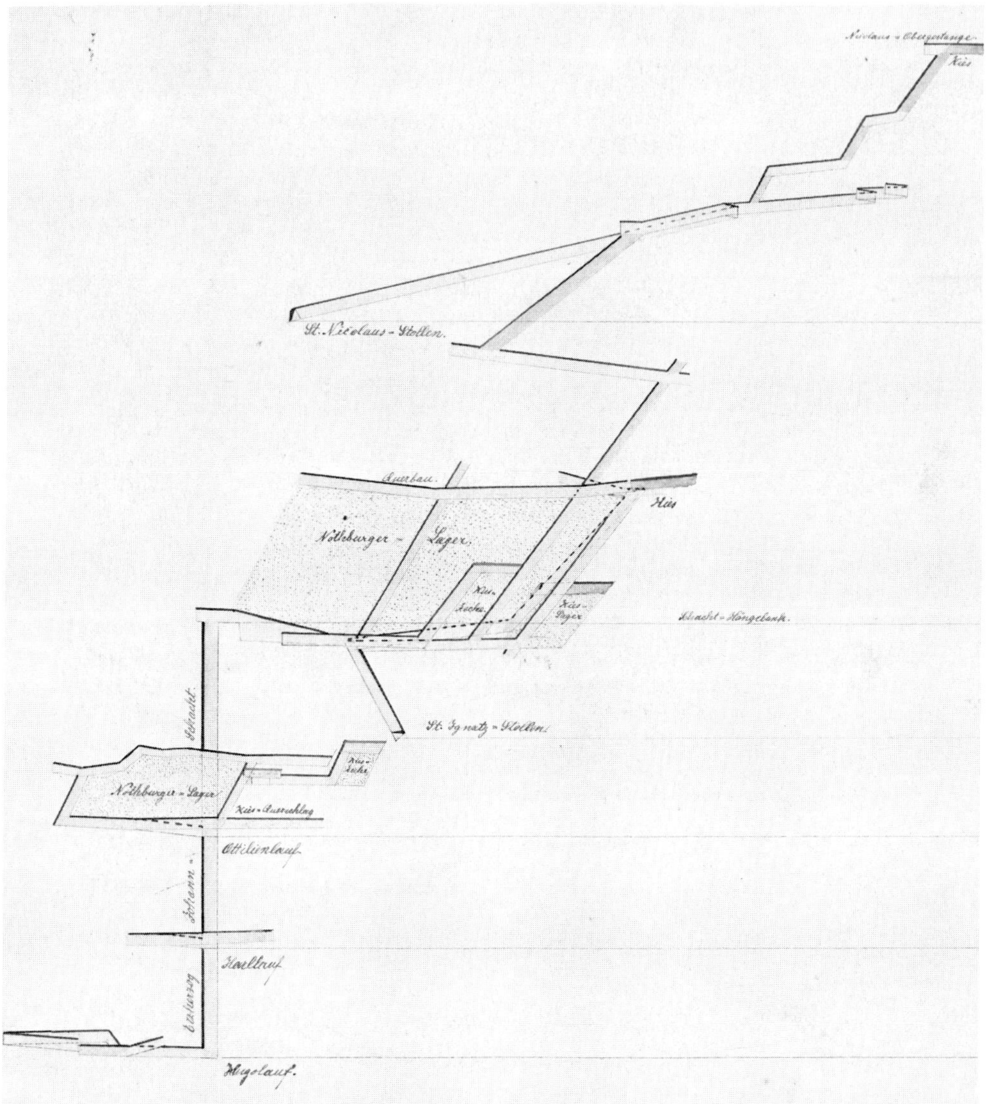

oben: *Aufriß des Kupferbergbaues Prettau. In der Mitte der St.-Ignaz-Stollen mit dem Erzherzog-Johann-Schacht und dessen Läufen. Vom Ignaz-Stollen bestehen Verbindungen zum darüberliegenden St.-Nikolaus-Stollen.*

Eine Exkursion in das gesamte Revier ermöglicht der Lehrpfad. Er beginnt beim Ignaz-Stollen und führt weiter zum Mundloch des St.-Nikolaus-Stollens. Dieses liegt, von unten unsichtbar, im Wald und wird durch eine riesige

Lawinenschutzmauer gekennzeichnet, die zum Schutz der seinerzeitigen Grubengebäude errichtet wurde. Der Stollen wurde im Jahr 1611 angeschlagen. Drei Generationen später (1698) erreichte man das Erz. Bis 1835 diente der Stollen vornehmlich zur Wasserableitung, erst dann setzte der Erzabbau ein.[26]
Der mit den Bergbausymbolen markierte Weg führt weiter nach Norden und verläuft neben einem Wassergraben, der als einstiger Bergwaal das Wasser aus dem St.-Christoph-Stollen ableitete und Wasser vom Rötbach zum Pochwerk neben dem Ignaz-Stollen führte.
Der Fürstenbau, wie der nach Christoph von Wolkenstein-Rodenegg genannte Stollen heißt, wurde 1585 begonnen. Nach 514 m Vortrieb stieß man 1605 auf erzhaltiges Gestein. Mehr als 100 Jahre konnte hier erfolgreich geschürft werden. Vor dem Mundloch stand früher ein Poch- und Waschwerk.
Zwischen dem Nikolaus- und Christoph-Stollen kreuzt man am Knappenegg den Wanderweg Nr.11, der von Kasern heraufkommt. Er führt zum Knappenstöckl (1.675 m). Es ist ein gemauerter Bildstock mit einem aus dem Jahr 1984 stammenden Bild der hl. Barbara mit dem Bergbau im Hintergrund. Der Spruch auf dem Bildstock *Von Unglück und Steinschlaggefahr, O Gott Dein Segen uns bewahr* paßt für die folgenden Geländeformen. Der Weg Nr. 11 bzw. der Lehrpfad führt zu einem mit Lärchen bestandenen Boden. Darüber erstrecken sich ausgedehnte Geröllhalden, die „Knappenlahner".
Man überschreitet den Bach, erreicht den jenseitigen Wald und steht bald darauf vor den Ruinen eines Berghauses. Dahinter öffnet sich das Mundloch des St.-Johannes-Stollens. Er liegt rund 100 m höher als der St.-Christoph-Stollen und ist der unterste des sich am orographisch rechten Bachufer bergwärts erstreckenden Reviers. Der Johannes-Stollen wurde in der Mitte des 16. Jh.s angeschlagen und war rund 300 m lang.
Nach einer Wegkehre kommt man zu einer Blockgasse. Links des Weges liegt der St.-Marx-Stollen (182 m lang) und rechts der St.-Sebastian-Stollen (130 m lang). Er ist durch ein Eisengitter abgesichert. Die Stollen waren verbunden und bildeten in der zweiten Hälfte des 16. Jh.s die ertragreichste Grube. Beim Weitergehen entdeckt man auf einem Felsen die verwitterte Jahreszahl 1702. Um zum St.-Georg-Stollen (Beginn 1528, Länge 100 m) zu kommen, muß man vom Lehrpfad etwa 20 m nach rechts queren. Neben dem Mundloch ist die Inschrift eingemeißelt: *1552 Ich trag Gedult Caspar Mor – Ich auch, Hugo Graf Enzenberg, 1889.*

Dann kommen die Ruinen der „Jakober Stuben" in Sicht. Die erhalten gebliebenen Fenster- und Türöffnungen, des in sorgfältiger Steinschichtung errichteten Bauwerkes bieten einen Talblick auf Kasern. Hinter dem Berghaus beginnt der St.-Jakob-Stollen. Er liegt im oberen Revierbereich, dort wo im 15. Jh. der Abbau begonnen wurde. Die Arbeitsspuren im anstehenden Gestein, die Reste von Halden, sowie die abgesprengten Blöcke beweisen die Gründlichkeit, mit der dem Erz nachgegangen wurde. Die zerklüftete Landschaft zwischen den Jakober Stuben und dem Wilhelm-Stollen ist künstlich geschaffen worden. Sie entstand, als man im 18. Jh. das Erz im Tagbau mit Schwarzpulver zu gewinnen anfing. Im Gelände sieht man auch noch Reste von Schneestollen, die unter der Oberfläche weiterführen und mit Platten abgedeckt sind. So konnten die Bergleute die Abbauzonen auch in der

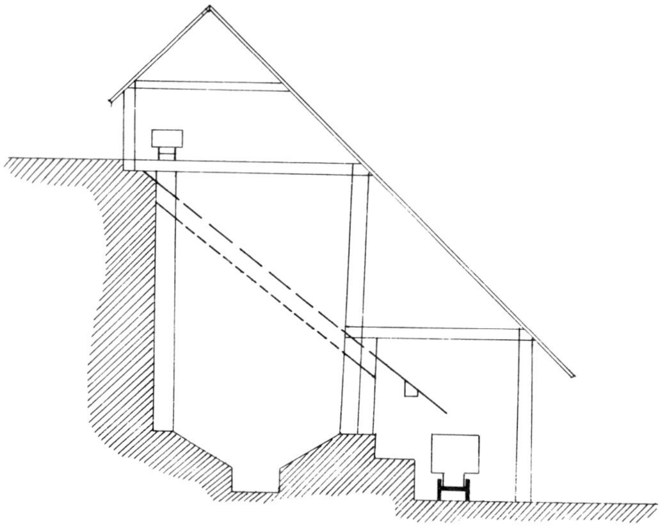

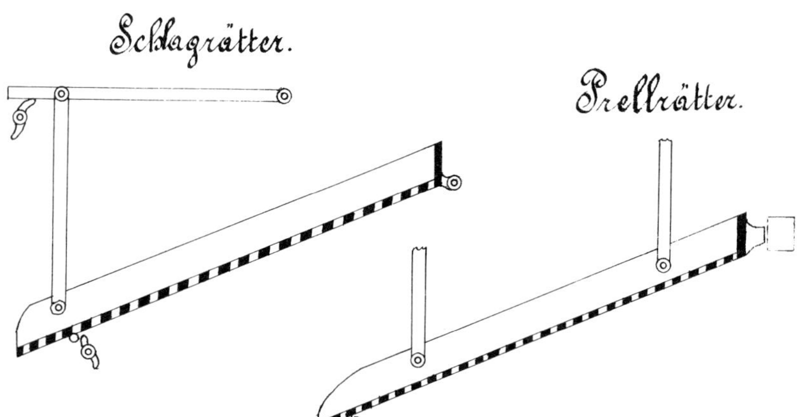

oben: *Rüttelvorrichtungen zur Beladung der Hunte mit zerkleinertem Hauwerk (aus dem Arbeitsbuch von J. Pirbamer, 1902).*

rechte Seite: *Mechanische Trockensiebung zur Korngrößenklassifizierung (aus dem Arbeitsbuch von J. Pirbamer, 1902).*

Stauchsieb.

Setzguthöhe = 5 - 10 cm

Stauchzeit = ½ ~ 1½ m/n

Stauchtiefe { 7 - 8 Graupen
1 - 2 Griese

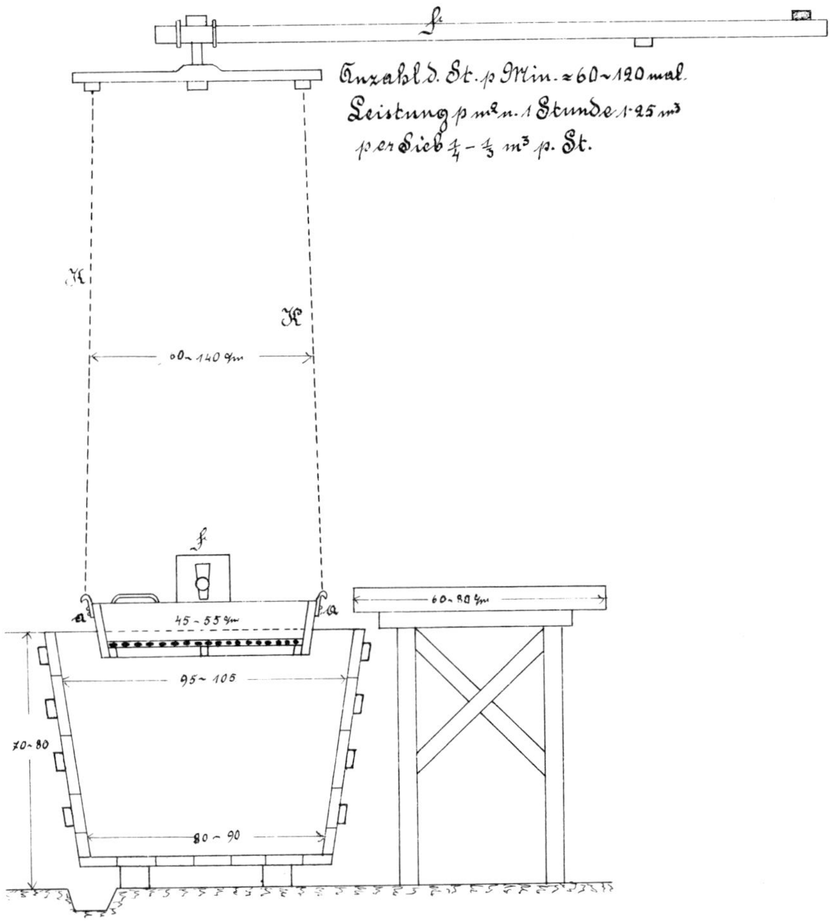

schlechten Jahreszeit erreichen. Kunstvoll geschichtete Steinmauern schützten die Wege vor dem Abrutschen. Im Gelände findet man noch die Reste des St.-Daniel-Stollens. Der oberste Stollen, der rechts des Weges liegt, war der St.-Wilhelm-Stollen, auch Friedrichsruhe genannt. Er gilt als Fundbau, d. h. hier wurde das Kupfererz entdeckt, und von hier aus nahm der Bergbau seinen Ausgang. Man kann sich vorstellen, welche Mühe es bereitet haben mag, das Hauwerk von hier in das Tal und weiter zu den Schmelzhütten zu liefern. Nach Arzbach benötigte man $4^1/_2$ Std.

Der Lehrpfad endet am aussichtsreichen Röttalkreuz (2.080 m). Der Blick auf den Zillertaler Hauptkamm und auf den gegenüberliegenden Rauchkofel ist einmalig schön. Man kann auf den zurückgelegten Weg hinabschauen, in dem sich die Lagerstätten von Chalkopyrit, Pyrit, Magnetit und Magnetkies befinden, die im Grünschiefer (Prasinit) liegen, der gelegentlich von Karbonatgestein (Kalkschiefer, Marmor) unterbrochen wird. Die Erz-Imprägnationen sind in Form von Linsen und Schnüren vorhanden.[43] Der Mineraliensammler findet nur gelegentlich wohlausgebildete Sulfiderze. Das ist der Unterschied gegenüber anderen Teilen des Ahrntales, die durch ihre formschönen Kluftmineralien bekannt sind.

Es ist durchaus lohnend, den Aufstiegsweg auch zum Abstieg zu benützen. Man kann tiefer unten am Weg Nr. 11 auch nach Kasern absteigen und auf der Talstraße zum Ausgangspunkt zurückgehen. Nicht minder reizvoll ist es zur Lenkjöchlhütte (2.589 m) aufzusteigen und über den Weg Nr. 12 zur Labesebenalm und Heilig-Geist-Kirche den Weg nach Kasern zu nehmen. Wer den Weg nach oben wählt, kommt zwischen der Äußeren und Inneren Rötalpe durch das Rötmoos. Zu Anfang des vorigen Jh.s wurde hier Torf gestochen, um Holz für die Beheizung der Knappenunterkünfte zu sparen. 10.000 Torfziegel fanden jährlich den Weg talwärts. Wie der Bergbau, war auch die Gewinnung dieses Brennmaterials nur eine Episode der Geschichte.

WEGVERLAUF

1. Besuch des St.-Ignaz-Stollens

Auskünfte hinsichtlich der Führungen: Gemeinde Prettau, I-39030.
Gesamtzeit: 1–2 Std.

2. Lehrpfad Bergwerk Prettau

St.-Ignaz-Stollen (1.524 m)—St. Nikolaus-Stollen (1.609 m)—St.-Christoph-Stollen (1.716 m)—St.-Johannes-Stollen (1.804 m)—St.-Marx-Stollen (1.868 m)— St.-Sebastian-Stollen (ca. 1.900 m) —Jakober-Stuben (1.929 m) — St.-Wilhelm-Stollen (1.994 m)—Röttalkrenz (2.080 m); $1^1/_2$–2 Std.
Gesamtzeit: 3–4 Std.

3. Lenkjöchlhütte:

Lehrpfad—Röttalkreuz (2.080 m)—Äußere Rötalpe (2.118 m)—Innere Rötalpe (2.167 m)—Lenkjöchlhütte (2.589 m) 1–$1^1/_2$ Std.
Abstieg: Weg Nr. 12 durch das Windtal—Labesebenalm (1.741 m)—Hl.-Geist-Kirche (1.621 m)—Kasern (1.566 m) 2–$2^1/_2$ Std.
Gesamtzeit: 5–6 Std.
Karten: wie bei Wanderung Nr. 24.

Abb. rechts: *Ruine des Schmelzwerkes Prettau, Ahrntal. Die Hütte war von 1880–1893 in Betrieb. Eine museale Restaurierung ist geplant (Wanderung 24).*

HÖHLEN

Die Höhlenkunde (Speläologie) beschäftigt sich mit den durch natürliche Vorgänge gebildeten Hohlräumen der Erde. Sie umfaßt wissenschaftliche und sportliche Aktivitäten. Dazu gehört die Erklärung der Höhlenentstehung, die Dokumentation der Gesteine und Ablagerungen, die Vermessung, die Erstellung von Plänen und Profilen, die Beobachtung der Wasserführung und des Kleinklimas, die Beschreibung von Höhlenpflanzen und -tieren sowie der Höhlenschutz zur Erhaltung der Schichtfolge und zur Bergung paläontologischer und frühgeschichtlicher Funde. Die Erforschung von Höhlensystemen mit ihren Horizontal-, Schräg- und Schachtstrecken, unterirdischen Seen und Wasserläufen bedarf einer guten Ausrüstung. Sie umfaßt neben dem Alpingerät eine ausreichende Beleuchtung, schmutzunempfindliche Kleidung und Kopfschutz.

HÖHLENEINTEILUNG UND -ENTSTEHUNG – ALLGEMEINES

Höhlen und Schächte werden in Gruppen unterteilt: Gruppe 0 bedeutet eine Höhle unbekannter Größe, 1 eine Kleinhöhle bis 50 m Länge, 2 eine Mittelhöhle von 50–500 m, 3 eine Großhöhle. Darüber hinaus beginnt die Riesenhöhle. An Höhlenarten unterscheidet man: Trockenhöhle T, Wasserhöhle W, Eishöhle E, Schachthöhle S und Halbhöhle H.
Primäre Höhlen entstehen bei der Gesteinsbildung. Sekundäre sind jene, die durch tektonische Kräfte oder die abtragende Kraft des Wassers gebildet werden. Der häufigste Typus ist die Karsthöhle. Sie ist gleichsam ein Sekundenzeiger der Erdgeschichte. Der Lebenszyklus einer Höhle beginnt bei der Hohlraumbildung durch ober- und unterirdische Wasserläufe und führt über Sinterbildung, Deckeneinbrüche, Sand- und Gerölleinschwemmungen schließlich zur Trockenlegung und später zum Versturz.
Kalciumkarbonat ($CaCO_3$) und Kohlendioxid (CO_2) bzw. die bei der Lösung in Wasser entstehende Kohlensäure (H_2CO_3) sind Reaktionspartner. Ein Versuch beweist es. Gibt man zerkleinerten Marmor ($CaCO_3$) in eine Flasche mit kohlensäurehältigem Mineralwasser, so bilden sich Gasperlen: das saure Wasser löst das alkalische Karbonat auf, und es entsteht gasförmiges CO_2. Vergleichbares spielt sich in der Natur ab, wenn Oberflächenwasser, das durch CO_2-Aufnahme aus der Luft und durch Huminsäuren aus der Bodenkrume angereichert ist, auf kalkhaltiges Gestein einwirkt. In diesem, sich über Jahrtausende hinziehenden chemischen Prozeß wird zuerst die Oberfläche rissig, so daß Wasser eindringen und das Gestein durchgängig machen kann. In der Folge bilden sich Spalten und Gänge. Die unterschiedliche mechanische Festigkeit führt zu Ablösungen und Einstürzen und zur Vergrößerung der Höhlen. Der Lösungsvorgang durch das Wasser verläuft schneller, als es die Lösungskraft des Wassers (1 Liter Wasser löst 0,008g $CaCO_3$) erwarten läßt. Erklärt wird der Vorgang durch die Mischungskorrosion, bei welcher

Abb. links: *Blick vom Berghaus Jakober-Stuben (1.929 m) auf Kasern (1.566 m), Wanderung 25.*

neben dem Karbonat-Ion in einer zweiten Reaktion ein Bicarbonat-Ion gebildet wird. Durch dieses Wechselspiel des Lösungsgleichgewichtes ergibt sich eine 25 mal höhere Löslichkeit. Das Absetzen von Belägen (Sinter) entspricht dem umgekehrten Vorgang: Das mit Kalksalzen gesättigte Wasser gibt Kohlendioxid an die Höhlenluft ab. In der Folge wird die Lösung „übersättigt", d. h. Feststoffe, vorzugsweise Calciumsalze, scheiden sich ab. Sie setzen sich in Form von Bergmilch oder Sinterbelägen wie Perlen, Vorhängen, Säumen und Tropfsteinen ab. Bei langer Dauer entstehen Stalagmiten (Wachstum von unten) oder Stalaktiten (Wachstum von oben). Die hier angedeuteten Vorgänge ändern sich, wenn sich der Kalciumkarbonat-Anteil des Gesteins verringert. Das ist durch mechanische Verunreinigungen wie z. B. Sand oder Ton möglich. Die gleiche Wirkung haben die Beimengungen anderer Karbonate (so z. B. Siderit/Eisenspat, Ankerit/Braunspat, Magnesit usw.), Sulfate (Baryt/Schwerspat, Magnesiumsulfat/Bittersalz, usw.), Sulfide (Erze), Halogenide (Steinsalz) usw. Besondere Bedeutung innerhalb der Karbonatgesteine hat der Dolomit, der chemisch ein Doppelsalz $CaMg(CO_3)2$ ist. Dolomit ist gegen Wassereinfluß und Verwitterung sehr beständig und bildet nur selten Höhlen.

HÖHLEN IN SÜDTIROL

Die Tatsache, daß sich weder in Nord- noch in Südtirol Höhlensysteme befinden, wie sie aus den Salzburger Kalkalpen (Eisriesenwelt) oder dem Dachsteingebiet (Mammuthöhle) bzw. den Karstgebieten der italienischen und jugoslawischen Südalpen oder der Schwäbischen Alb bekannt sind, läßt sich geologisch begründen. Es fehlt der als Höhlen-Muttergestein bekannte Dachsteinkalk oder der Schrattenkalk (Schweiz). Mit seinem über 90% liegenden Anteil an Kalciumkarbonat begünstigt er die Korrosion und Hohlraumbildung. Die in Südtirol anzutreffenden Karbonatgesteine ermöglichen nur an wenigen Stellen die Entwicklung typischer Karstformen. Ein Blick auf die geologische Karte der Provinz Bozen bestätigt diese Angaben. Von den drei großen Baueinheiten ihres Areals gehören zwei den kristallinen Umwandlungsgesteinen an: das durch Zentralgneis und Schieferhülle gekennzeichnete Penninikum im Norden und Osten und die ostalpine Einheit, bestehend aus Ötztal Kristallin und Vinschgauer Schiefer im Westen (Ötztaler Alpen, Ortler). Sie werden von der dritten Baueinheit, dem Südalpin, durch die Judikarien-Pustertal-Gailtal-Linie getrennt. In diesem Bereich liegen die Bozner Porphyrplatte und die Karbonatgesteinsserie der Dolomiten.

Das uns heute beeindruckende Landschaftsbild der Dolomiten wäre nicht entstanden, wenn sich nicht im Erdmittelalter (Trias) vulkanische Gesteinsbildungen, Sedimentation und Riffkalkbildung nebeneinander abgespielt hätten. Der komplizierte Bau der Dolomiten hat seine Ursache in den erdgeschichtlich älteren Gesteinen der Unterlage und des Außenrandes (Sandstein, Porphyr, Schiefer) und andererseits in den Riffkalkmassiven

unterschiedlichen Dolomitisierungsgrades (Hauptdolomit, Schlerndolomit, Mendeldolomit usw.). Dazu gesellen sich weichere und fossilienhältige Gesteinsschichten, die nach ihrem Vorkommen als Raibler-, Buchensteiner-, Wengener-, Cassianer-, Bellerophon-Schichten benannt werden. Später setzte die Formenentwicklung durch Hebung, Taleintiefung, Gipfelflurbildung, Verwitterung usw. ein.
Die Frage nach dem Vorkommen von Höhlen in Südtirol ist mit der Suche nach Karbonatgestein mit geringem Magnesiumgehalt verknüpft. Der an einigen Stellen auftretende Jura- und Kreidekalk ist erdgeschichtlich jünger als Dolomit. Mit der Abnahme des Magnesium-Gehaltes steigt die Wahrscheinlichkeit einer Verkarstung.

oben: *Lage der im Höhlenkataster für Südtirol verzeichneten Höhlen. Die beiden Gebiete, in denen Höhlen häufig vorkommen, sind Nonsberg im Westen und Fanes-Sennes im Osten (nach P. Zambotto).*

Wie aus der Karte mit der Eintragung der Höhlen[162] hervorgeht, tritt in den Karstgebieten eine Schwerpunktbildung auf. Diese liegt im Gebiet der Mendel und im obersten Nonsberg und auf den Hochflächen der Fanes- und Sennesgruppe. Es handelt sich um Klein- und Halbhöhlen der Gruppe 1. Nur zwei Höhlen sind der Gruppe 2 zuzuordnen: Mühlenbachtunnel und Cunturines Höhle.
Die im Bereich der vulkanischen und kristallinen Gesteinszonen bekannt gewordenen Höhlen, sind durch Kalklinsen oder Gesteinszerreißungen entstanden. Sie haben weniger höhlenkundliche als mehr volkskundliche Bedeutung, weil sie zur Sagen- und Legendenbildung beigetragen haben.

HÖHLENKATASTER UND HÖHLENKUNDLICHE ORGANISATIONEN

In Europa werden gemäß internationaler Vereinbarung alle Höhlen durch die nationalen Verbände registiert und mit einer Kataster-Nummer versehen. Die Unterlagen entsprechen dem jeweiligen Forschungsstand und enthalten Angaben über Länge, Seehöhe, Zugang, Vermessung, vorgeschichtliche Funde und vieles mehr.[83]
Südtirol besitzt 107 registrierte Höhlen. Die Nummernvergabe erfolgt für die Provinzen Bozen und Trient fortlaufend. Durch die vorangestellte Kennzeichnung Bz oder TN ist die Zuordnung klar. Die Katasterführung erfolgt im Rahmen des Museo Tridentino die Scienzie Naturali, I-38100 Trient, Via Calepina 14. Die Anschrift des italienischen Höhlenforscherverbandes: Societa Speleologica Italiana, I-40127 Bologna, Via Zamboni.
In der Provinz Trient wurde 1987 ein Gesetz zum Schutz der Höhlen und zur Führung eines Verzeichnisses beschlossen. Dafür zuständig ist das Geologische Büro der Provinzialverwaltung. In Südtirol besteht derzeit keine gesetzliche Regelung. Die von den höhlenkundlichen Vereinen erarbeiteten Kataster-Daten bilden die einzige verfügbare Information. Im Trentino bestehen im Rahmen der SAT (Società Alpinisti Tridentini) fünf speläologische Gruppen: Gruppo Geologica SAT Arco, I-38062 Arco; Gruppo Grotte „Roner“, I-38068 Rovereto; Gruppo Grotte Vigolo Vattaro, I-38040 Vigolo Vattaro; Gruppo Speleologico CAI-SAT, I-38012 Lavis; Gruppo Grotte Selva die Grigno, I-38050 Grigno. In Bozen existiert eine Gruppe des örtlichen CAI (Club Alpino Italiano), Kontaktadresse: Bruno Galvan, I-39100 Bozen, Pfarrhofstraße 74.
Infolge der geringen Bedeutung der Südtiroler Höhlen ist darüber wenig veröffentlicht worden. Eine Übersicht verfaßte G. Innerebner im Jahr 1948[60] und P. Zambotto im Jahr 1985[162]. Eine Schauhöhle besitzt die Provinz Bozen nicht. Im Trentino sind 1.280 Höhlen registriert. Davon ist nur die Höhle im Castello Tesino (Valsugana) nach Voranmeldung öffentlich zugänglich. Um einen Eindruck der Karst-Höhlen-Szenerie zu geben, wurde sie in die vorliegende Sammlung mitaufgenommen (Wanderung Nr. 39). Die Formenvielfalt der unterirdischen Welt macht die Beschäftigung mit den Höhlen reizvoll. Sie verpflichtet aber auch zur Erhaltung der Unversehrtheit der Höhlen und zum Schutz der empfindlichen Ökosysteme.

HÖHLENBESUCHE, HÖHLENSCHUTZ

Zum Besuch der beschriebenen Höhlen ist eine entsprechende Ausrüstung notwendig. In manchen Fällen ist der weglose Zugang und das Auffinden das Hauptproblem. Auch Kleinhöhlen sollten nicht unterschätzt werden, und die Mitnahme von Lampen und Reservebeleuchtung ist erforderlich. Kopfschutz (Helm) und Schutzanzug („Schlaz“) werden empfohlen. Wanderungen im unwegsamen Gelände sind nie allein zu unternehmen.
Höhlen sind Archive der Natur, die mit äußerster Schonung und Zurück-

haltung betreten werden sollten. Viele stehen unter Naturschutz. Stets sollte man darauf achten, keine Abfälle zurückzulassen und nichts zu verändern. Das gelegentlich vorgekommene Abschlagen von Sinterbelägen, die mineralogisch und optisch völlig wertlos sind, ist Raub an einem unersetzlichen Naturgut und zu verurteilen. Grabungen dürfen nicht ohne Erlaubnis durchgeführt werden. Das gilt im besonderen Maß für alle neu entdeckten Höhlen. Zuständig dafür sind die höhlenkundlichen Organisationen bzw. das Südtiroler Denkmalamt (I-39100 Bozen, Armando-Piaz-Straße 8). Möge die Bitte um strenge Beachtung des Natur- und Landschaftsschutzes zur Erhaltung unserer Naturdenkmäler von allen Besuchern stets beherzigt werden!
Die Beschreibungen der Höhlen enthalten die jeweilige Katasternummer. Damit ist auch im zweisprachigen Verkehr eine Verwechslung ausgeschlossen. Wenn in den Unterlagen vorhanden, wird die genaue Lage in der italienischen Karte IGM 1:25.000 angegeben.

HÖHLENGEBIETE

DIE HÖHLE AM SAXNERKNOTT (BZ 740) UND DIE NÖRGGELELÖCHER (BZ 738, BZ 739) IN OBERPLARS

26

Im westlichen Teil des von hohen Bergen umrahmten Meraner Talbeckens, dort wo auf der Töllhöhe der Vinschgau beginnt, liegen am reben- und obstreichen Sonnenhang die Dörfer Plars und Vellau. Für sie gilt, was J. J. Staffler schrieb, daß sie *einen fast magischen Rückblick in die Lustgefilde Merans* gestatten. Diese zeichnen sich durch Weinbau aus. *Allerdings ist die Sitte viel Wein zu genießen hier heimisch geworden*, schreibt er und fügt hinzu, daß *jeder Knecht und jeder Taglöhner zum großen Lohn als Zugabe die beträchtliche Portion von 1 oder 2 Maß* (1–2 l) ... *und selbst die Magd* $^1/_2$ *Maß Wein des Tages erhalte.*
So überrascht es nicht, den Wein mit den Nörggelen in Verbindung zu bringen. Nach alter Überlieferung gibt es unter dem Südtiroler Zwergenvolk, den Nörggelen (auch Org, vom Lat. orcus) solche, die speziell dem Weinbauern dienlich sind. Die „Wein-Nörggelen“ helfen im Weinberg beim Wimmen und im Keller mit. Sie sind den Menschen wohlgesinnt, verrichten unbemerkt ihre Arbeit und schätzen einen Krug guten Weines als gerechten Lohn. Nach der Ernte ziehen sie sich in ihre Schlupfwinkel zurück und lassen sich erst im Frühjahr wieder blicken. Versucht ein Winzer sie zu betrügen, z. B. mit einem schlechten Trunk, so verhexen sie den Wein: *Auf Deinem Weingut nächstes Jahr wächst nur mehr trübe, wäss'rige War.*
Wenn die Höhlen, im blockig aufeinandergetürmten Tonalitgestein auch nur eine sehr geringe höhlenkundliche Bedeutung haben, die Wein-Nörggele-Sage beflügelte unsere Phantasie.

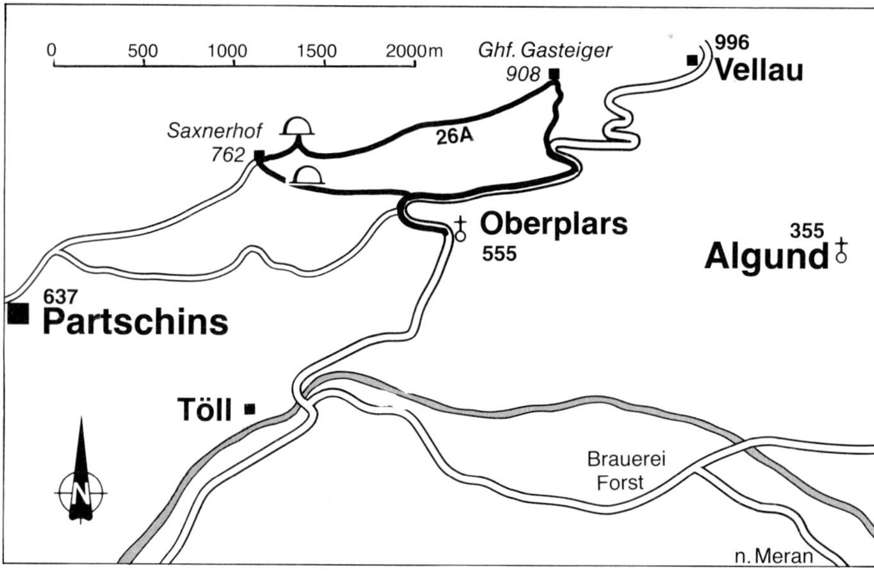

Nach Oberplars kommt man, wenn man von der Straße Meran Richtung Vinschgau von der Töllbrücke rechts abzweigt und zur hübschen Kirche hinauffährt. Hier stellt man das Fahrzeug ab und geht ein kurzes Stück auf der breiten Straße nach Vellau. Nach einer Rechtskehre entdeckt man bei einer verfallenen Mühle eine Wegtafel „Saxnerweg, Vellau, Partschins". Auf dem asphaltierten Weg wandert man durch schöne Kulturen zu einer Quellfassung mit Brunnen. Der Weg führt zum aussichtsreich gelegenen Saxnerhof. Gleich nachher kommt man zu einer Bank mit Wegweiser. Links geht es über das Hasental nach Kienegg, rechts verläuft der Saxnerweg Nr. 26A. Rund 100 Schritte weiter kommt man zu einem eingezäunten Kastanienhain. Man verläßt den Weg nach rechts zum nahen Saxnerknott. Er fällt nach Süden steil ab. An der Nordseite des höchsten Punktes öffnet sich ein schmaler Spalt, der senkrecht hinab in die Saxnerhöhle führt. Der 3–4 m lange Abstieg ist mit Hilfe eines Seiles möglich. Unten verbreitet sich die Höhle, ist aber nach 6 m zu Ende. Möglicherweise gibt es eine Fortsetzung dieses früheren Versteckes der Bauernbuben. Die Höhenkote der Saxnerknott-Höhle ist mit 680m angegeben.

In genau gleicher Höhe nördlich gegenüber am steilen Berghang liegt das Nörggeleloch 2. Man kann sich also höhenmäßig orientieren. Man geht zum Weg Nr. 26 A zurück und vor dort rund 50 Schritte in Richtung Vellau. Über mit Büschen und Bäumen bewachsenes Steilgelände steigt man 15 m aufwärts. Man sieht oben eine ca. 15 m breite und rund 8 m hohe Felswand. Hat man sie gefunden, so steigt man über das bewachsene und moosige Blockwerk zu einem Grasband am Fuß der Wand. Wenige Meter rechts davon liegt der Eingang zum Nörggeleloch 2. Eine schräg gestellte Platte von 6 x 2 m versperrt ihn. Nach Überwindung dieses Hindernisses gelangt man in einen

größeren Raum (4 m breit, 6 m hoch, 15 m lang). Er endet mit einem Spalt. Die Gesamtlänge wird im Kataster mit 15 m angegeben.
Das Nörggeleloch Nr. 1 liegt 5 m tiefer und 5 m östlich von Nr. 2. Den Eingang, der sehr eng ist, überdeckt eine große Steinplatte, unter der man die Öffnung suchen muß. Die Befahrung ist nicht lohnend, man muß kriechen und erreicht einen 1 m hohen und 10 m langen Raum der sich am Ende verengt. Zu ergänzen wäre, daß nach einer unklaren Beschreibung[131] nördlich oberhalb des Gasthofes Gasteiger, erreichbar auf dem Weg nach Vellau, eine weitere Höhle liegen soll.

WEGVERLAUF
Ausgangspunkt: Oberplars (555 m); Zufahrt von Meran. Oberplars —Saxnerhof (762 m)—Höhle am Saxnerknott (780 m)—Nörggeleloch 2 (780 m)—Nörggeleloch 1 (775 m) 3/4–1 Std.
Alternativ: Saxnerweg 26 A zum Gasthof Gasteiger (908 m) und Abstieg zur Vellauer Straße.
Gesamtzeit: 1 1/2–2 Std.; Rundweg über Gasthof Gasteiger 2 1/2–3 Std.
Karten: Freytag & Berndt WKS 8 Passeier-Timmelsjoch-Jaufen; Kompaß Nr. 53 Meran; nach IGM Blatt 4,III, S.E. (Meran) – Saxnerknotthöhle: 1° 21' 23" w. L., 46° 41' 27" n. B; Nörggelelöcher: 1° 21' 40" w. L., 46° 41' 29" n. B.

HUNDSLOCH BEI MAULS (BZ 737) 27

Hunderttausende von Reisenden befahren jährlich die Autobahn und die Staatsstraße zwischen Sterzing und Mauls. In ihrem Drang nach dem Süden werfen sie weder einen Blick auf das Sterzinger Moos, dem Verbannungsort der alten Jungfrauen, noch auf das im steilen Waldgelände der östlichen Talseite für kurze Zeit sichtbar werdende Hundsloch. Auch für jene, welche

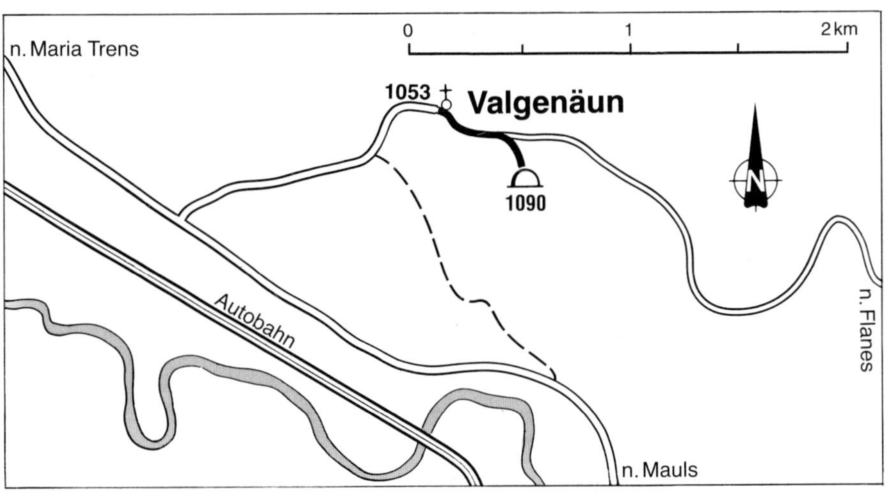

die Höhlenöffnung entdecken, ist weder der Name noch die Lage im verkehrslärmerfüllten Eisacktal einladend genug, um den Wunsch nach einem Besuch entstehen zu lassen. Wenn man nicht den direkten Aufstieg von der Straße, die man 400 Meter nordwestlich vom Schloß Welfenstein verlassen müßte, wählt, sondern Valgenäun als Ausgangspunkt benützt, so ergibt sich eine nicht alltägliche, mit einem Hauch Abenteuer gewürzte, kurze Wanderung.

Zum Dorf Valgenäun führt eine Straße. Am Kirchhügel wurden Überreste einer frühgeschichtlichen Wallburg gefunden. Beim höchstgelegenen Bauernhof trifft man auf den markierten Weg 2 A, der über Flanes ins Sengestal führt. Dieser Güterweg verläuft oberhalb der Wiesen nach Südosten und steuert einem Waldkopf zu. Noch bevor man die freie Fläche oberhalb des Kopfes erreicht, muß man rechts in den steilen Wald abbiegen. Auf kaum kenntlichen Steigspuren quert man fast ohne Höhenverlust bis man den erst knapp davor sichtbaren Höhleneingang erreicht. Er liegt am Fuß einer Felswand. Unterhalb erstreckt sich schrofig-rasiges, von Stauden und kleinen Bäumen bewachsenes steiles Gelände. Da die Orientierung im Föhren- und Fichtenwald schwierig ist, bietet die Höhenkote des Valgenäuner Kirchturms mit 1.053 m im Vergleich zur Lage der Höhle in 1.090 m eine wertvolle Hilfe.

Das Hundsloch zeigt ein wohlgeformtes, oben spitz zusammenlaufendes Höhlentor von 3 m Breite und 10 m Höhe, welches 9 m in das Innere führt. Es öffnet sich in Richtung Sterzing. Die Ursache der Höhlenbildung in diesem von Gneisphyllitstufen – von den Bauern Knotten genannt – durchzogenen und bewaldeten Steilgelände ist unbekannt.

Obwohl in den Mythen der Naturvölker der Hund als dämonisches Wesen gilt und z. B. unterirdische Schätze hütet, dürfte die Bezeichnung Hundsloch nicht auf den Vierbeiner zurückzuführen sein, sondern auf die Wortstämme „hun, heune". Unter „Hundskirchen", die im Alpenbereich mehrfach zu finden sind, versteht man sagenumwobene Felspartien mit zumeist höhlenartigen Eingängen, die als antrisch, d. h. unheimlich und verrufen gelten[35]. Name und Lage des Hundsloches fügen sich gut in diese Vorstellungen.

WEGVERLAUF

Ausgangspunkt: Valgenäun (1.053 m); Zufahrt von der Straße bei Freienfeld. Valgenäun—Weg Nr. 2 A—Steilgeländequerung—Hundsloch (1.090 m) $1/2$–$3/4$ Std.

Gesamtzeit: 1–1 $1/2$ Std.

Karten: Freytag & Berndt WBK 54 Sterzing/Jaufen/Brixen, Kompaß Nr. 44 Sterzing, Lage nach IGM, Blatt 4 IV, S. O. (Ridanna): 0° 56' 23" w. L., 46° 51' 49" n. B.

Abb. rechte Seite: *Das Hundsloch bei Mauls*

KOFELLOCH BEI KIENS (BZ 874) PUSTERTAL

17 Kilometer westlich von Bruneck liegt oberhalb der Straße das Dorf Kiens. Hinter ihm öffnet sich ein kleines Tal, durch das man zur Pustertaler Höhenstraße kommt. Östlich dieses Einschnittes erstreckt sich der lange und steilabfallende Rücken des Pfalzener Berges. Unterhalb einer seiner wenig ausgeprägten Erhebungen, dem Irrenberg (1.177 m), liegt am Fuß einer Felswand das Kofelloch mit seinem imposanten, von der Straße aus gut sichtbaren Höhlentor. Wüßte man nicht, daß das hier anstehende kristalline Gestein keine größeren Hohlräume zu bilden vermag, so würde man eine Fortsetzung in das Bergesinnere erwarten. So ist man nicht überrascht zu erfahren, daß diese Halbhöhle nur eine Gesamtlänge von 16 m aufweist. Dennoch ist die Örtlichkeit infolge ihrer Einsamkeit und Abgeschiedenheit für trittsichere Geher besuchenswert. Den Orientierungsschwierigkeiten im bewaldeten Steilhang kann man entgehen, wenn man sich vom Ausgangspunkt die Richtung genau einprägt.

Von der Kienser Kirche (835 m) fährt man zum darunter liegenden Tennisplatz und dann auf einem asphaltierten Weg in Südostrichtung zu einem Feldkreuz (Parkmöglichkeit). Die Lage der sich 150 m über dem Talboden befindlichen Höhle ist von hier aus gut auszumachen. Man überquert die Wiese bis zum Steinzaun am Waldrand sowie den dahinter führenden Weg Nr. 8 und steigt steil und mühsam über grobblockige Geröllhalden höher. Man versuche die angepeilte Richtung einzuhalten und lasse sich nicht verleiten, auf Steigspuren nach rechts auszuweichen. Durch eine Rinne steuert man dem Fuß der erst weiter oben sichtbar werdenden Felswand zu. Über den darunter sich erstreckenden Schrofengürtel gelangt man zum Höhlentor.

Das Kofelloch hat einen trapezförmigen Grundriß mit außen rund 25 m und innen 16 m Breite und ist 16 m lang. Das Höhlentor ist über 6 m hoch, die Durchschnittshöhe beträgt 4 m. Der Höhlenboden steigt leicht an und ist von Gesteinstrümmern und Erdreich bedeckt. Funde aus dieser Höhle sind nicht bekannt. Die Nähe der rund um den Pfalzener Berg befindlichen Siedlungen würden solche nicht unwahrscheinlich machen. Dafür ist die Sicht von dieser ungewöhnlichen Warte recht beeindruckend.

WEGVERLAUF:
Ausgangspunkt: Kiens (839 m); Feldkreuz (ca. 820 m)—Steilgelände —Kofelloch (990 m) $^3/_4$–1 Std.
Gesamtzeit: 1–2 Std.
Karten: Freytag & Berndt WK 53 Pustertal, Bruneck, Drei Zinnen; Kompaß Nr. 56 Brixen; Lage nach IGM Blatt 4 II, N.E. (Brunico): 0° 36' 10" w. L., 46° 48' 20" n. B.

Abb. links: *In der Höhle der "Wilden Männer" (Busc del Salvan) nahe Pufels, Grödner Tal (Wanderung 30).*

KEMETSCHARTENHÖHLE (TN 39) UND GANTKOFEL (1.868 m)

Aus der niederen Katasternummer ist zu entnehmen, daß es sich um eine schon lange bekannte Höhle handelt. G. Innerebner[63] hat im Jahr 1928 über sie berichtet und Höhlenpläne gezeichnet. Im Inneren wurde eine vermutlich von Hirten stammende Feuerstelle und die Initialen von Besuchern vor der Jahrhundertwende gefunden. Obwohl die Höhle in der Nähe eines vielbegangenen Wanderweges und schönen Aussichtsgipfels liegt, wird sie selten besucht. Die im Mendel-Dolomit – er heißt nach der neuen geologischen Nomenklatur Sarldolomit – gelegene Höhle liegt knapp jenseits der Grenze der Provinz Bozen im trentinischen Nonstal.

Ausgangspunkt für unsere Wanderung ist der Penegal (1.750 m). Man erreicht diesen Gipfel auf der Straße vom Mendelpaß. Die Gipfelfläche mit Parkplatz, Hotel und Aussichtsturm bietet einen grandiosen Tiefblick in das Bozner Becken und eine Schau auf das reichbesiedelte Mittelgebirge im Etsch- und Eisacktal sowie auf den Bergkranz der Dolomiten und Sarntaler Alpen bis zu den Ötztalern, der Ortler- und Adamello-Gruppe.

Unsere Wanderung führt auf dem Weg Nr. 512 durch Wald und schöne Böden abwärts bis zur Furglauer Scharte (1.496 m). Von dort geht es sanft ansteigend über Weideflächen zu einer Alm. Nachher zweigt rechts der Steig Nr. 546 zur Kemetscharte ab. Vom Grat nördlich der Scharte zieht ein Felssporn in Südwest-Richtung abwärts, unterhalb dessen der Weg Nr. 512 verläuft. Die Höhle liegt oberhalb des Weges, und zwar an der Nordseite des erwähnten Sporns. Sie kann über steiles Gras- und Schrofengelände erreicht werden. Um sich vor dem Aufstieg einen Überblick zu verschaffen, empfiehlt es sich, zuerst den Weg in Richtung Gantkofel weiterzugehen und im Rückblick den geeigneten Zugang zu erkunden.

Das Höhlentor ist 4 m breit und 3 m hoch. Die Beschreibung von Innerebner entspricht dem heutigen Zustand. Einzelheiten enthält die Grundrißzeichnung. *Die ganze Höhle besteht aus drei Einzelhöhlen, die durch torähnliche Öffnungen miteinander in Verbindung stehen.* Grabungen in der Schotter- und Erdschicht brachten keine Ergebnisse.

Nach dem Höhlenbesuch bietet der Weiterweg zum kreuzgeschmückten Gantkofel einen Überblick über das Janusgesicht der Mendel.

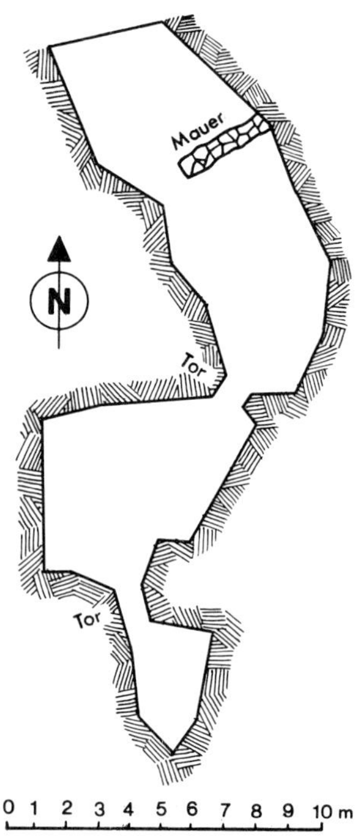

Abb. links: *Grundriß der Kemetscharten-Höhle (G. Innerebner[63]).*

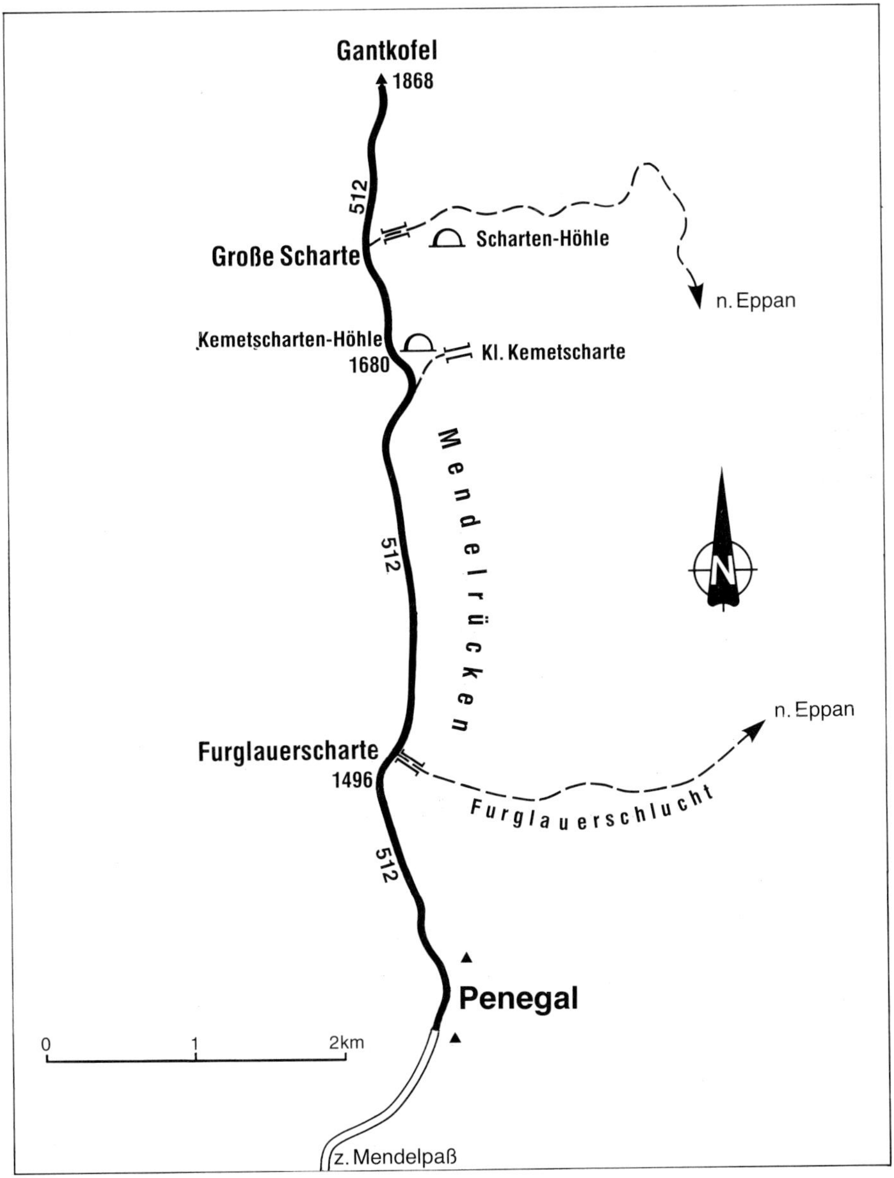

Gegen das Etschtal fällt sie unvermittelt in die Tiefe, während sich auf der sanftgeneigten Nonstalseite Almen und Wälder ausbreiten. Am Rückweg zum Ausgangspunkt 6 km Entfernung und 600 m Höhenunterschied bewältigen zu müssen, ist das Ungewohnte dieser „umgekehrten" Bergtour.
Hinzuweisen ist darauf, daß die in den Karten eingezeichnete Höhle unter der Großen Scharte (1.560 m) mit der hier beschriebenen Höhle nicht identisch ist. Die Großschartenhöhle (Bz 647) liegt in einer Steilwand der

Abbrüche gegen das Etschtal und ist ohne klettertechnische Hilfsmittel nicht zu erreichen. Außer einem Erkundungsversuch von Innerebner, bei welchem sein Freund tödlich verunglückte[63] liegen über diese Höhle, außer der Länge von ca. 10 m, keine Angaben vor.

WEGVERLAUF
Ausgangspunkt: Penegal (1.750 m); Mautstraße vom Mendelpaß (1.363 m); Weg Nr. 512—Furglauer Scharte (1.496 m) $^3/_4$ Std.—Abzweigung unter der Kemetscharte—Höhle (1.680 m) 1–1$^1/_2$ Std.—Gantkofel (1.868 m) $^3/_4$ Std.
Gesamtzeit: 5–6 Std.; Höhle allein 4–5 Std.
Karten: Freytag & Berndt WKS 1 Bozen, Meran; Kompaß Nr. 54, Bozen; Lage nach IGM Blatt 10 II, N.O. (Appiano): 1°14' 21" w. L., 46° 28'3 8" n. B.

VON HÖHLEN IM GRÖDNERTAL 30

BÄRENLOCH/BUSC DEL LORES (Bz 332)
HÖHLE DER WILDEN MÄNNER/BUSC DEL SALVAN (Bz 333)
HEXENBÄNKE AM PUFLATSCH

Die Stichworte Höhle und Hexen sind ein guter Grund für diese Wanderung, die uns an Schauplätze führt, welche die Phantasie der Volksmeinung und die Neugier der Heimatforscher beflügelte. Diese haben im Ortsteil Überwasser von St. Ulrich das Bärenloch gefunden und beschrieben.[97] Die Höhle ist leicht zu finden, denn man sieht sie von der Nordwestecke des Eisstadions in einer brüchigen Felswand und zwar einige Meter oberhalb des dort führenden breiten Weges nahe dem Grödnerbach. Die Höhle, die in früheren Zeiten, als das Bachbett höher lag, durch fließendes Wasser gebildet wurde, bietet speläologisch nichts Bemerkenswertes. Der Eingang ist durch Blöcke verkleinert, im Inneren des anfänglich bis zu 3 m hohen Raumes liegen scharfkantige Felsen, die von der Decke herabgebrochen sind. Nach einigen Erweiterungen, Verengungen und Bodenstellen mit eingeschwemmtem Sand endet der Hauptraum nach 23 m. Früher war die Höhle ein Abenteuerspielplatz der Jugend, der mit der Errichtung des Eisstadions in Vergessenheit geriet. Ein im Mai 1988 erfolgter Besuch verlief enttäuschend. Mit gutem Gewissen können wir uns interessanteren Zielen im Tal zuwenden.
Geheimnisvoll wie die dritte Sprache Südtirols, das Ladinische, das ein spanischer Dichter *einen aus der Toga des ewigen Rom losgerissenen Streifen Purpur, der an den Zinnen der rätischen Berge hängenblieb* nannte, ist auch die Sagenwelt des Grödnertales. Während Busc ähnlich dem italienischen buco als Loch, Höhle zu übersetzen ist, so heißt Salvans auf ladinisch die Wilden Leute. Der Name soll sich vom Waldgott Silvanus ableiten. In den Überlieferungen sind die Salvans Riesen oder Zwerge. Die Einzahl Salvan bedeutet Wilder Mann und Jäger: *Er ist uralt, riesengroß, ruft mit donnernder Stimme und flößt allen Menschen Furcht ein, obgleich er im*

Grunde nicht bös gesinnt ist. Stets ist er von einem Rudel Hunde begleitet; nachts geht er auf Hexenjagd, daher wird er „Jäger von der guten Jagd" genannt [114]. Hinzufügen sollte man, daß sich unter den Salvans (die Wilden Leute) auch Frauen befinden, die hilfsbereit und fleißig sind und gute Ehen eingehen. Nur gelegentlich weisen ihre Eigenschaften ins Hexenhafte.

Von St. Ulrich fahren wir auf der Straße in Richtung Kastelruth. Noch vor dem Panider Sattel (1.442 m) zweigt links die kunstvoll trassierte Straße nach Pufels ab. Das Dorf liegt abseits des Trubels am Rand der bewaldeten Steilhänge, welche die Pufler Schlucht begrenzen. Sie mündet am Plateau der Seiser Alm. Dem Wegweiser „Puflatsch" folgend geht man auf einer asphaltierten Straße zu den obersten Bauernhöfen und folgt der Markierung Nr. 13 „Schnürlsteig". Es ist darauf zu achten, daß man nicht auf den Panoramaweg „P" gerät, sondern sich aufwärts zu einem Wasserschloß hält. Von dort geht der nicht mehr zu verfehlende Weg in Nordwest-Richtung weiter. Nach einer Viertelstunde kommt man zu einer Lichtung, auf welcher der Weg scharf nach Südwesten umbiegt.

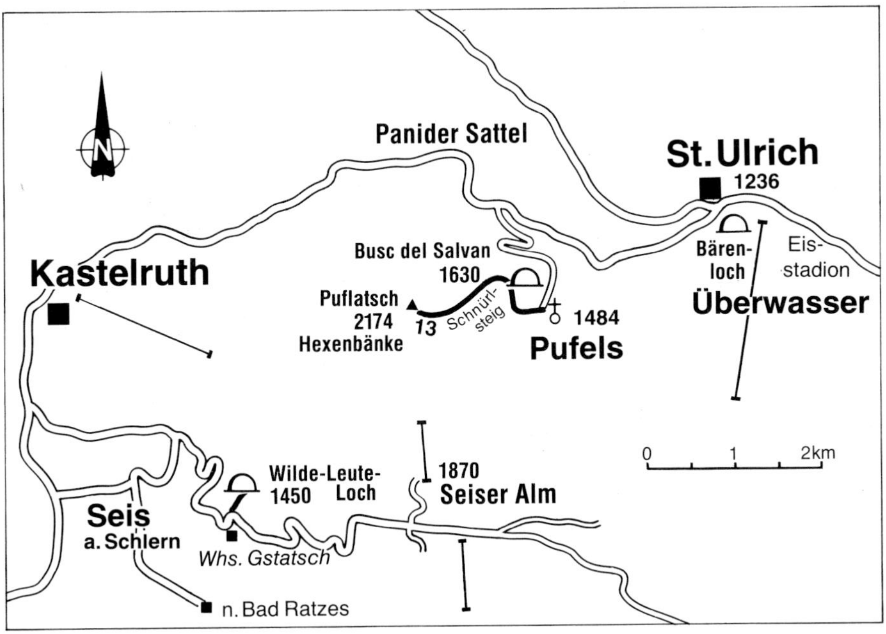

Das Busc del Salvan liegt unterhalb in Richtung St. Ulrich. Um das Suchen im abschüssigen Gelände zu erleichtern, wird folgende Route empfohlen: von der erwähnten Wegkehre geht man 110 Schritte am Aufstiegsweg zurück. Man verläßt ihn und steigt durch den auf der Nordost-Seite befindlichen steilen, aber gut gangbaren Wald, rund 50 m tiefer. So findet man unschwer den felsigen Geländeeinschnitt, auf dessen Grund sich die Höhle befindet. Es handelt sich um eine Felsspalte von 1,2–2,5 m Breite und über 10 m Höhe in

Nord-Süd-Richtung. Am Beginn des Spaltes, der im Kalkgestein liegt, befinden sich moosbewachsene Blöcke. Der Spaltgrund zieht sich rund 25 m schräg in die Tiefe und ist gut gangbar. Am Ende befindet sich ein Schacht von 5 m Tiefe. Sein verblockter Grund ist unter Zuhilfenahme eines Seiles zu erreichen. Die Gesamtlänge der Höhle ab dem Eingang beträgt rund 32 m. Zur Geologie des Puflatsch-Massivs ist zu erwähnen, daß dieses auf Bozner Quarzporphyr aufsitzt. Nach oben hin folgt der rötliche Grödner Sandstein, dann verschiedene Karbonatgesteine, und am Schluß folgt der Augitporphyr. Die Fortsetzung des „Schnürlsteiges" führt uns zur Hochfläche und zu dem am Nordrand gelegenen höchsten Punkt. Abgesehen von der Paradeaussicht über die weiten Böden der Seiser Alm zum Langkofelstock und zum Schlern, liegt die Besonderheit des Puflatsch in seinen Beziehungen zu den Hexen. Wenige Meter unterhalb des höchsten Punktes liegen am äußersten Rand die „Hexenbänke" oder „Hexensessel". Es sind geschichtete Blöcke, welche die Form von zwei nebeneinander stehenden Lehnstühlen haben. Daneben gibt es den „Hexentanzplatz", eine ebene Fläche, die wie gepflastert aussieht. Es ist kein von Menschenhand gelegter Boden, sondern er wird von den fünfkantigen Absonderungsformen des Porphyr gebildet. Weil das Schlerngebiet und die Orte in seinem Umkreis seit altersher mit den Hexen in Verbindung gebracht werden, berichtet manche lokale Sage von den Erlebnissen dieser mit dem Teufel im Bunde stehenden, unberechenbaren und allerlei Zauber ausübenden geheimnisvollen Wesen. Selbst die Fremdenverkehrsprospekte werden mit Hexenfiguren anschaulicher gemacht.
Nicht einig sind sich die Forscher bis heute darüber, ob dieser Hexenplatz einst von Menschen gestaltet oder zumindest benützt wurde. *Ein Musterbeispiel für uralte Thingstätten* nennt sie Innerebner, während der Geologe Heißel sie als *natürliche Auswitterung des Porphyrs* bezeichnet.[92] Unbestritten bleibt und ist durch Funde belegbar: am Schlern war in der Bronzezeit, ca. 1.000 Jahre vor Christus, ein Brandopferplatz.
Wir Wanderer, die wir die Höhle als Sitz der Wilden und den Puflatsch als Thron der Hexen kennengelernt haben, erfreuen uns des Naturwunders.

WEGVERLAUF

Ausgangspunkt: Pufels (1.484 m); Straße von St. Ulrich im Grödental; Pufels—Schnürlsteig Weg Nr. 13—Busc del Salvan (1.630 m) $1/_2$ Std.; Puflatsch (2.174 m) 2 Std., Abstieg wie Aufstieg.
Gesamtzeit: 3–4 Std.
Karten: Freytag & Berndt WKS 5 Cortina d'Ampezzo, Marmolada, St. Ulrich; Kompaß Nr. 54 St. Ulrich; Lage des Busc del Salvan nach IGM Blatt 11 IV, S.E. (Ortisei): 0° 49' 21" w. L., 46° 34' 2" n. B.

WILDE-LEUTE-LOCH UNTER DER SEISER ALM (BZ 736)

Die Höhle der ladinischen Salvans auf der Nordostseite des Puflatsch hat ihr deutschsprachiges Gegenstück auf der sonnigen Südwest-Seite des Berges. Kein Wunder, daß die Gerüchte einer unterirdischen Verbindung beider Höhlen nicht verstummt sind. Zudem liegen beide im Triaskalk.
Der Name geht auf die Wilden, die Einsamen, die Menschenscheuen zurück, jenen Gestalten der Vorzeit, deren Nachfolger noch heute in manchen abgelegenen Höfen des Landes zu finden sind. Aldo Gorfer[51] hat den „glücklichen Wilden" eine eindrucksvolle Dokumentation gewidmet: *Hier oben findet man den Menschen in der ganzen Weite der Natur, allein, wie auf einer magischen Leinwand. Er ist Held, Unterlegener, er ist arm, leidend und der Vergangenheit verhaftet ... Doch dieses Niemandsland ist eigentlich nur ein Symbol ... Die eigentliche Trennungslinie ist in der Psyche zu finden.*
Ist die Fülle der Sagen-, Legenden- und Märchengestalten nur ein Kinderglaube? Aus solcher Sicht erhält das Wilde-Leute-Loch, zu dem der Lärm der Straße heraufdringt, eine andere Bedeutung. Wer sich zu diesem Schauplatz begeben will, muß es weglos tun. Der Aufstieg hat den Nachteil, daß er über einen Steilhang oberhalb der Straße führt. Die Gefahr, daß sich Steine lösen und über die Stützmauer auf fahrende Autos fallen, sollte durch sorgfältiges Gehen oder durch die Ausnützung verkehrsarmer Zeiten verringert werden.
Ausgangspunkt ist der aussichtsreich gelegene Gasthof Gstatsch zwischen zwei Kehren der Seiser-Alm-Straße. Von dort sind es 150 m bis zur großen Rechtskurve. Die Höhle liegt fast genau über der Kehre, im unteren Teil einer infolge des Baumbestandes nur schwer erkennbaren Felswand. Man steigt von der Straßenmauer über grobblockiges Geröll höher, bis man zum Rand des schütteren Hochwaldes queren kann. Achtung auf abrollende Steine! Neben einem Felsen linkerhand klimmt man einige Meter aufwärts, bis rechts oben eine moosige Rampe sichtbar wird. Über sie, die Baumwurzeln als Haltegriffe benützend, gelangt man zu einem ebenen grasbewachsenen Platz von 6 x 2 m Fläche. An seinem Ende öffnet sich der mannshohe und rechteckige Eingang zur Höhle. Zwei Meter weiter drinnen ist ein Block verkeilt, unter dem man durchschlüpft. Der Höhlenboden senkt sich und ist gut begehbar. Der Gang ist 2—3 m hoch und 80 cm breit. Etwa in der Mitte des stollenartigen Hohlraumes führt ein Spalt schräg abwärts. Nach 15 m bogenförmiger Strecke kommt man überraschend zu einer Öffnung mitten in einer Felswand.

WEGVERLAUF
Ausgangspunkt: Gasthof Gstatsch (1.460 m), Seiser Alm-Straße;
Gstatsch—Straßenkehre—Wilde-Leute-Loch (1.450 m) 1/2 Std.
Gesamtzeit: 1 Std.
Karten: Freytag & Berndt WKS 1 Bozen, Meran; Kompaß Nr. 54 Bozen; Lage nach IGM Blatt 11 IV, S.E. (Ortisei): 0° 51' 48" w. L., 46° 32' 34" n. B.

TSCHETTERLOCH IM TSCHAMINTAL (BZ 522)

Diese Höhle liegt unmittelbar am vielbegangenen Touristenpfad Nr. 2, der von Tiers durch die Bärenfalle auf das Schlernplateau führt. Durch die neue Straße, die vom Eisacktal nach Tiers und deren Fortsetzung über den Nigerpaß (1.691 m) zum Karerpaß (1.758 m) führt, wurde die traumhaft schöne Landschaft am Fuß des Rosengartens leicht zugänglich gemacht. Das Tschetterloch kann entweder als Nebenziel dieser Rundfahrt oder auf der anspruchsvollen Bergtour zum Schlern mitgenommen werden.
Das Tschamintal zweigt bei St. Cyprian ab und ist bis Weißlahnbad mit dem Auto befahrbar. Vom Badehotel, oberhalb dem die Parkplätze liegen, steigen wir auf dem Weg Nr. 2 durch steilen Wald aufwärts. Bereits nach einer halben Stunde steht man vor dem Loch, dessen Name mit schwarzen Lettern aufgepinselt ist. Zwei mächtige Blöcke aus Dolomit sind mit dem oberen Teil aneinandergelegt, so daß ein dreiseitiger Hohlraum gebildet wurde. Der 5 m hohe Innenraum wird nach 4 m von einer 3 m hohen senkrechten Stufe abgeschlossen. Oberhalb kommt ein Bach heraus, der als Wasserfall den Boden erreicht. Die Öffnung ist rund 75 cm hoch. Dieses Loch wurde von Höhlenforschern erkundet, die feststellten, daß es ohne weitere Verzweigungen nach 12 m endet. An den Seitenwänden des Höhlentores ist ein geringer Sinterbelag festzustellen. Auch die in einem Spalt in der Decke verkeilten Blöcke zeigen Versinterungen.
Das Tschetterloch ist seit altersher bekannt und gilt als ehemaliger Sitz seliger Leute. Einst sollen hier Riesen gehaust haben. Später haben Christen an dieser Stelle ihre Gottesdienste abgehalten. Für einen gewissen Wahrheitsgehalt dieser Überlieferung spricht die Tatsache, daß vor wenigen Jahren (1980–83) in Tiers ein Gräberfeld aus der Römerzeit gefunden wurde.[22] Wer die Wanderung zum Schlern fortsetzen will, hat von hier runde 1.100 m Aufstieg zu bewältigen und durchquert auf einem Prügelweg die berühmte Bärenfalle.

WEGVERLAUF

Ausgangspunkt: Weißlahnbad (1.175 m); Straße von Tiers; Weg Nr. 2 zum Tschetterloch (1.300 m) $^1/_2$ Std.
Alternativ: Weg Nr. 2 zu den Schlernhäusern (2.457 m) 3 Std.
Gesamtzeit: Tschetterloch 1 Std.; Schlern 5–6 Std.
Karten: Freytag & Berndt WKS 1 Bozen, Meran oder WKS 7 Überetsch, Kaltern, Südtiroler Unterland; Kompaß Nr. 54 Bozen, Lage nach IGM Blatt 11 III, N.O. (Nova-Levante): 0° 53' 17" w. L., 46° 28' 56" n. B.
Anmerkung: Die Tschaminklamm, deren Wasser z. T. unterirdisch fließt und über die Innerebner berichtete,[62] ist unbegehbar und wurde auch in den Höhlenkataster nicht aufgenommen.

rechts: *Blick vom "Hexentanz-Platz" am Puflatsch gegen Kastelruth (Wanderung 30).*

oben: *Das Wilde-Leute-Loch im Seiser Alm-Gebiet (Wanderung 31).*
Abb. rechte Seite: *Das Tschetterloch im Tschamintal (Wanderung 32).*

BUS DEL PRA (BZ 581) MÜHLENBACHTUNNEL/ORTENLOCH (BZ 163/582) BUCO DELLA FORRA 1 AM NONSBERG (BZ 583)

33

Den Eingang der Wallfahrtskirche Unserer-lieben-Frau im Walde schmückt ein Bild aus dem vorigen Jahrhundert. Es zeigt eine Schar von Pilgern, die vom Gampenpaß (1.518 m) herunterkommen. Mit Ausnahme des Umbaues des Hospizes zu einem Gasthof hat sich in der Kirchenumgebung nicht viel verändert. Die Besiedlung des obersten Nonstales erfolgte von Algund aus über den Paß; der Zugang aus dem italienischen Nonstal ist durch wilde Schluchten sehr erschwert. Seit damals gehören die deutschsprachigen Gemeinden Unser Frau, St. Felix, Laurein und Proveis zu Südtirol und grenzen talseits an das bei Fondo beginnende italienische Sprachgebiet. Während die Gampen- und Mendel-Straße eine gute Verbindung ermöglicht, ist jetzt der Bau einer Straße geplant, welche die deutschen Gemeinden verbindet.[78]
Der obere Teil des breitgefächerten Tales, welchen im Osten der Mendelzug begleitet, wird Nonsberg genannt. Es ist weniger ein Berg als vielmehr eine flache Abdachung mit Almen und Wäldern, die von tiefen Schluchten und wilden Bächen unterbrochen wird. Geologisch gehören die Nonsberger Alpen zur Etschbucht d. h. zum östlichen Teil der Judikarien-Linie.[77] Die Schichtfolge ist ziemlich einheitlich: Quarzphyllit, gefolgt von Kalksedimenten der Trias (Hauptdolomit und Raiblerschichten) und Ablagerungen des Jura, der Kreide und des Tertiär. Die lösungsfreundlichen Kalkgesteine bilden die Ursache für die Karsterscheinungen und das Entstehen unterirdischer Bachläufe und Höhlen. Der Mühlenbachtunnel war bis 1987 die längste Höhle Südtirols. Durch die Entdeckung der Cunturines Höhle wurde er von Platz 1 verdrängt. Landschaftlich ist der Nonsberg von nahezu unalpiner Sanftheit. Die beschriebenen Höhlen sind leicht zugänglich und nicht schwer zu finden.
Zum Besuch dieses Naturwunders fährt man auf der Gampenstraße von Unser Frau in Richtung St. Felix. Bei km 9 überquert eine große Brücke das tiefe Wassertal (Rio delle Cascate); 100 m danach folgt eine kleine Brücke, unter welcher der unbedeutende Mühlenbach verläuft. Hier stellt man das Fahrzeug ab und folgt dem asphaltierten Fahrweg auf der östlichen Straßenseite. Er führt in wenigen Minuten zu einer aufgelassenen Säge. Dem Schild „Zum See“ (Tretsee) und der rotweißen Markierung nachgehend, kommt man zu einer großen Weidefläche. Quer über diese und entlang der Markierung erreicht man wenig ausgeprägte Felsen. An der linken Seite einer Felsbank entdeckt man den 2 m breiten und 50 cm hohen Eingang zum Bus del Pra. Scharfkantiges Blockwerk erschwert das Eindringen. Hat man es hinter sich, so erweitert sich der Raum auf mehrere Meter Breite und 1 m Höhe. Der Hohlraum setzt sich nach rechts fort und weist eine Gesamtlänge von 22 m auf. Eine Verbindung mit dem Tunnel ist anzunehmen.
Das Tor des Mühlenbachtunnels, der auch Ortenloch genannt wird, liegt 20 m östlich unterhalb. Dort existieren zwei Öffnungen. Das linke Portal ist 4 m

Abb. links: *Osttor des Mühlenbachtunnels am Nonsberg.*

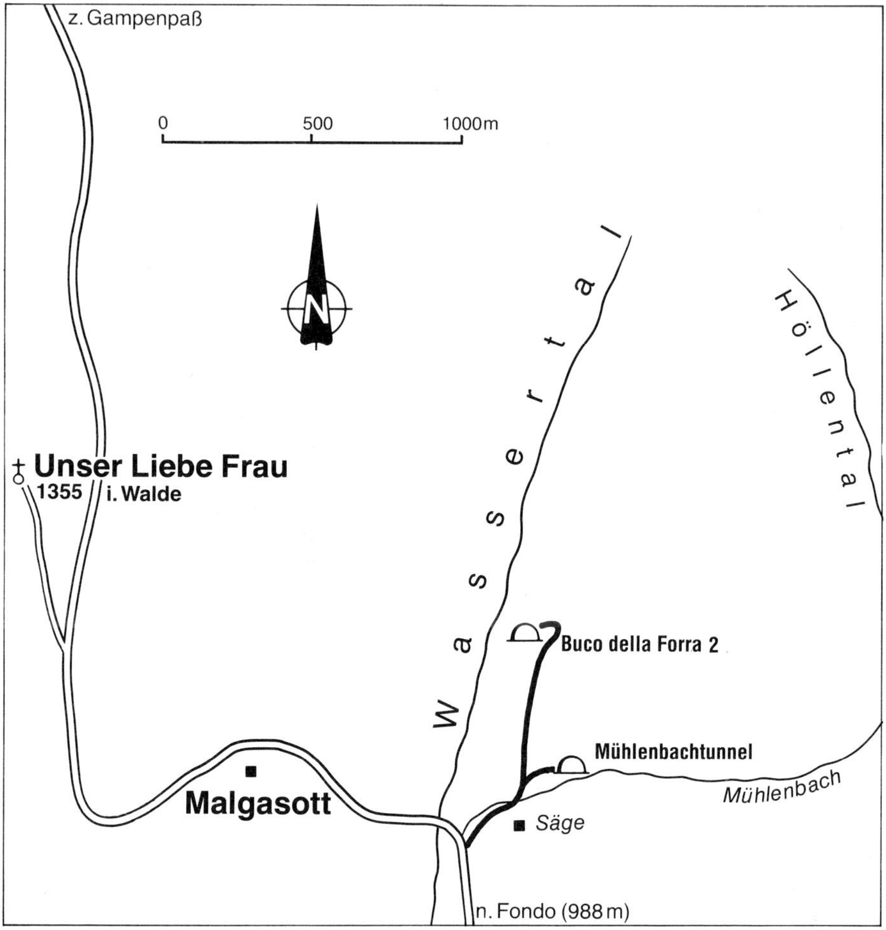

breit und 2 m hoch. Die Höhle wird als „Loch neben dem Tunnel" bezeichnet und führt eine eigene Nummer (Bz 582). Die Länge der trockenen Höhle beträgt einige Meter. Sie verengt sich dann und ist wahrscheinlich ebenfalls mit dem Tunnel verbunden gewesen. Das Tor des eigentlichen Mühlenbachtunnels (Bz 163), aus dem ein Bach fließt, liegt rechts daneben und ist über 2 m hoch und 3 m breit. Bereits nach 5 m wird der Hohlraum enger und ist nur mehr 50 cm hoch.

Weil der unterirdische Bachlauf gegen die Oberfläche nur mit einer dünnen Fels- und Humusdecke abgeschlossen ist, kann der Verlauf oberirdisch gut verfolgt werden. Nach rund 70 m Strecke kommt man zum imposanten Oberen oder Ost-Tor. Durch dieses 2 m breite und über 4 m hohe Portal tritt der Bach in die Höhle ein.

Eine Gesamtbefahrung des Tunnels, der mit seiner Länge von 67 m bzw.

unter Einbeziehung der Nebenstrecken eine Gesamtlänge von 106 m besitzt, ist nur bei Trockenheit und mit einer Höhlenausrüstung anzuraten. Die Begehung des ersten Drittels gibt eine gute Vorstellung von der lösenden Kraft des Wassers. Eine wissenschaftliche Erklärung der Tunnelentstehung liegt nicht vor. Die Bezeichnung „Mühlenbachtunnel" ist nicht korrekt, denn der Mühlenbach fließt einige Meter seitlich in einem tieferen Bachbett. Hier stehen auch die Überreste einer Mühle, die dem Bach den Namen gab. Verfolgt man den Wasserlauf oberhalb des Tunnels, so wird dieser immer spärlicher und endet 300 m weiter oben auf einer sumpfigen Lichtung. Anzunehmen ist, daß vor Jahrtausenden der Mühlenbach nicht im heutigen Bett floß, sondern den Schichtplattenkalk der heutigen Höhle einsägte.
Mehr Anforderungen an das Orientierungsvermögen beansprucht der Ausflug zu einer weiter oben gelegenen Höhle. Um sie zu finden, folgt man von der Weidefläche nach der Säge nicht der Markierung, sondern bleibt links auf der Straße. Dort wo sich diese in weitem Bogen nach rechts wendet, geht ein Karrenweg links ab. Er führt in Nord-Richtung zügig durch den Wald aufwärts. Nach ca. 20 Minuten wendet sich der Weg nach rechts und umrundet in einer Linksschleife ein kleines, nach Westen (Wassertalschlucht) offenes Tälchen. Dieses ist von Bäumen bestanden und seitlich von Felsen begrenzt. Rund 15 m bevor das Tal in eine von blockigen Felsen gebildete Schlucht abstürzt – dort, ca. 15 m tiefer, liegt die Höhle Nr. 2 (Buco della Forra 2, Bz 584) – sieht man rechts eine 4 m breite und niedrige Spalte. Vor ihr erhebt sich ein Grashügel, und rechts davon steht ein Nadelbaum. Dort befindet sich der Eingang zum Buco della Forra 1 (Bz 583). Nach Durchkriechen des Eingangsspaltes kommt man in einen Raum von 6 m Durchmesser und 1,2 m Höhe. Von diesem zieht eine Röhre in rund 30° Steigung aufwärts. Sie zeigt schönen Sinterbelag. Aus einer Öffnung tritt Bergmilch aus, die sich zu einem großen, weichen Klumpen verformt hat. Die trockene Röhre endet nach 10 m. Die Gesamtlänge der Höhle wird mit 20 m angegeben. Erfreulicherweise ist festzustellen, daß die hier geschilderten Höhlen weitgehend frei von Abfällen und Verunreinigungen sind. Die Bitte, es weiter so zu halten, geht an alle künftigen Besucher.

WEGVERLAUF

Ausgangspunkt: km 9 der Gampenpaßstraße zwischen St. Felix und Unser Frau, und zwar ca. 100 m östlich der Wassertalbrücke; Brücke—Alte Säge—Bus del Pra und Mühlenbachtunnel (ca. 1.400 m) 1/4 Std.—Buco della Forra (ca. 1.450 m) 1/2 Std.
Gesamtzeit: 1–2 Std.
Karten: Freytag & Berndt S 1 Bozen, Meran; Kompaß Nr. 53 Meran; Lage nach IGM Blatt 10 IV, S.E. (Tesimo): Bus del Pra 1° 19' 12" w. L., 46° 30' 10" n. B.; Mühlenbachtunnel 1° 19' 4" w. L., 46° 30' 19" n. B., Buco della Forra 1° 19' 10" w. L, 46° 30' 23" n. B.

DOLINEN UND SCHÄCHTE AUF DER SENNESALPE

Der Klage des Geognosten A. Petzhold im Jahr 1843 *über die chaotisch wilde Verwirrung der sedimentären Gebirge* haben sich die Geologen erfolgreich angenommen. Die Enneberger Dolomiten sind ein gutes Beispiel dafür. Auf einem mächtigen Sockel aus Dachsteindolomit lagern jüngere Karbonatgesteine. Am Außenrand kommen im Norden (Prags), im Westen (Gadertal) und im Süden (Falzaregopaß—Cortina) ältere Gesteine wie Schlerndolomit, Raibler- und Cassianer-Schichten hervor. Die 18 km² große Hochfläche im Inneren des Gebietes wird durch leicht lösliche und daher zur Verkarstung neigende Jurakalke (Liaskalk, Ammonitenkalk) und Kreide gebildet. Die Schichten liegen flach auf und bilden an den Außenseiten steile Plattenschüsse (Seekofel, Paraispitze, Neunerspitze).
Die geschlossene Karstfläche der Enneberger Dolomiten wird durch das von St. Vigil in Südost-Richtung eingetiefte Rautal gestört. Die Wissenschaft spricht von einer Rautallinie. Durch sie wird der Karstanteil in zwei Hochplateaus, nämlich jenes von Sennes-Fosses im Osten und von Fanes im Westen geteilt. Die Karstformen in beiden Gebieten unterscheiden sich nicht grundsätzlich, doch ist auf Sennes die Neigung zur Dolinenbildung ausgeprägter:
Auf Sennes-Fosses ist die Zahl von Dolinen größer, und teilweise sind sie wesentlich deutlicher ausgebildet. Ihre Größe schwankt vom Meterdurchmesser bis zur Großdoline der Fosses-Seen mit über 1 km Länge. Ihre Ausformung verdanken die größeren Dolinen neben der langewährenden Kalklösung auch der glazialen Erosion ... Durch allmähliche Lösungserweiterung und durch Niederlegung der die Dolinen trennenden Rücken ist es zur Verschmelzung von Dolinen zu größeren, wannen-förmigen, gelappten Hohlformen gekommen. Sie werden Uvalas genannt (K. Fischer[37]).
Den Besonderheiten in der Steinwüste von Sennes gilt unser Besuch. Ausgangspunkt für die Wanderung ist die Senneshütte (2.126 m), die man von Pederü aus erreicht. Den ersten Eindruck des kargen „oberen Stockwerks“ (Altopiano) mildert das Grün der Hütten von Fodora Vedla (1.965 m) und der Neuen Sennesalm (2.245 m). Den trostlosen Anblick der im westlichen Teil welligen und im östlichen Teil fast eben verlaufenden „steinreichen“ Landschaft, vermag auch das Seekogelmassiv nicht zu verschönern. Der kleine Sennes-See, der im Herbst fast austrocknet, entstand in einer Doline. Im Gelände findet man viele kleine schüsselförmige Trichter, deren Durchmesser meist größer ist als ihre Tiefe. Eine Ausnahme bildet ein Schacht von 15 m vermessener Tiefe. K. Fischer ortete ihn 320 m westlich der neuen Alm Hochsennes.
Unser Wandervorschlag hat keinen bestimmten Schacht zum Ziel, sondern vermittelt auf einem Rundweg über die Seekofelhütte zum Großen Fosses-See einen Eindruck der Karsterscheinungen und läßt eigenen Interessen Spielraum. Wegen der Orientierung sollte man ihn nur bei einwandfreiem Wetter begehen.
Auf dem vielbegangenen Dolomitenwanderweg Nr. 1 steigt man zur Seekofelhütte – früher Egerer Hütte – hinauf. In der Nähe dieser Unterkunft befinden sich einige Karstschächte, die auch in den Höhlenkataster aufge-

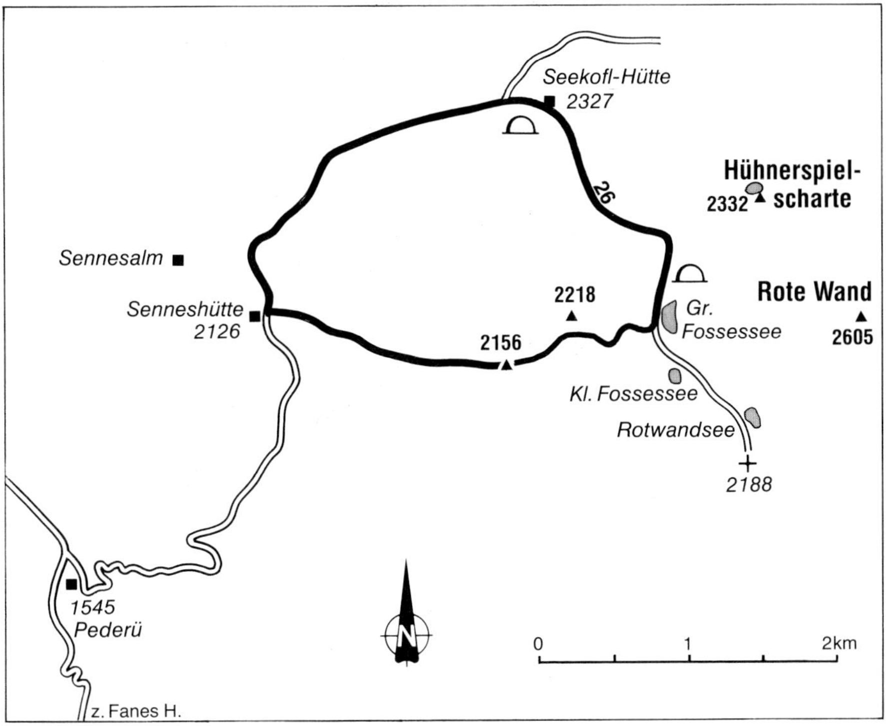

nommen wurden. O. Eisenstecken berichtete 1974[29] über eine Befahrung des Bus dela Falciara (Bz 1025, 2.195 m). Die Gruppe stieg auf einer Strickleiter durch die 3x6 m große Öffnung 7 m zum Grund ab und konnte weitere 10 m auf einem steilen Gang vordringen. Schon damals wurden Rinderknochen gefunden. M. Zambotto[161] meldete 1985, daß dieser Schacht als Abfalldeponie dient. Andere registrierte Hohlräume der Umgebung sind: Grotta del Rifugio Sennes 1 und 2 (Bz 1019, 2.180 m; Bz 1020, 2.185 m Seehöhe), la Grotta degli Stambechi (Bz 1036), Grotta Grande Sennes (Bz 1042, 2.240 m). Die Zeitschrift „Speleologica" des italienischen Höhlenforscherverbandes berichtete im März 1987 über Exkursionen im Sennes-Gebiet. Ab der Seekofelhütte bewegen wir uns in einem weniger besuchten Gebiet und kommen auf dem Weg Nr. 26 zum Großen Fosses-See (2.142 m) bzw. zu seinem kleinen Bruder und dem Rotwandsee. Hören wir den Geographen: *Die Fosses-Seen liegen in einer tektonischen, vorgezeichneten Großdoline bzw. in einem Uvala, das durch Glazialerosion und Korrosion beträchtlich ausgeweitet wurde. Im Gebiet der Seen dichten unlösliche Ablagerungen aus der Kreidezeit den Untergrund ab. Nördlich des Sees, wo die Sedimente fehlen, ist eine Doline entstanden, die 20 m unter den Spiegel des Großen Fosses-Sees hinabreicht* (K. Fischer). Man sollte versuchen, die Doline zu finden. Sie liegt 200 m nördlich vom Seeufer entfernt in Richtung Hühnerspielscharte (2.332 m). Im gleichen Abstand in WSW-Richtung findet man

einen trockenen Abfluß, der auch Flußschwinde, Schluckloch oder Ponor genannt wird. Im Lauf des Jahres verändert sich der Wasserstand des Sees kaum. Die Vermutung, daß der See die Boite-Quellen im Campo Croce-Tal speist, konnte bestätigt werden.
Vom See queren wir, unterhalb des wenig ausgeprägten Punktes 2.218 m so lange nach Westen, bis wir auf den Fahrweg zur Senneshütte kommen. Die Idee, Naturschächte als unterirdische Sehenswürdigkeiten zugänglich zu machen, wie sie der Höhlenforscher L. Weirather vor vielen Jahren[154] vorschlug, ist längst vergessen worden. Zeitlos blieb aber sein Urteil über diese Landschaft: *Im großen Raum des Alpenkarstes ist dieser Dolomitenkarst als letzter Rest einer einst großen, weit ausgebreiteten Liaskalkdecke in seiner Eigenart großartig.*

WEGVERLAUF
Ausgangspunkt: Senneshütte (2.126 m); erreichbar mit Taxibus oder zu Fuß in 2 Std. von Pederü (1.545 m); Senneshütte—Seekofelhütte (2.327 m) 1 Std.—Großer Fosses-See (2.142 m) 1 Std.—Senneshütte 1 Std.
Gesamtzeit: 3–4 Std.
Karten: Freytag & Berndt S 5 Cortina, Marmolada, St. Ulrich; Kompaß Nr. 57; IGM Blatt 12 IV, N.O. (Alpe Fanes) und Blatt 12IV,.N.E. (Croda Rossa) oder als Wanderkarte Blatt 1 Cortina d'Ampezzo (Fa. Geo-Grafica, Primiero).

DIE HÖHLEN DER FANES 35

Schaut man von der Faneshütte nach Westen, so glaubt man in einem riesigen Amphitheater zu stehen. Es heißt zu Recht „Parlament der Murmeltiere". Unmittelbar vor einem erstreckt sich die Arena mit der spiegelnden Fläche des Grünsees. Im Hintergrund wird diese Ebene von den malerischen Varella-Hütten begrenzt. Dahinter in weitem Bogen nach rechts ausgreifend, reiht sich Stufe um Stufe des Schichttreppenkarstes in nahezu mathematischer Regelmäßigkeit. Grüne Weideflächen und vereinzelt hingetupfte Nadelbäume bilden den Übergang zu den vegetationsarmen Hügelkuppen im Mittelfeld. Nur die Schatten der ziehenden Wolken beleben sie. Weiter rückwärts dehnt sich das Hochplateau. Es verschwindet im Dunst der Entfernung und läßt die teils schrofigen, teils plattigen Felskämme zwischen Heiligkreuzkofel und Cunturines-Massiv näher erscheinen, als sie wirklich sind. Darüber wölbt sich die Glocke eines seidenen Himmels, dessen Lichtfülle die Muster des ornamentartig verwitternden Kalkgesteins verstärkt. Eine Karstlandschaft also, die mit den Begriffen Wasserlosigkeit, Ödnis, Lebensfeindlichkeit wenig zu tun hat. Dennoch ist Klein- und Groß-Fanes ein echtes Stück Karst, wenn auch mit einigen Besonderheiten.
Die Fanes gehört zum seichten Karst, d. h. es bilden sich keine Wasserspeicher wie im tiefen Karst. Unbekannt sind bis heute die unterirdischen Wege des Wassers. Kaum bekannt auch die Zeit, die das Regen- und Schmelzwasser braucht, um in den Quellen, z. B. im großen Trichter bei Pederü, ans Tageslicht zu kommen. Die Fülle der Oberflächenerscheinungen hat die Wissenschaft beschäftigt und zur systematischen Unterscheidung der

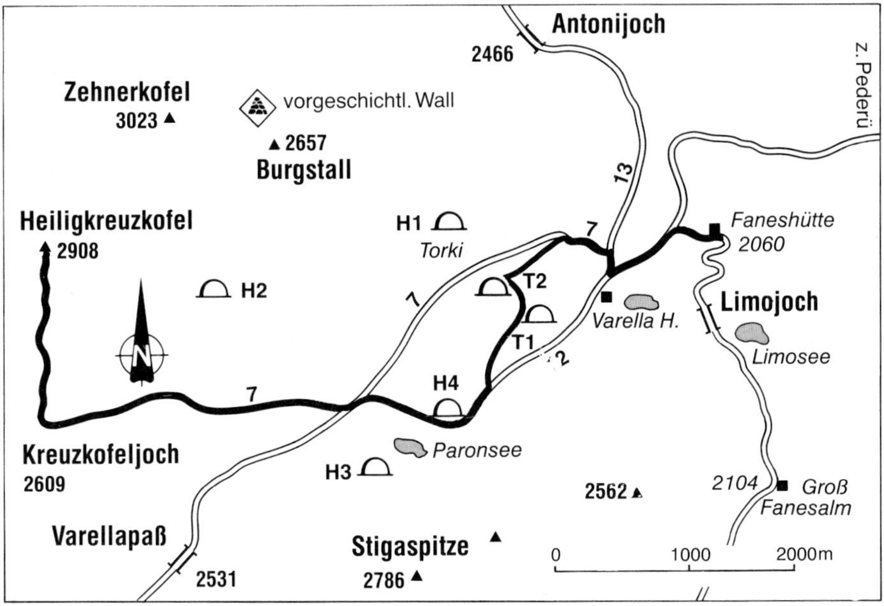

Karrenbildung des Schichttreppen- und Schichtrippen-Karstes geführt. Man hat festgestellt, daß die Abtragung der Oberfläche im Jahrhundert 1 mm, d. h. 1 cm pro tausend Jahre, beträgt. Mit dieser Kenntnis läßt sich das Alter der Karstformen schätzen. Die Karren entstanden nach der Eiszeit, die tiefen Kluftkarren sind älter, und die Bildung der Höhlen und Dolinen erfolgte im Tertiär, also vor Millionen von Jahren.

Einige Höhlen der Fanes, die wie das Torgglloch (Bus dei Torchi) gelegentlich in der Literatur erwähnt wurden,[37, 154] sind das Ziel unserer Wanderung. Die vorgeschlagene Route ist großteils weglos und kann nur bei guten Sichtverhältnissen unternommen werden.

Von der Varella Hütte (2.042 m) steigt man auf dem Weg Nr. 13, der zum Antonijoch führt, über die steilen Weideflächen nördlich empor. Nach 15 Minuten zweigt bei der Wegtafel links der Steig Nr. 7 ab. Er leitet nach Westen zu den letzten Bäumen. Noch bevor man auf diesem Weg, der zur Kreuzkofelscharte führt, in das unübersichtliche Blockkar unter der Neuner- und Zehnerspitze kommt, verläßt man ihn nach links. Man strebt der langgestreckten und längsgeschichteten Felsbank zu, die als 10–20 m hoher Steilabfall in annähernd gleicher Höhe nach Südwesten verläuft. Am Fuß dieser „Torki" führt unter dachartig vorspringenden Überhängen ein breites Band. Es wird nach ca. 250 m von herabgestürzten Blöcken und Steintrümmern verlegt und zwingt dazu, in die grasige Flanke auszuweichen. Bald kann man wieder zum Band zurück und kommt zu einer ca. 10 m breiten und 2 m hohen Öffnung. Links am Felsen ist die Bezeichnung „TK2" aufgepinselt: Bus 2° dei Torchi, Bz 1179. Wir betreten eine typische Karsthöhle mit Auswaschungsformen, Kolken und trümmerbedecktem Boden. Nach dem Eingang verengt sich der Hohlraum durch abgebrochene Trümmer auf ca. 5 m Breite. An der Decke sind konisch zusammenlaufende Kolke zu sehen.

Aus dem Vorraum zweigt nach Westen ein Gang ab, der sich in einem engen Spalt fortsetzt und bis zum Ende nach 19 m führt. Wände und Boden zeigen Feuchtigkeits- und Sinterspuren, d. h. der Lösungsvorgang des Liaskalkes dauert an.
Nach dem Besuch dieser Höhle beginnt die Suche nach dem Torgglloch Nr. 1, dessen Öffnung sehr versteckt liegt. Man steigt also vom Torki-Band über blockige Grashänge auf den sich unterhalb erstreckenden weiten Boden ab. Dann strebt man der Südwestecke dieser sanft geneigten Fläche zu und zwar bis dorthin, wo diese in Richtung P. 2.360 anzusteigen beginnt. Die genannte Fläche fällt mit niedrigen Felsstufen in Richtung Faneshütte ab. Entweder sucht man oberhalb dieser Südwestecke nach dem ehemaligen Bachgerinne mit der natürlichen Steinbrücke oder man orientiert sich nach der Vegetation. Im letzten Fall hält man nach zwei charakteristischen Bäumen Ausschau. Dieses Baumpaar ist unverwechselbar, denn in der Umgebung kommt eine ähnliche Kombination nicht vor. Knapp nebeneinander stehen links (nördlich) eine Wetterzirbe mit z. T. abgestorbenen Ästen und einem am Boden liegenden vermodernden Stamm und rechts (südlich) eine ausladende Kandelaber-Lärche. Zwischen den Bäumen verläuft die Felsrinne des ehemaligen Baches. Rund 10 m höher oben liegt das Höhlentor in einer von kleinen Bäumen bewachsenen niedrigen Felsstufe.
Das Torgglloch, ladinisch Bush dai Torki, Bz 727, ca. 2.200 m, ist ein ehemaliger Bachtunnel entlang der Schichtgrenze. Von der einst mehr als 100 m langen Höhle sind nur rund 40 m erhalten geblieben. Der größere Teil wurde durch die Abtragung der Höhlendecke zerstört. Einzelheiten mögen dem Höhlengrundriß entnommen werden. Der Verlauf vom oberen Kessel zur Steinbrücke und zum oberen Eingang sowie der Lichtschacht und der Ausgang sind oberirdisch gut zu verfolgen. Vom unteren Höhlentor aus kann man die Höhle durchkriechen, bis ca. 10 m nach dem Lichtschacht das Vordringen durch eingeschwemmtes Geröll gestoppt wird. Interessant sind die Auswaschungen und die Bruchspalte an der Decke.
Wer die Wanderung hier beenden will, kann weglos über die mit gangbaren Durchschlupfen versehenen Fels- und Grasstufen in Richtung Nordwesten (Grünsee) absteigen. Er trifft auf den Weg Nr. 12, der zurück zur Varella-Hütte führt. Man kann aber auch nach weiteren Höhlen suchen. Der Aufstieg in das nächste Stockwerk, das sich 200 m höher zwischen Paron- und Foppa-See erstreckt ist etwas mühsam. Hat man die Höhe erreicht, so sieht man rechts den Burgstall (2.657 m) unter der Zehnerspitze. Dort soll die sagenhafte Burg des Fanesreiches gewesen sein. Auf die Sage kommen wir bei der Schilderung der Cunturines-Höhle noch zurück.
Eine genauere Beschreibung der registrierten Höhlen auf der Faneshochfläche ist nur schwer möglich. Alle genannten Höhlen sind unbedeutend. Am leichtesten zu finden ist H4 (Cunicolo a Nord di Lago Paron, Bz 684) in 2.365 m, unmittelbar rechts neben dem Weg Nr.7/12.
Die Paronseehöhle H3 (Bz 685) liegt über dem See in 2.415 m Höhe. Sie ist vom markierten Weg aus zu sehen; ein Besuch ist unlohnend, ihre Länge

Abb. rechte Seite – *oben: "Parlament" der Murmeltiere. Schichttreppenkarst bei der Varella-Alm, Fanes.*
– unten: Torggelloch, Fanesgruppe

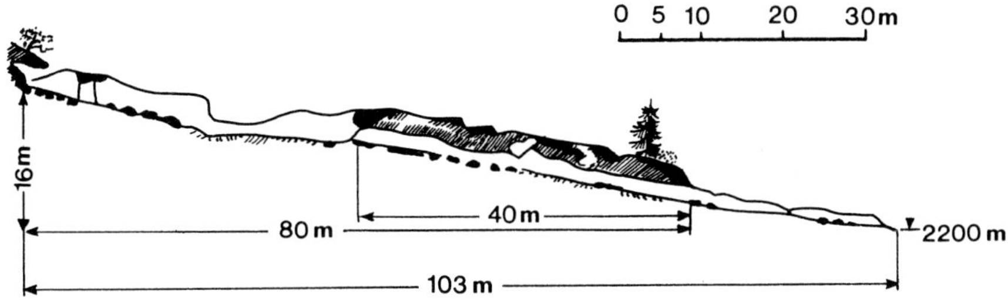

Abb. oben: *Querschnitt durch das Torgglloch (Bz 727), nach E. Bevilaqua[8] und K. Fischer.[37]*

beträgt nur 11 m. Schöner ist es, das ausgedehnte Plateau mit den zahlreichen Mugeln und Karsttälern zu durchstreifen, man wird neben Edelweiß auch Eisensplitter von den Geschoßen des Ersten Weltkrieges finden. Wer Zeit und Lust hat, dem sei die Besteigung des Heiligkreuzkofels (2.908 m) empfohlen. Neben der Aussicht auf die Karstgebiete wird der Tiefblick in das wiesenreiche Gadertal und seinen Bergkranz beeindrucken.

WEGVERLAUF

Ausgangspunkt: Faneshütte (2.060 m); erreichbar mit dem Taxibus oder in 2 Std. zu Fuß von Pederü (1.545 m); Faneshütte—Varellahütte—Weg Nr. 13—Weg Nr. 7—Bus 2° dei Torki Bz 1179 (ca. 2.300 m) 1 Std.—Torgglloch, Bus 1° dei Torki, Bz 727 (ca. 2.300 m), 1/2 Std.—Faneshütte 3/4 Std.

Gesamtzeit: 2—3 Std.

Alternativ: Vom Torgglloch—Paronsee (2.312 m) 3/4 Std.—Weg Nr. 7—Kreuzkofelscharte (2.612 m) 3/4 Std. Heiligkreuzkofel (2.907 m) 1 Std.

Gesamtzeit: 5–6 Std.

Karten: Freytag & Berndt S 5 Cortina d'Ampezzo, Marmolada; Kompaß Nr. 55 Cortina; Lage der Höhlen nach IGM Blatt 12 IV, N.O. (Alpe Fanes) bzw. als Wanderkarte Nr. 1 Cortina d'Ampezzo.

Torgglloch 1 (Bz 727, ca. 2.200 m, Länge 40 m), 0° 27' 13" w. L., 46° 36' 34" n. B.

Torgglloch 2 (Bz 1179, ca. 2.300 m, Länge ca. 20 m), keine Daten bekannt.

H1 Antro di Fanes Piccola (Bz 687, 2.330 m, Länge 8 m), 0° 27' 38" w. L., 46° 36' 53" n. L.

H2 Covelo della Foppa (Bz 686, 2.440 m, Länge 6 m), 0° 28' 19" w. L., 46° 36' 14" n. B.

H3 Grotta del Lago Peron (Bz 685, 2.415 m, Länge 11 m), 0° 28' 10" w. L., 46° 35' 55" n. B.

H4 Cunicolo a Nord di Lago Peron (Bz 684, 2.365 m, Länge 8 m), 0° 27' 43" w. L., 46° 36' 10" n. B.

Abb. links: *Blick vom Col Loggia (2069 m) zur Taibon-Spitze (2.926 m). Im Kar darunter befindet sich die Cunturines-Höhle (Wanderung 36).*

DIE CUNTURINES-HÖHLE (2.725 m) IN DER FANESGRUPPE

Ein besonderer Reiz der Dolomitensagen liegt in der Verknüpfung deutscher und ladinischer Elemente. K. F. Wolff[156] hat mit seinen poesievollen Schilderungen dem „Reich der Fanes“ ein literarisches Denkmal gesetzt. Zwischen Heiligkreuzkofel (2.907 m), La Varella (3.055 m) und Cunturines Spitzen (3.084 m), dort wo heute Karstkare, Schutthalden, grasige Schrofen und steile Felswände sich erstrecken, soll sich einmal ein fruchtbares Land befunden haben. Dort lebte ein freies Volk, das alle Angriffe erfolgreich abwehrte. Der Fürstensitz lag nahe des Cunturines Gipfels. Die Murmeltiere waren die Schutzgeister des Reiches. Prinzessin Dolasilla war durch einen Zauber unverwundbar und führte mit ihrem Vater, dem König, viele Kriege, die reiche Beute brachten. Der Untergang begann, als der König, der keinen Sohn hatte, immer habgieriger wurde und die Verbindung Dolasillas mit ihrem Schildknappen Ey de Net nicht duldete. Schließlich wurde die Prinzessin verraten und durch vergiftete Pfeile getötet. Das Reich zerfiel. Nur ihre Mutter und die Zwillingsschwester Luyanta überlebten. Sie zogen sich in das unterirdische Reich zurück.
Wer heute durch den Ort Stern im Gadertal wandert, findet Hinweise auf die unvergessene Sage: eine Pension Dolasilla, Fresken mit dem Bild der streitbaren Prinzessin und ein Bild mit Murmeltieren am Schulhaus. Innerebner[67] suchte auf den Cunturines Spitzen vergeblich nach den Burgresten. Dafür fand er unter dem Gipfel des Zehner (3.023 m) neben dem Burgstall (2.657 m) einen mächtigen Ringwall von 60 m Durchmesser: *Daß es sich hier um ein Menschenwerk handelt, steht außer allem Zweifel, daß wir aber hier zusätzlich vor einem Bauwerk aus grauer Vorzeit stehen, beweisen nicht nur die Form und Art der Anlage, sondern auch der Fund vorgeschichtlicher Scherben* (G. Innerebner). K. F. Wolff hat die neue Auflage seines Sagenbuches mit dem Hinweis versehen, daß damit das Heiligtum der Fanes gefunden wurde. Die Wissenschaftler haben Zweifel. Die Geographen vermuten im Ringwall eine Gletschermoräne. Die Keramikfunde waren nicht eindeutig. Die Historiker wiesen darauf hin, daß der Name Fanes schon 1002 in einer Urkunde steht. Langdauernde Streitigkeiten zwischen den almbesitzenden Gemeinden und die ungewöhnliche Vereinbarung von 1434, der Benützung als „Wechselalm“ – ein Jahr Enneberg, ein Jahr Cortina – um „Raub, Totschlag und Brand“ zu vermeiden, deuten auf frühere gute Almböden hin. In den letzten Jahren ist es um die Zeugnisse der Fanessage still geworden. Nur H. P. Menara[92] meinte zur Frage früherer Besiedlung, *daß möglicherweise auch die von Innerebner erkundeten Höhlen der Fanes* (vergl. Wanderung Nr. 35) *eine Rolle spielen könnten.* Aber weder die bekannten Höhlen der Fanes, noch die Beschreibung einer neu entdeckten Kleinhöhle unterhalb des Piz Zübr durch O. Eisenstecken[29] brachte neues Material.

Die Sensation ereignete sich im Herbst 1987. Der einheimische Bergsteiger und Gebietskenner Willy Costamolnig, Leiter des Bergrettungsdienstes und Hotelier in Corvara, entdeckte eine bisher unbekannte Höhle auf der Ostseite des Cunturines Massivs in 2.725 m Höhe und fand darin Tierschädel und Knochen. Die Belegstücke, die er zu Tal brachte wurden mit der Unterstützung von Prof. E. Rottanara (Stern), der weitere Experten hinzuzog, als

Grundriß der Cunturines-Höhle mit Eintragung der 1988 durchgeführten Grabungen (nach. G. Rabeder und Mitarbeiter[125]).

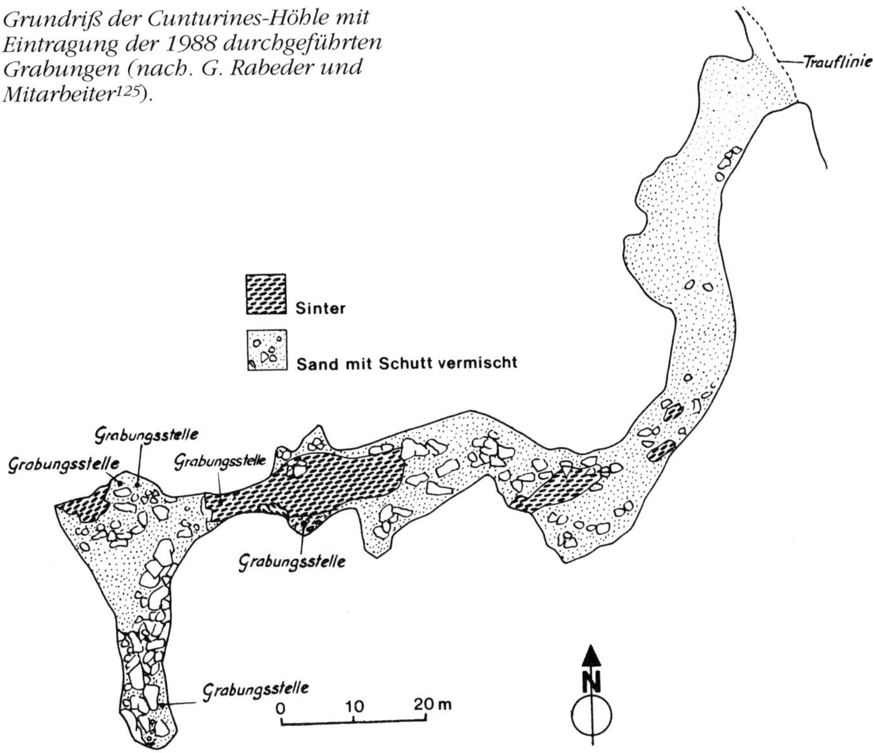

Überreste des Höhlenbären (ursus spelaeus und zwar die hochalpine Kleinform) identifiziert. Diese Bärenart, die größer und kräftiger als der heutige Braunbär war, kann als das alpine Charaktertier der Zwischeneiszeit bezeichnet werden.

Untermauert wurden diese Erkenntnisse durch Vergleiche der alpinen und arktischen Pflanzenwelt und der Klimaveränderungen. Vom Höhlenbären weiß man, daß er das Ende der Rückzugsstadien der Würm-Eiszeit (15.000–12.000 Jahre v. Ch.) nicht überlebt hat. Spuren des eiszeitlichen und nacheiszeitlichen Menschen sind ebenfalls in Höhlen gefunden worden und ermöglichen Rückschlüsse auf die Besiedlung.

Es gibt mehrere bekannte Fundstätten in den Alpen. Meist wurden zugleich auch Reste anderer Tiere wie Höhlenlöwen, Hyänen, Wölfe, Füchse gefunden. In der Tischoferhöhle (594 m) im Kaisertal bei Kufstein wurden fossilierte Knochen von 380 Bären gefunden. Ihr Alter wurde mit rund 30.000 Jahren festgestellt.[83] In der Drachenhöhle bei Mixnitz (Steiermark) wurden in 950 m Höhe nach dem Ersten Weltkrieg die Reste zahlreicher Höhlenbären zur Gewinnung von Phosphat-Dünger herangezogen. Eine Fundliste von über 1.000 Bären weist das Drachenloch oberhalb Vättis im Taminatal (Schweiz) in 2.500 m Höhe auf. Warum die Tiere an solchen Örtlichkeiten massenhaft auftraten, ist nicht eindeutig geklärt.

Die Kunde von den überraschenden Funden im Gadertal verbreitete sich mit

Windeseile. Die Höhlenbären wurden zum Tagesgespräch in Südtirol. Man erinnerte sich an Drachensagen und an manche Jäger, die Andeutungen von ihren Erlebnissen machten. Im Herbst 1987 erkundeten der Entdecker und seine Freunde die Höhle näher. Mit einer Länge von 197 m ist sie die längste Höhle Südtirols. Ein gewaltiges Höhlentor von 10 m Breite und 6 m Höhe öffnet den Weg in das Berginnere. Über Felsstufen und scharfkantige Blöcke wird ein Höhenunterschied von 75 m in der von Nordost nach Südwest verlaufenden Höhle überwunden. Verschiedene Hallen reihen sich hintereinander, deren Höhe stellenweise mehr als 15 m beträgt. Eine Fülle von bizzaren Sinterformen und Tropfsteinpyramiden im hinteren Drittel künden von der Tätigkeit des Wassers. Der Bodensinter ist mehr als 1 m dick. Nach den vom Wiener Universitätsinstitut für Radiumforschung ermittelten Daten wurde er vor ca. 220.000 Jahren abgelagert.
Neben einer Bestandsaufnahme wurde mit Eifer daran gegangen, Schädel und Knochen zu sammeln und in das Tal zu bringen. *Die Skelett-Teile, darunter 15 Bärenschädel wurden in 17 Apfelkisten verstaut. Außerdem sind noch 15 Schädel im Umlauf bei Freunden und Bekannten* schrieb die Zeitung.[164]
Das war das Problem dieser hektischen Tage. Es wurde Zeit, Maßnahmen zu setzen, um eine unsachgemäße Ausbeutung zu verhindern. Vorteilhaft war, daß die Fundstelle schwer zugänglich im Hochgebirge lag. Da die Fanesgruppe als Naturpark unter Schutz steht, war auch die Zuständigkeit der Behörden zu klären. Das Denkmalamt in Bozen schaltete sich ein und veranlaßte einen Besuch der Fundstelle durch Fachleute mittels Hubschrauber. Ende Oktober 1987 wurde der Höhleneingang mit einem Drahtgitter verschlossen und eine Tafel mit dem Hinweis auf die Paläontologische Fundstelle und einem Betretungsverbot angebracht. Dr. Lorenzo dal Ri bedauerte in einem Zeitungsinterview[164] die Zerstörung der Schichtfolge und wies darauf hin, daß derart wichtige Funde nur in Zusammenhang mit ihrer ungestörten Lage und der Beschaffenheit der Umgebung beurteilt werden können. Erst aus dem Zusammenspiel der abgelagerten Schichten mit den tierischen Überresten, sowie der Beachtung des Flechtenbewuchses und Vogelkotresten können Aufschlüsse über die Höhlenentstehung, das Klima, die Wasserführung und das Alter der Höhle erwartet werden. Höhlen sind eine Art Index der Menschheitsgeschichte, den zu entziffern die sorgsame Beachtung jeder Kleinigkeit erfordert. Inzwischen ist diese schwierige Periode vorüber, und die wissenschaftliche Bearbeitung hat begonnen. Im Juli 1988 wurde ein zerlegte Hütte zum Eingang geflogen. Vom 28. August bis 16. September arbeitete eine Gruppe unter Leitung von Prof. Dr. G. Rabeder (Institut für Paläontologie der Universität Wien) an der Klärung der angeschnittenen Fragen. Die vorläufigen Ergebnisse waren folgende:[125]

1. Viele Reste von sehr jungen Höhlenbären sowie Neonaten (Milchzähne, Knochen) beweisen, daß die Höhle nicht nur zum Überwintern, sondern auch als Wurfplatz und Kinderstube diente.
2. Daraus folgt, daß das Klima zur Zeit der Höhlenbären viel günstiger als heute war.
3. Die größte Überraschung war der Fund eines Unterkiefers eines jungen Höhlenlöwen, der wahrscheinlich Jagd auf junge Höhlenbären machte.
4. Menschliche Spuren aus der Höhlenbärenzeit konnten bisher nicht gefunden werden; das Vorkommen von Steingeräten wird jedoch für wahrscheinlich angenommen.

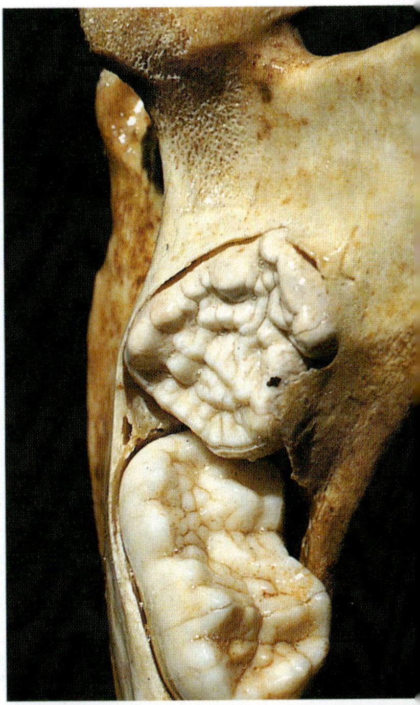

rechts: *Zähne eines Höhlenbären aus der Cunturines-Höhle.*

unten: *Schädel und Knochen eines Höhlenbären, Cunturines-Höhle. Alter: ca. 39.000 Jahre.*

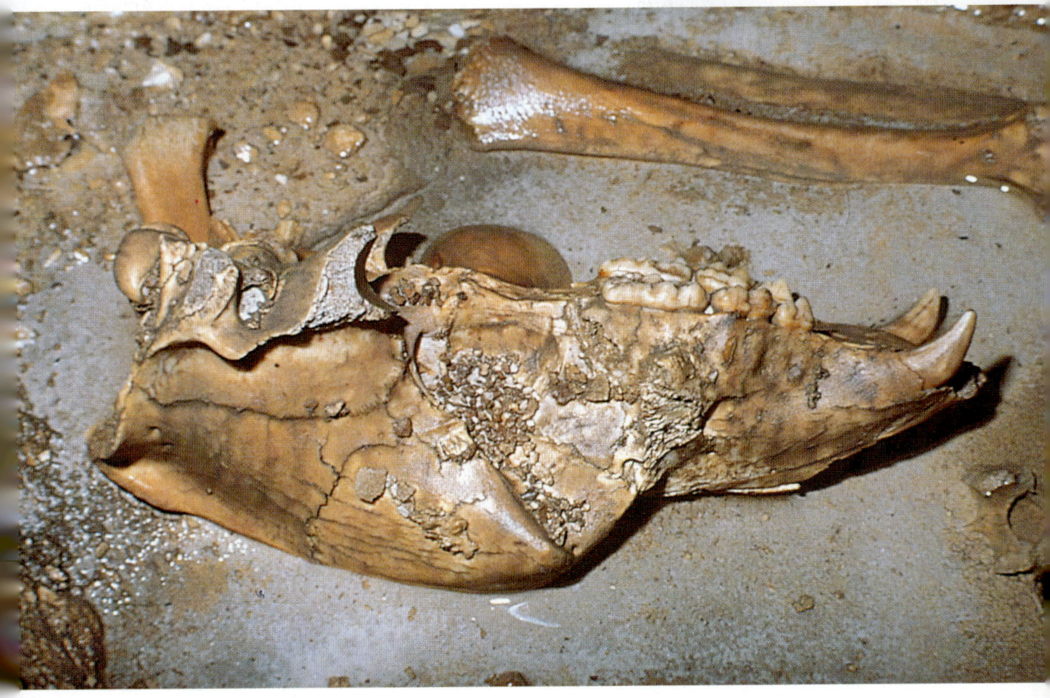

oben: *Tor (10 m breit, 6 m hoch) der Cunturines-Höhle in 2.725 m Höhe.*
rechts: *Sinterkaskade in der Cunturines-Höhle.*

oben: *"Warmloch" bei Kaltern (Schachttiefe 21 m) am Weg zu den Roßzähnen. (Wanderung 37)*

Inzwischen liegen auch die ersten Ergebnisse der Altersbestimmung der Höhlenbärenknochen vor: sie ergaben mehr als 39.000 Jahre.
Wenn weitere Ergebnisse vorliegen, wird man mehr sagen können. Die Kolke und Auswaschungen im Verein mit den Deckenstürzen lassen einen unter-

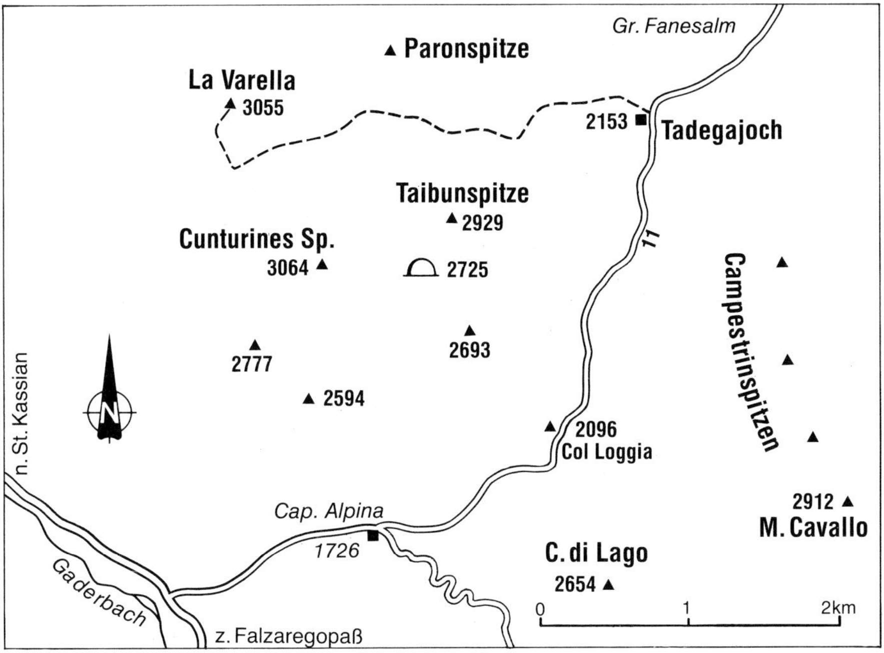

irdischen, von oben kommenden Wasserlauf vermuten. Heute scheint uns das unvorstellbar, denn der Cunturines Stock ist in schroffe Türme, scharfe Grate und steile Wandfluchten gegliedert und weist kaum irgendwo ein ebenes Plätzchen auf. Wo sollte sich Wasser für den unterirdischen Bach sammeln? War vor Jahrmillionen das jetzige Karstplateau der Fanes eine fruchtbare Fläche mit Seen und Bächen und lief ein Abfluß durch den Berg in die Tiefe? Noch wissen wir wenig, noch überwiegt das Staunen über das entdeckte Naturwunder, aber man spürt den Atem der Ewigkeit.
Beim gegenwärtigen Stand der Erschließung dieser Höhle wird auf eine genaue Zugangsbeschreibung verzichtet. Das Höhlentor liegt am oberen Rand eines von unten nicht sichtbaren Schuttkares, das von der Taibun Spitze (2.929 m) und dem südöstlich davor gelagerten Punkt 2.693 m gebildet wird. Der Aufstieg erfolgt vom Col Loggia (2.069 m). Von dort steigt man weglos über Bachrunsen, Latschenfelder, Schrofenhänge, Schutthalden und ausgesetzte Grasbänder zum obersten Schuttkar. Alpine Erfahrung, Trittsicherheit und Orientierungsvermögen sind für diesen Aufstieg, der nur in der schneefreien Jahreszeit möglich ist, die Voraussetzung.
Wie bereits erwähnt, ist die Höhle verschlossen und derzeit nicht zugänglich.

Ob und in welcher Form nach Abschluß der Forschungsarbeiten die Höhle der Öffentlichkeit zugänglich gemacht wird, ist noch nicht entschieden.
Von der Sagenwelt der Fanes, deren unterirdisches Reich die Murmeltiere bewachen, ist es ein weiter Bogen bis zu den Höhlenbärenresten im unwirtlichen Fels der Cunturines. Die Zeitspanne von der Höhlenentstehung vor Millionen von Jahren bis zum Auftreten der Höhlenbären vor vielen Jahrtausenden und schließlich zur Ansiedlung von Menschen ist lang.
Die Zeit ist eine geräuschlose Feile meint ein italienisches Sprichwort. Nur wenn man, wie in der Bärenhöhle, unerwartet „Späne" dieses Werkzeuges findet, vermeint man die unendliche Zeit zu spüren. Meß- und vorstellbar ist nur die dem Menschen zugewiesene Zeit. Die Dauer der Erdgeschichte übersteigt vielfach unsere Vorstellungskraft. Wenn Höhlen als Archive der Natur bezeichnet werden, so nimmt die Cunturines-Höhle eine Sonderstellung ein. Hier vereint sich die „tote Welt" (Gesteine) mit der „lebendigen Welt" (Tiere) und bildet ein Archiv der Schöpfung.

WEGVERLAUF

Ausgangspunkt: Cap. Alpina (1.726 m); Endpunkt der Straße von Stern im Gadertal über St. Kassian; oder Faneshütte (2.060 m); vergl. Wanderung Nr.35. Cap Alpina—Col Loggia (2.069 m) 1 Std.—Aufstieg in das Kar unterhalb der Taibon Spitze und des Cunturines Zahnes zur Höhle (2.725 m) 2–3 Std.
Gesamtzeit: 5–7 Std.
Karten: Freytag & Berndt S 5, Kompaß Nr. 55; IGM Blatt 12 IV, N.O. (Alpe Fanes).
Anmerkung: Weil die Höhle im ladinischen Sprachgebiet liegt, hat man sich auf die Schreibweise Cunturines geeinigt; Ander dies Cunturines (lad.), Cunturines-Höhle (deutsch), Grotta die Cunturines (ital.).

DIE EISLÖCHER VON EPPAN UND DIE WARMLÖCHER VON KALTERN 37

Ein Loch ist da, wo etwas nicht ist schrieb der Romanautor Tucholski in dichterischer Freiheit. *Etwas* ist aber keineswegs *Nichts*. Bei einer lochartigen Höhle oder einem Schacht spielt die den Hohlraum ausfüllende Luft, neben dem für Gesteinskorrosion und Biosphäre bedeutsamen Wasser, eine wichtige Rolle. Weil sie für das Verständnis der Vorgänge unter der Erdoberfläche wichtig sind, wurden diese Löcher, obwohl sie keine Höhlen im eigentlichen Sinn darstellen, in diese Sammlung aufgenommen.
In der Umgebung des Kalterer Sees findet man die beiden sehr unterschied-

lichen Typen. Die Eislöcher liegen im Gemeindegebiet von Eppan. Dort erstreckt sich unterhalb des Mendelzuges am Gandberg ein aus Quarzporphyrblöcken gebildetes Bergsturzgebiet. Die Eislöcher sind seit langem bekannt. Schon im Zuge von Grenzstreitigkeiten im Jahr 1731 wurden sie urkundlich erwähnt.[104] Heute steht das Gebiet unter strengem Naturschutz. Der Grund für diese Maßnahme ist die Pflanzenwelt, die sich in dieser durch einen Kältesee gekennzeichneten Mulde angesiedelt hat. Inmitten der südlichen Landschaft des Überetsch hat sich ein Hochgebirgsklima entwickelt, das einen Pflanzenwuchs begünstigt, der sonst nur in der Almregion heimisch ist: Flechten, Moose, alpine Gräser, Zwergsträucher, kleinwüchsige Nadelbäume, Birken und Eschen. Die Lufttemperatur unmittelbar bei den Eislöchern und außerhalb des Kessels zeigt Unterschiede bis zu 25° C.[93] An heißen Augusttagen wurden bei den Löchern Temperaturen nahe dem Gefrierpunkt d. h. im Mittel 5° C festgestellt. Der Hinweis auf Erkältungsgefahr beim Besuch der Örtlichkeit ist berechtigt. Die Öffnungen aus denen die kalte Luft kommt, sind kleine Felsspalten, die nur gelegentlich mehr als einen halben Meter groß sind. Schneereste und Eiszapfen bleiben bis zum Sommerbeginn erhalten.

Was ist die Ursache für die ungewöhnliche Umkehrung der Temperaturverhältnisse? Windröhrensysteme sind aus Bergwerken, die durch Schächte verbundene Stollenmundlöcher in verschiedenen Höhen haben, seit langem bekannt. Im Montanbereich werden zur Vermeidung des störenden Luftzuges „Wettertüren" eingebaut. Was solcherart durch künstliche Einbauten reguliert werden kann, läuft bei den Eislöchern ungestört in natürlicher Weise ab. Im Block- und Lockermaterial und in den Spalten des Bergsturzes von Gand verlaufen unterirdische Kanäle, durch welche abgekühlte Außenluft nach unten fließt. So kommt ein Kreislaufprozeß in Gang, der durch Verdunstungskälte, Temperaturgefälle zwischen Tag und Nacht gefördert wird. Die aus den Eislöchern austretende kalte Luft sammelt sich in der nach unten abgedichteten Geländemulde und begünstigt die Erhaltung von Eisvorräten. Dieses Kleinklima beeinflußt die Vegetation. Die botanische Sonderstellung ist dadurch bedingt. Offene Fragen wie z. B. die Lage der Luft-Eintrittsstellen, die Verweilzeit im Erdinneren, die Größe der Luftvolumina, die Strömungsgeschwindigkeit, beschäftigen die Wissenschaft.

Der Besuch der Eislöcher ist infolge der guten Beschilderung einfach. Am schnellsten ist der Platz von der Mendelstraße aus zugänglich. Parkmöglichkeit besteht nach der Abzweigung der Straße nach Ober-Planitzing bzw. Kaltern. Der Weg Nr. 15 führt zu den Eislöchern. Ein anderer Zugang ist jener von Eppan auf dem Weg Nr. 7 über den Gasthof Stroblhof. Die Eislöcher tragen ihren Namen zu Recht, denn sie sind ein natürlicher Eiskeller mit Minihöhlen als Kühlzellen.

In eine ganz andere Welt führt uns die Wanderung zu den Warmlöchern bei den Roßzähnen südlich der Ruine Leuchtenburg. *Hier vergißt man, daß man sich noch mitten im Alpenraum befindet, unendlich weit weg sind hier all die übererschlossenen Touristikzentren; die Dolomiten, die mächtigen Gletscherberge, die freien Hochwiesen, die steilen Nadelwälder - dies alles gehört einer anderen Welt an. Denn hier beherrscht einzig und allein die in verschwenderischer Fülle wuchernde Vegetation des echten, an fremde*

Kontinente erinnernden Urwaldes – schreibt H. Menara, der die Urzeitfunde, die Gebäudereste und Steintreppen in dieser Landschaft schildert.[92]
G. Andergassen[2] hat sich mit den Warmlöchern gründlich befaßt und bisher an fünf Stellen solche gefunden. Auch einige Kaltlöcher, die nahe der Etschtalsohle in 223 m Seehöhe unter den Pfattener Porphyrwänden liegen, wurden von ihm entdeckt. Daß bei den bisherigen Erkundungen ein Schacht von 21 m Tiefe betreten wurde, macht die Sache auch für den Höhlenforscher spannend. Was sind Warmlöcher? Im Prinzip das Gegenstück der Eislöcher. Beide beruhen auf dem Windröhrensystem. Während bei den Eislöchern kalte Luft unten austritt, entsteht bei den Warmlöchern ein Luftstrom nach oben. Beide Systeme sind von der Außentemperatur abhängig. Die kalte Luft der Eislöcher entsteht in der warmen Jahreszeit, das Warmluft-System funktioniert nur im Winter. Je höher der Temperaturunterschied zwischen Unterirdischem und Außenwelt, umso besser der Effekt.
Die Temperaturdifferenz, welche die Luftbewegung auslöst, wird durch die Berührung der eintretenden Luft mit dem kühlen Gestein (Höhlen-Innentemperatur 5–8° C bei einer mittleren Jahrestemperatur von 12° C) bewirkt. Anders ausgedrückt: im Sommer wird die in das Bergesinnere eintretende Luft abgekühlt und sinkt nach unten. Im Winter, vor allem bei Außentemperaturen unter 0° steigt die in den Hohlräumen befindliche wärmere Luft nach oben und zieht von unten her kalte Luft nach, die sich am Aufwärtsweg durch das Kluftsystem erwärmt. Sie tritt an der oberen Öffnung als Luftstrom aus. Bei Minustemperaturen der Außenluft entsteht durch die Kondensatbildung ein sichtbarer Wasserdampf. Theoretisch wäre jedes Sommer-Eisloch ein Winter-Warmloch. Weil im Gelände die Ein- und Austrittsöffnungen weder genau feststellbar sind, noch zugeordnet werden können und die Verästelungen der unterirdischen Wege und der darin ablaufenden Vorgänge unbekannt sind, muß man sich auf die Auffindung lokalisierbarer Plätze beschränken. Bei den geschilderten Vorgängen spielen weitere Faktoren wie z. B. Dimensionen, Verengungen und Erweiterungen des Luftspaltes, Form und Beschaffenheit der inneren Felsoberfläche, Verdunstungskälte durch Feuchtigkeit, Luftvolumen und Strömungsgeschwindigkeit eine Rolle. *Theorien sind gewöhnlich Übereilungen eines ungeduldigen Verstandes* mahnt J. W. Goethe und erinnert uns daran, im Buch der Natur weiter zu blättern. Dazu fahren wir auf der Südtiroler Weinstraße unterhalb von Kaltern noch rund 1 km südwärts, bis wir links (östlich) auf einer schmalen Straße durch die Weingärten in Richtung Klughammer abzweigen können. Noch vor dem Erreichen des Sees halten wir uns links in Richtung Kreither Sattel. Unterhalb des Kreither Hofes (Schotterwerk, Linkskehre) parken wir rechts auf einem Seitenweg am Beginn der Markierung Nr. 13 (Hinweisschild „Leuchtenburg, Roßzähne"). Auf diesem Weg aufwärts, die Kaiserberg-Forststraße kreuzend und immer dem schönen Steig folgend, durch verfilzten Laubwald höher. Kastanien, Birken, Efeu und üppiges Unterholz säumen den Weg. Die Abzweigung zur Leuchtenburg läßt man links liegen.

Abb. rechts: *Windröhrensysteme in Felsspalten, wie sie an den Roßzähnen zwischen Kalterer See und Etschtal zu beobachten sind, ermöglichen Luftströme, die zu Warm- oder Eislöchern führen können.*

Am Weiterweg hat man einen schönen Rundblick auf die schiffbugartige Ruine auf einem Felszacken des Mitterberges. Der Weg führt abwechslungsreich durch Mulden weiter, vorbei an alten Mauern und steigt dann in einigen Kehren zu den Roßzähnen an. Jetzt muß man aufpassen: bei der letzten, d. h. östlichsten Wegkehre, bevor der Weg auf der Kalterer-See-Seite weiterführt, verläßt man ihn. Die Stelle ist durch einen mannshohen pilzartigen Porphyrzacken mitten im Wald, rund 20 m von der Wegkehre entfernt, gekennzeichnet. Von hier steigt man den bewaldeten Rücken ca. 40 m höher. Man kommt zu einer unbewachsenen Porphyrplatte unterhalb einer mittelgroßen Blumenesche (Praxinus ornos). Am linken, südöstlichen Abfall der Platte entdeckt man das Warmloch. G. Andergassen[3] hat im Winter unabhängig von der Außentemperatur einen Warmluftstrom von 11° C festgestellt. Die Öffnung selbst ist ca. 1,20 m lang und 0,5–0,7 m breit. Einige Meter tiefer ist ein Klemmblock verkeilt. Glatte Wände begrenzen den unten enger werdenden Schacht. Er wurde bis 21 m Tiefe erkundet. Im Winter ist die austretende Luft feucht und kondensiert zu sichtbaren Schwaden. Was einst ein geheimnisvolles „Höllenloch“ gewesen sein mag, regt uns heute zum Nachdenken an.
Der Weiterweg führt zu den Roßzähnen (609 m). Es sind dies wuchtige Porphyrklötze, die nach Osten in das Etschtal abstürzen. Wie Kanzeln erheben sie sich aus dem grünen Teppich des Laubwaldes. Bei den ersten Zähnen, noch vor dem höchsten Punkt, kann man die über 10 m hohen und schmalen Felsspalten bestaunen, die zwischen den einzelnen Klötzen eingeschnitten sind. Das sandige Lockermaterial wurde ausgewaschen, so daß man am Grund der Spalten nach oben klettern kann. Ähnlich ausgebildete Spalten in tieferen Regionen dürften die Warmlöcher-Kanäle bilden. Unterhalb des höchsten Punktes befinden sich Mauern steingefügter Häuser, ein Vorplatz und eine Steintreppe. Es handelt sich vermutlich um eine Kultstätte[92]. Auch dieser Platz ist ein trefflicher Thron für den denkenden Wanderer. Zur Rückkehr wählen wir Weg Nr. 13 C nach Süden. Unterhalb einer 1988 gerodeten Lichtung – hier soll eine Radaranlage für den Bozner Flughafen gebaut werden – befindet sich ein weiteres Warmloch unbekannter Tiefe. Auch am Weg nach Gmund fand G. Andergassen ein Warmloch. Es hat eine ständige Temperatur von 14° C. Seine Luftströmung ist im Winter so stark, daß die Zweige einer Flaumeiche ständig bewegt werden.
Für den Weiterweg benützen wir den Steig 13 C bis zu einer Waldlichtung, bei der die Kaiserberg-Forststraße beginnt. Hier verlassen wir den bezeichneten Weg und bleiben auf dem Grasteppich des breiten Weges, der uns in geruhsamer Wanderung bis zur Abzweigung der Markierung 13 A bringt, die uns zum Ausgangspunkt zurückleitet. Die bevorzugte Zeit für die Wanderung in diesem Naturparadies sind Frühling und Herbst. Noch eindrucksvoller ist eine Winterwanderung, wenn aus den Löchern Dampf austritt und an die Sagen über die „Teufelslöcher“ und ihre Opfer erinnert.

Abb. linke Seite – *oben: Tropfsteine in der Schauhöhle Grotta di Castello Tessino, Valsugana (Wanderung 39).*
– unten: Mühlenbachtunnel/Ortenloch (Wanderung 33).

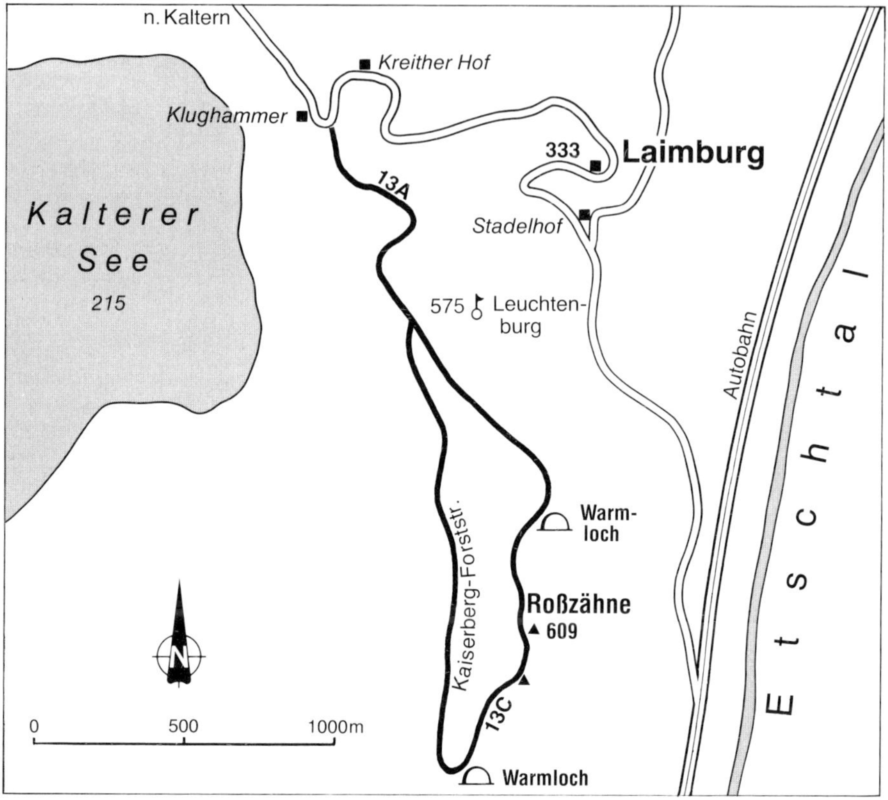

WEGVERLAUF

1. Eislöcher von Eppan
Ausgangspunkt: Parkplatz an der Mendelstraße (ca. 500 m)—Eislöcher (515 m) $^{1}/_{4}$ Std.
Gesamtzeit: $^{1}/_{2}$ Std.
Alternativ: Weg Nr. 7 von Eppan (471 m) und Gasthof Stroblhof $^{3}/_{4}$ Std.

2. Warmlöcher von Kaltern
Ausgangspunkt: Parkplatz gegenüber Kreither Hof (ca. 340 m); erreichbar von Kaltern, Abzweigung nach Klughammer, Straße Kreither Sattel—Laimburg; Weg Nr. 13 A—Warmloch 11° C 1 Std.—Roßzähne (609 m) $^{1}/_{4}$ Std.—Weg Nr. 13 C bis Kaiserberg-Forststraße $^{1}/_{2}$ Std.—Weg 13 A zum Ausgangspunkt 1 Std.
Gesamtzeit: 3–4 Std., mit Leuchtenburg 1 Std. länger.
Karten: Freytag & Berndt S 7 Überetsch, Kalterer See, Unterland; Kompaß Nr. 54 Bozen und 74 Tramin/Cavalese; Wanderkarte 1:10.000, Verkehrsverband Kaltern; IGM Blatt 10 II, N.O. (Appian) bzw. S.O.

DAS KNAPPENLOCH AM FUSS DER MENDEL (BZ 717)

38

Die unter diesem Namen bekannte Höhle befindet sich oberhalb des Ortsteiles St. Nikolaus der Gemeinde Kaltern in 700 m Höhe. Die Bezeichnung ist sachlich nicht richtig, denn Beziehungen zum Bergbau bestehen nicht. Wichtig ist diese Höhle in Südtirol deswegen, weil sie die bestbeschriebene Kleinhöhle des Landes ist. P. Stacul hat ihr 1981 eine ausführliche Monographie[137] gewidmet. Die kartographische Aufnahme, die Erfassung des festen, flüssigen und gasförmigen Höhleninhaltes, sowie die naturkundlichen Beobachtungen und die Überlegungen zur Höhlenentstehung wurden gemäß den Richtlinien der Internationalen Union für Speläologie durchgeführt. Der Autor kommt zu folgender Schlußfolgerung: *Die Höhle ist trotz der geringen Ausdehnung bemerkenswert, weil sie auf engstem Raum die wesentlichen Elemente des speläologischen Formenschatzes enthält, in einem Gestein quartären Alters liegt und troglophile Formenelemente beherbergt.*

Trotz dieses Fachurteils ist der Besuch des rund 24 m langen Hohlraumes nur von mäßigem Interesse. Anders ist es, wenn man eine Wanderung damit verbinden kann. Das ist in dem Fall besonders gut möglich, denn in Verbindung mit der Standseilbahn zum Mendelpaß und dem Abstieg auf dem „Alten Mendelweg" ergibt sich eine reizvolle Rundtour. Tiefblicke in das Etschtalbecken und die Fernsicht auf die Dolomiten wechseln mit geschichtlichen Erinnerungen und naturkundlichen Besonderheiten.

Ausgangspunkt ist der Mendelpaß (1.363 m). Er verbindet das Etschtal mit dem Nonsberg. Vom höher gelegenen Penegal (1.750 m), auf den eine Fahrstraße führt, liegt *ganz Südtirol wenigstens in seinen großartigen Umrissen vor Augen des Beschauers* (J. J. Staffler). Der alte Mendelweg war ein „Schloapfnweg". Wegen der Steilheit und dem steinigen Untergrund konnte er nur von zweirädrigen Karren (Schloapfn) befahren werden. Ab 1880 wurde in fünfjähriger Bauzeit die berühmte Mendelstraße gebaut. Die technisch bemerkenswert kühne Standseilbahn entstand 1903. Sie wurde modernisiert und ist seit 1988 wieder in Betrieb[28]. In 11 Minuten Fahrzeit lassen wir uns von der Talstation St. Anton zum Paß befördern. Hotels und Geschäfte auf der Höhe leben vom Fremdenverkehr. Wir entfliehen dem Rummel und finden nach den Häusern einen Wegweiser mit den Tafeln „M Alter Mendelweg" und „521 Telegrafensteig". Beide Wege benützen die gleiche Trasse und trennen sich erst weit unten. Durch prachtvollen Laubwald kommen wir in Kehren abwärts. Die Fahrstraße verläuft in der Nähe. Bei Kehre Nr. 8 müssen wir sie ein Stück benützen, bevor wir sie endgültig verlassen. Erst weit unten kommt man zum „Frauenbrünnl" mit Holztrog und einem nahen Löschwasserweiher für die Waldbrandbekämpfung. Hier war früher die „Zollwiese", so genannt nach den Resten eines Hauses (Tafel), das früher dem Kassier des Weg- und Warenzolles als Arbeitsstelle diente. Im Frühsommer erfreut nicht nur der üppige Mischwald, gelegentlich findet man auch seltene Blumen wie Türkenbund und Feuerlilie. Bei einem Wegweiser zweigt rechts der Mendelweg vom Telegrafensteig ab.

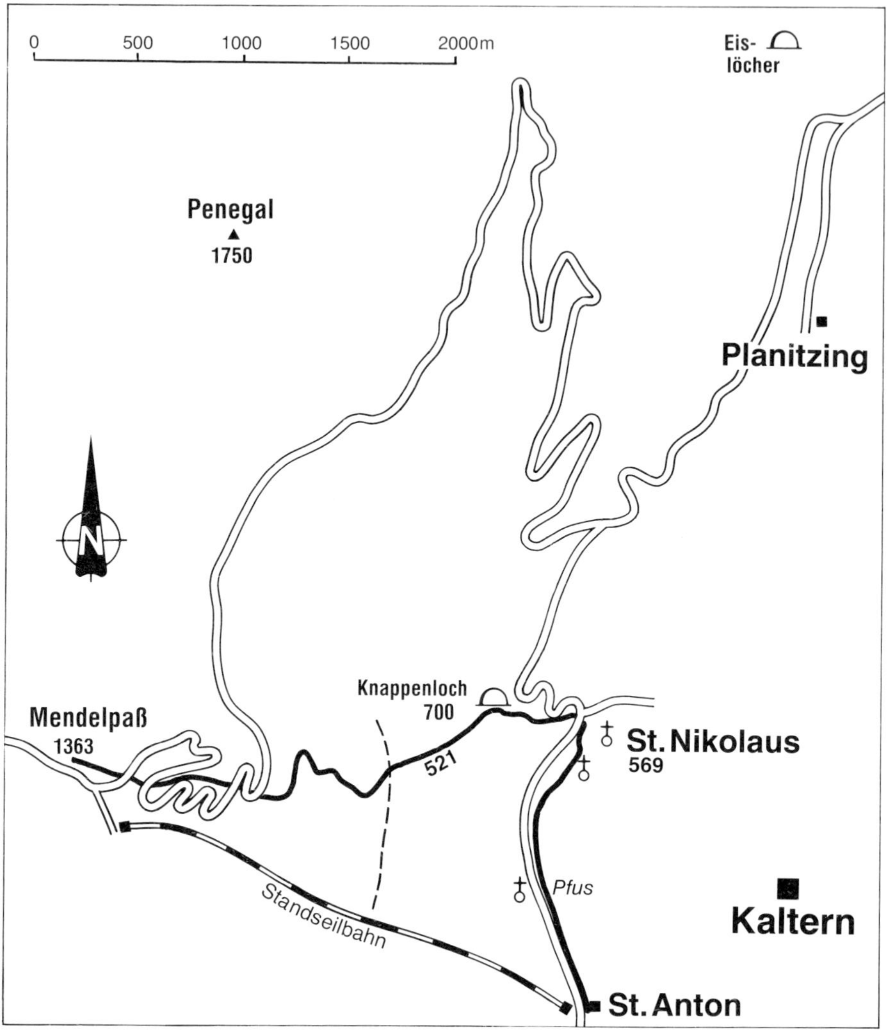

Wir bleiben auf diesem Weg Nr. 521 und steigen weiter ab, bis wir tief unten zu einem Wasserschloß kommen.
Um zur Höhle zu gelangen, verlassen wir hier den Weg 521 nach links. In wenigen Minuten steigt man längs des eingezäunten Wasserschutzgebietes zu einem roten Wasserhydranten hinauf. Genau gegenüber, am Fuß eines baumbestandenen Felsblockes öffnen sich die beiden Höhleneingänge. Der größere Eingang liegt östlich oberhalb. Er wird durch die Verschneidung von zwei Kluftflächen gebildet und führt in den Hauptraum. Dieser ist 9,7 m lang und 5,75 m breit. Er wird durch eine Bodenstufe in zwei Räume unterschiedlicher Höhe von 2 bzw. 3 m geteilt. Im Westteil des rechteckigen Hauptraumes tritt Tageslicht durch den etwas niedrigen zweiten Eingang ein. Er

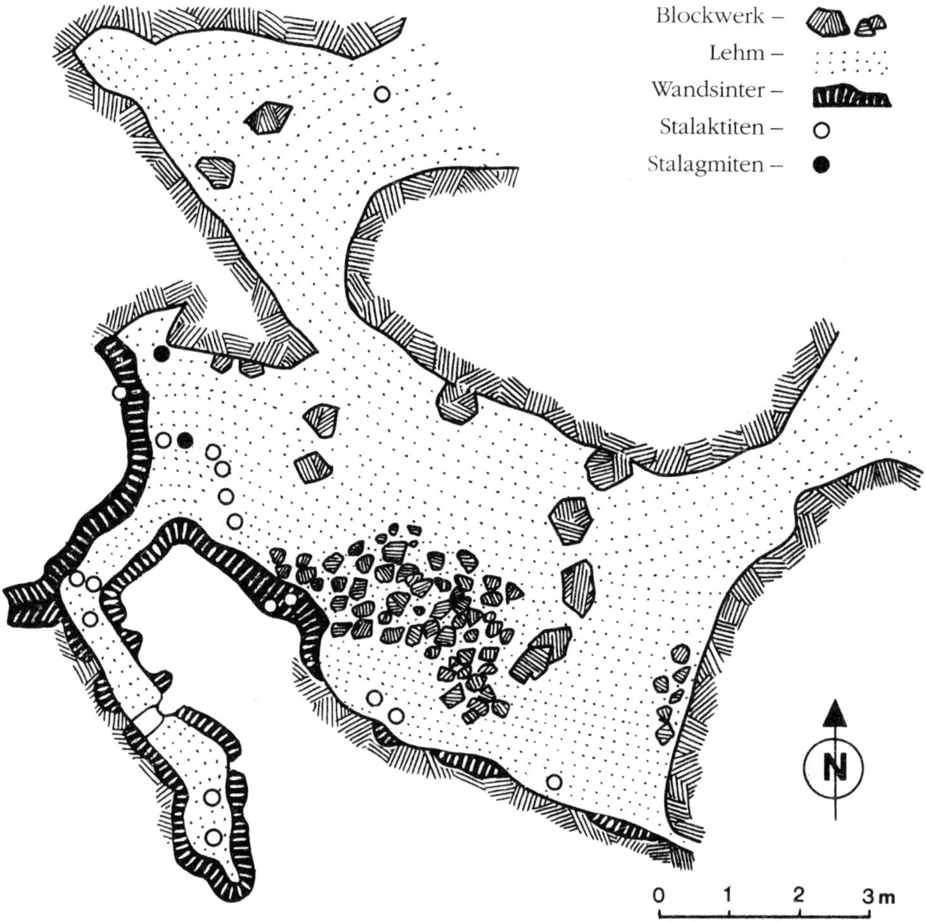

Grundriß der Höhle Bz 717
"Knappenloch" (nach P. Stacul[137])

dürfte künstlich erweitert worden sein, denn im 2. Weltkrieg wurde die Höhle als Luftschutzraum benützt. In der Nordwestecke des Hauptraumes zweigt ein versteckt gelegener 6,5 m langer, mit Lehm und Sand gefüllter Seitengang ab. Am Boden liegen herabgestürzte Blöcke. Kluftfugen in der Höhlendecke machen ein Nachbrechen wahrscheinlich.

Das höhlenbildende Gestein ist eine fest verkittete Breccie aus Dolomit (Gehängebreccie des Riss-Würm-Interglazials oder eines Würm-Interstadials). Schön ausgeprägt sind die Sinterüberzüge. Tropfsteine von einigen cm sind zu finden. Den Höhlenboden bedeckt eine tiefe Schicht Höhlenlehm. Geringe Mengen Wasser tropfen von einigen Stellen der Decke. Die Lufttemperatur wurde mit 5° C im April und 15° C im August gemessen.

Die Entstehung der Höhle läßt verschiedene Möglichkeiten zu. Es handelt sich um eine sekundäre Wasserhöhle. Wieweit mechanische Kräfte, z. B.

durch einen Bach oder chemische Reaktionen infolge der lösenden Eigenschaften des Wassers zur Bildung beitrugen, ist nicht eindeutig zu beantworten. Weil eine meterhohe Sandschicht den Boden überdeckt, weiß man nicht, ob dieser aus Breccie oder aus wasserstauenden Bellepheron-Schichten besteht. Die Mitwirkung von fließendem Wasser bei der Raumerweiterung ist wahrscheinlich. Hinsichtlich des Alters schreibt Stacul: *Im Einklang mit dem interglazialen oder interstadialen Alter der Hangbreccie kann der Beginn der Höhlenbildung frühestens mit einer der genannten eisfreien Zeiten, höchstwahrscheinlich aber erst dem Postglazial, zugeordnet werden*. Der weitere Abstieg vollzieht sich wieder auf Weg Nr. 521. Er führt talwärts zu einer Weggabelung und einem Brunnen. Dann der Markierung folgend auf der asphaltierten Straße zur Kirche von St. Nikolaus mit dem getrennt stehenden Glockenturm. Von hier erreicht man auf der Straße über Pfus (St. Rochus-Kirche; Gasthof Pfuser Badl, einst ein Heilbad gegen Hautausschläge und Gliederleiden) den Ausgangsort St. Anton.

WEGVERLAUF

Ausgangspunkt: Mendelpaß (1.363 m); erreichbar mit der Mendelbahn von St. Anton (520 m) nahe Kaltern; Alter Mendelweg „M"—Telegrafensteig Nr. 521—Knappenloch (700 m) 1 1/2–2 Std.—St. Nikolaus (569 m) 1/2 Std. —St. Anton (520 m) 1/2 Std.

Gesamtzeit: 2 1/2–3 Std.

Karten: Freytag & Berndt S 7 Überetsch, Kalterer See, Unterland; Kompaß Nr. 54 Bozen; Lage der Höhle nach IGM Blatt 10 II, N. O. (Appiano) 1° 13' 33" w. L., 46° 25' 11" n. B.

Anmerkung: Wer nur das Knappenloch besuchen möchte, erreicht es von St. Nikolaus auf Weg Nr. 521 (1/2 Std.).

GROTTA DI CASTELLO TESINO (TN 18) VALSUGANA — SCHAUHÖHLE 39

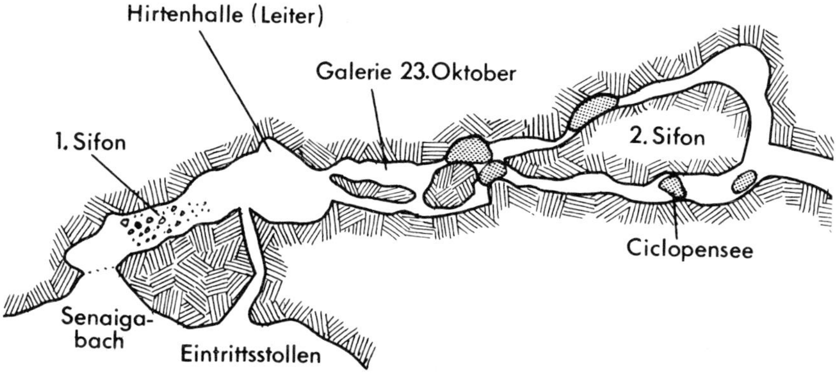

Grundriß der Schauhöhle Nr. 18. im Valsugana
(nach G. Conci und A. Galvagni[19])

Die Aufnahme dieser nicht mehr in Südtirol, sondern im Trentino liegenden Höhle in die Sammlung scheint aus mehreren Gründen sinnvoll: Sie ist die einzige öffentlich zugängliche Schauhöhle am Südrand der Dolomiten; sie liegt im Valsugana, das bei der Wanderung durch das Bergbaugebiet im Fersental (Wanderung Nr. 18) bereits erwähnt wurde; weiters zählen die Karst- und Sinterformen dieses unterirdischen Flußlaufes zur Hohen Schule der Naturkenntnis.

Die Höhle liegt an der rechten Seite des Senaiga Baches in 960 m Seehöhe unweit der Straße zum Brocon-Paß. Sie wurde 1927 entdeckt und ab 1952 näher untersucht.[19] Die Höhle befindet sich im Besitz der Gemeinde Castello Tesino, deren Fremdenverkehrsbüro die im Sommer stattfindenden Führungen organisiert. Es handelt sich um eine typische Karsthöhle. Sie weist eine begehbare Länge von 230 m auf, besitzt drei Syphone und hat Verzweigungen im Mittel- und Endteil, so daß sich eine Gesamtlänge von 350 m ergibt. Die durchschnittliche Höhe beträgt 3–6 m, die Eingangshalle ist fast 20 m hoch. Im zentralen Teil befinden sich viele Sinterformen mit Stalagmiten (Boden) und Stalaktiten (Decke). Bezogen auf den Null-Horizont des Einganges liegt der tiefste Punkt bei –7 m und der höchste bei +24 m. Man betritt die Höhle durch einen künstlich geschaffenen Eingang. Von der „Hirtenhalle" erreicht man über eine Leiter den Beginn der von dort nur mehr mäßig ansteigenden Höhle. Beim Besuch werden einige mit Namen bezeichnete Erweiterungen passiert, Wassertümpel umgangen und bizarre Konkretionen mit Namen wie „Stalagmitenwald", „Cyclop", „Elefant" bestaunt. Beim dritten Syphon beginnt der Bach, den man in der 4–6 m breiten und 2–3 m hohen Höhle begleitet bis das Wasser im unzugänglichen Endsyphon unter Rauschen und Gurgeln verschwindet. Der Höhlenplan informiert über Einzelheiten. Die Innentemperatur beträgt 7° C im Jahresdurchschnitt. Der Feuchtigkeitsgehalt liegt nahe der Sättigung. Die Führung dauert etwa 1½ Std.; Beleuchtung und Schutzkleidung sind erforderlich und werden zur Verfügung gestellt.

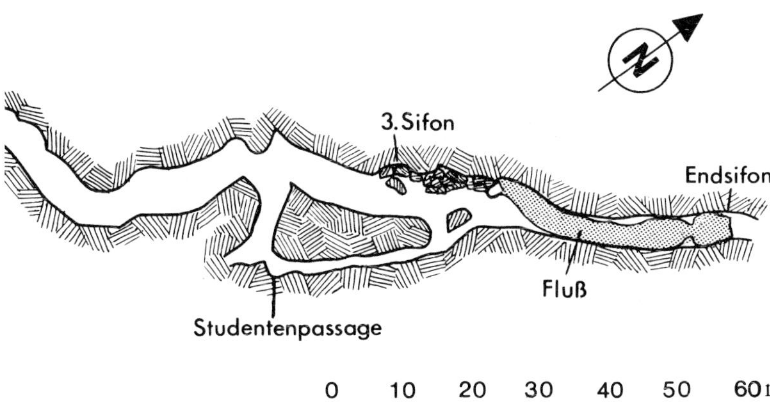

Wer die mit spärlichen Karstmerkmalen ausgestatteten Südtiroler „Löcher" und Kleinhöhlen kennengelernt hat, wird von der überreichen Formenfülle dieser Mittelhöhle, die durch das viele Jahrtausende lange Zusammenwirken von Wasser, Luft und Gestein entstanden ist, beeindruckt sein.

WEGVERLAUF
Ausgangspunkt: Fraktion Magri; Weiler auf der Straße von Grigno (Trient-Valsugana)—Castello Tesino (861 m) in Richtung Passo Brocon (1.616 m); Magri—Weg Nr. 388 zur Höhle (960 m) 1/2 Std.—Höhlenführung 1 1/2 Std.—Magri 1/2 Std.
Gesamtzeit: 2 1/2–3 Std.
Auskunft und Anmeldung zur Führung: Pro Loco Castello Tesino.
Karten: Freytag & Berndt 061 Borgo, Valsugana; Kompaß Nr.76; Lage nach IGM Blatt 22 III, N.E. (Val Tolva) 0° 46' 16" w. L., 46° 05' 23" n. B.

HEILQUELLEN

HEILQUELLEN-, MINERALWÄSSER- UND HEILBÄDER-ABC

Das Tiroler Bäderwesen machte im Laufe der Zeit viele Wandlungen durch. Im Mittelalter und in der beginnenden Neuzeit stand es dank der Förderung durch die Landesfürsten hoch im Kurs. Kanzler Biener (1590–1651) nannte die Heilquellen *einen pfleglichen Schatz gleich den Silberbergwerken und Jagdgründen.* Die Hof- und Stadtärzte bemühten sich mit wissenschaftlichem Eifer um die Erklärung der Wirkung und um Anwendungsempfehlungen bei verschiedenen Erkrankungen. Bedingt durch Mißbräuche und die Übertragung von Hautkrankheiten und Seuchen war im 18. Jh. ein Rückgang der Wasserverwendung zu verzeichnen. In den Schlössern und Adelssitzen gab es nur winzige Waschschüsseln, und die Damen des Hofes überdeckten mit Puder und Parfum den Schmutz und üblen Geruch. In der 2. Hälfte des vorigen Jahrhunderts erlebten die Bade- und Trinkkuren eine neue Blüte. Mineralquellen und Heilbäder begründeten den Fremdenverkehr.[1, 13]
Es lohnt sich, den Spuren der Bäder nachzugehen, sich mit der Qualität des Wasser zu beschäftigen und den Wandel im Umgang mit den Naturschätzen[118, 155] zu verfolgen. Im Jahre 1929 verzeichnete J. Mader[87] in seinem Buch *Die Bäder und Heilquellen im Hochetsch"* 82 Örtlichkeiten. 50 Jahre später werden im Buch von H. Frass und F. H. Riedl[42] nur mehr 14 aktive Bäder genannt. Einige davon gibt es in der Zwischenzeit nicht mehr. Es gibt jedoch Anzeichen neuer Aktivitäten.
Im Gegensatz zum rückläufigen Heilbäderbetrieb ist die Zahl der Hallenbäder und Freiluftbäder (Lido) erheblich größer geworden. Daß Badewasser, außer der bakteriologischen Reinheit in seiner Zusammensetzung Qualitätsabstu-

Abb. rechts: *Die zerklüftete Landschaft zwischen Jakober-Stuben und Wilhelm-Stollen entstand im 18. Jh., als man das Kupfererz im Tagbau gewann (Wanderung 25).*

Weitere empfehlenswerte Bücher:

fungen aufweist und therapeutisch unterschiedlich wirkt, ist dem Gedächtnis der Menschen weitgehend entschwunden.
Andererseits spielt die Qualität beim Trinkwasser ein große Rolle. Die Beliebtheit und der Umsatz der in Flaschen abgefüllten Mineral- und Tafelwässer hat zugenommen. In Südtirol konnten die einheimischen Abfüllbetriebe Marktanteile gewinnen, wenn auch die Konkurrenz der italienischen Marken traditionell vorhanden ist. Der Grund für die Entwicklung in Richtung „Naturbrunnen" dürfte die Gepflogenheit im Gastgewerbe sein, das früher übliche Trinkwasser in Glaskrügen völlig vom Tisch zu verbannen. Das durch den Wohlstand ausgelöste Bedürfnis nach garantierter Reinheit und Schmackhaftigkeit führt dazu, die Flaschenabfüllung zu bevorzugen. Die deutschsprachigen Begriffe Heilquelle, Heilwasser, Heilbad, Naturbrunnen, Tafelwasser u. ä. sind in der Klassifikation der zurzeit in Südtirol geltenden italienischen Vorschriften nicht enthalten. Diese kennen nur Mineralwässer, die je nach Zusammensetzung bzw. Temperatur der Quellen unterschieden werden:

1. Acqua Oligo Minerale (Oligomineralisches Wasser):
Wasser mit unter 0,2 g (200 mg) gelöste Stoffe/kg Wasser.
2. Acqua Medio Minerale (Mittelmineralisches Wasser):
Wasser mit einem Gehalt von 0,2–1 g (200–1.000 mg) gelöste Stoffe/kg Wasser.
3. Acqua Minerale (Mineralwasser):
Wasser mit mehr als 1,0 g (1.000 mg) gelöste Stoffe/kg Wasser.

In der Praxis bedeutet dies, daß in Südtirol alle Wasserqualitäten, sofern sie den bakteriologischen Reinheitsforderungen entsprechen, als Mineralwasser bezeichnet werden können. Eine weitere Unterscheidung erfolgt nach der Temperatur:

1. Sorgenti minerale fredde (Kalte Quellen):
Temperatur unter 20° C und unter der Temperatur der Umgebung (Jahresmittel).
2. Sorgenti subtermali:
Temperatur unter 20° C aber über der Temperatur der Umgebung (Jahresmittel).
3. Sorgenti termali: Temperatur zwischen 20 und 50° C und höher als Temperatur der Umgebung (Jahresmittel).
Die Thermalquellen werden unterteilt in sorgenti ipotermalie (20–34° C), Sorgenti mesotermali (34–40° C) und Sorgenti termali (40–50° C).

Hinsichtlich der Bezeichnung nach der chemischen Zusammensetzung und dem Vorkommen von Kationen (Na = Natrium, K = Kalium, Ca = Calcium, Mg = Magnesium, Fe = Eisen, Al = Aluminium, Mn = Mangan) und Anionen (SO_4= Sulfat, HCO_3= Hydrogencarbonat, SH= Sulfid, Cl = Chlor, F = Fluor) richtet man sich nach den Analysenergebnissen. Diese stehen im Mittelpunkt der folgenden Ausführungen. Entsprechend der landeskundlich-naturwissenschaftlichen Richtung dieses Buches wurde davon abgesehen, historische Daten zu wiederholen und die im Vergleich zum Wissensstand der

heutigen Medizin vielfach überholten medizinischen Indikationen für Bade- und Trinkkuren anzuführen.
Ziel der Übersicht ist eine Klassifizierung auf Grund der für Bäder und Quellen vorhandenen Analysendaten. Eine derartige Auflistung existiert bisher nicht. Sie erhebt keinen Anspruch auf Vollständigkeit. Sie ist auch durch die Notwendigkeit z. T. jahrzehntelang zurückliegende Resultate verwenden zu müssen, nicht fehlerfrei. Es wird jedoch ein Überblick ermöglicht und die Grundlage für die Beurteilung einer therapeutischen Wirkung gebildet.
Zum Verständnis der Wasser-Analytik sind einige Vorbemerkungen unerläßlich. Die chemische Charakterisierung der Quellenwässer erfolgt durch die Bestimmung des Gehaltes an gelösten Stoffen. Durch analytische Methoden, auf die hier nicht näher eingegangen wird, werden die positiv geladenen Kationen und die negativ geladenen Anionen erfaßt und jeweils in mg/kg Wasser ausgedrückt. Um aus der Zahl der in Wasser gelösten Ionen jene zu erkennen, welche den Hauptteil bilden und daher den Wassertyp charakterisieren, ist man in der Balneologie übereingekommen, nur diejenigen Inhaltsstoffe namentlich zu nennen, die mit mehr als 20 Millival-Prozent an der Gesamtzusammensetzung beteiligt sind. Die Einheit Millival wählt man, weil die verschiedenen Ionenarten sich im Gewicht und in ihrer elektrischen Ladung (Wertigkeit) unterscheiden. Zur Ermittlung der Millival dividiert man die experimentell gefundenen mg/kg durch das jeweilige Atom- oder Molekulargewicht (in jedem Chemiebuch zu finden) und multipliziert mit der Wertigkeit. Aus den so erhaltenen Millival/kg berechnet man den anteiligen Prozentsatz. In der heutigen Praxis der Wasseruntersuchung sind die Titrationslösungen so eingestellt, daß man unmittelbar mval/kg erhält. Nur bei der flammenphotometrischen Bestimmung von Na und K verwendet man Vergleichslösungen in mg/kg Konzentration.
Die Millival-Prozent ermöglichen beim Vergleich von Quellen unterschiedlicher Gesamtzusammensetzung zu erkennen, ob wesentliche Unterschiede in der chemischen Zusammensetzung bestehen. Zur Kontrolle der Analysenergebnisse bedient man sich verschiedener Methoden:

1. Vergleich der Summen der Kationen mit der Summe der Anionen. Nach dem Gesetz der Elektronenneutralität müssen die beiden Summen übereinstimmen. Zum Vergleich ist die Umrechnung in Millival/kg notwendig. Bei guten Analysen ist die Differenz der Millival/kg 1–2%. Warum ältere Analysen oftmals besonders gut übereinstimmen erklärt sich aus dem Umstand, daß vor der Einführung der experimentellen Bestimmung von Na und K diese Ionen nicht bestimmt, sondern als Differenz der Anionen- und Kationen-Summen berechnet wurden. Auf der Grundlage des Äquivalentgewichtes für Na, wobei 1 Millival Na = 23 mg ist, wurde ein Wert für Na und K angegeben. Bei solchen Analysen hat die Übereinstimmung der Kationen- und Anionen-Summen keinen Aussagewert über die Richtigkeit. Entscheidend ist dann der Vergleich des Trockenrückstandes.

2. Vergleich des Trockenrückstandes bei 180° C (mg/kg) mit der Summe der Gewichte aller Inhaltsstoffe (mg/kg). Dabei ist zu berücksichtigen, daß bei 180° C nicht nur alles Wasser verdampft, sondern sich auch die Hydrogencarbonate unter Abgabe von Kohlendioxid (CO_2) und Wasser in Carbonate verwandeln und dabei die Hälfte ihres Gewichtes verlieren. Der in der Analyse angeführte Hydrogencarbonatgehalt ist daher vor Berechnung des Gesamtgewichtes zu halbieren. Abweichungen zwischen dem so berechneten und dem tatsächlich gefunden Gesamtmineralgehalt (R/180° C) bis maximal 10% liegen noch innerhalb der Fehlergrenze.

Herr Univ.-Prof. Dr. Carl Job, Innsbruck, hatte die Freundlichkeit, alle im „Mineralwasser-ABC" erwähnten Analysen nach den genannten Kriterien und die korrekte Bezeichnung der chemischen Charakteristik zu überprüfen. Dafür auch an dieser Stelle herzlichen Dank.

Abschließend einige Hinweise zu den Angaben über die Radioaktivität. Die international zugelassene Einheit der Konzentration radioaktiver Stoffe ist heute das Becquerel (Bq/l), d. h. ein Impuls pro Sekunde. Eine ältere Maßeinheit ist das Curie (Ci/1). Diese Einheit entspricht der Strahlenaktivität von 1 g Radium 226. Außerdem findet man in älteren Analysen die sogenannten Mache-Einheit (M.E.) Sie ist nur für das Radon 222 definiert. Die folgende Tabelle enthält die Umrechnungsfaktoren:

Aus der Angabe in	**erhält man:**		
	Ci/l	**Bq/l**	**M. E.**
Ci/l	1	$37{,}10^{9}$	$2{,}74 \cdot 10^{9}$
Bq/l	$27\,{,}10^{-12}$	1	$74{,}3 \cdot 10^{-3}$
M. E.	$0{,}364 \cdot 10^{-9}$	13,5	1

HINWEISE ZUM HEILQUELLEN-, MINERALWASSER- UND HEILBÄDER-ABC

Zum Verständnis der nach Orten und Tälern alphabetisch geordneten Datensammlung gelten folgende Hinweise:

Temp. — Temperatur des Quellwassers in Grad C

R/180° — Trockenrückstand in mg/kg Wasser bei 180° C ; in Ausnahmefällen bei 105° C (R/105°)

Analyse — Außer den Analysenresultaten der Kationen und Anionen (vergl. Einleitung) werden Untersuchungsjahr, Angaben der Literatur (z.B. Sammlung Dr. Turano[144] oder des ausführenden Labors, wie Landeslabor Bozen (LLBZ), Provinzlabor Trient (PLTN) oder andere Institute bzw. Gutachter angegeben. Neuere Analysen führen gelegentlich zur Korrektur z. B. der Dezimalpunktfehler älterer Angaben.

Chemische Charakteristik — Unterscheidung von oligomineralischem (R unter 200 mg/kg), mittelmineralischem (R 200–1.000 mg/kg) und Mineralwasser (über 1.000 mg/kg). Hinweis auf therapeutisch wichtige Inhaltsstoffe wie Eisen und Schwefel.

Bakteriologische Charakteristik — Nicht angegeben, da hygienisch einwandfreies Wasser vorausgesetzt wird. Hinweis auf Nitrat (NO_3) und Nitrit (NO_2) als Parameter für Verunreinigungen.

Radioaktivität — Die Angaben entstammen der Literatur Turano,[144] Mader,[87] Krüse[82] oder den neueren Analysenbefunden. Hinsichtlich Umrechnung der Einheiten Mache, Curie, Becquerel siehe Einleitung. Laut Gesetz muß bei in Flaschen abgefüllten Mineralwässern, die an der Quelle gemessene Radiaktivität angegeben werden. Infolge der kurzen Halbwertszeit sinkt der Wert nach einigen Tagen unter die Nachweisgrenze, so daß der auf der Etikette angebene Wert nicht mit dem Flascheninhalt übereinstimmt.

ANTHOLZER TAL

BAD SALOMONSBRUNN (1.100 m), Gemeinde Rasen-Antholz.
Beurkundet durch eine Grenzbeschreibung im 15. Jh. und 1681 als „Frauenbad" empfohlen, bis heute aktiv (derzeit 4 Wannen). Die Quelle (20 l/Sek) entspringt im granitischen Orthogneis.[140]
Temp.: 8° C
R/180°: 79,2 mg/kg
Analyse: 1929, Turano und 1982 LLBZ Nr. 10.635 (Werte in Klammern mg/kg): Na + K 3,5, Ca 16,0, Mg 3,1, HCO_3 38,4 (30,0), SO_4 27,6 (14,0), SiO_2 9,0 (8,5) und NO_3 (3,1)
Chem. Charakteristik: Oligomineralisches Wasser, Radioaktivität 162—359 Bq/1 Calcium-Magnesium-Sulfat-Hydrogencarbonat-Wasser.
Anwendung: Bäder, Trinkkuren
Auskunft: Hotel Bad Salomonsbrunn, I-39030 Antholz/Niedertal.

WEIHERBRUNN (Litzenbrunnen).
Die Quelle entspringt ca. 2 km talaus im Antholzer Gneis. Nach einer orientierenden Analyse (1973 ,C. Job, HCO_3 27,7, SO_4 13,5 mg/kg) handelt es sich ebenfalls um ein oligomineralisches Wasser, Radioaktivität 408 Bq/1.

STAMPFERBAD (1.250 m)
Die in der Zone der Alten Gneise entspringende Quelle (6,2° C, 0,1 1/sec) wurden vom LLBZ (1982, Nr. 10.636) untersucht und als oligomineralisches Wasser (HCO_3 89,0, SO_4 46,0, SiO_2 2,3, NO_3 0,5) klassifiziert. Radioaktivität 29,3 Bq/l.

BARBIAN/EISACKTAL

BAD DREIKIRCHEN (1.120 m)
Die drei ineinander verschachtelten Kirchen (erbaut 1237) verdanken ihre Entstehung einem ehemaligen Wasserheiligtum. 1811 wurde ein Badhaus errichtet, das als Sommerfrischenort mit 4 Badekabinen bis in die dreißiger

Jahre beliebt war. Heute Freibad und Gasthof. Die 3 Quellen kommen aus den Phylliten.

BADEQUELLE
Temp.: 5,6° C
R/180°: 68,2 mg/kg
Analyse: 1934, Turano, mg/kg: Na + K 9,3, Ca 10,2 Mg 4,3, Cl 0,5, HCO_3 70,3, SO_4 5,1, SiO_2 3,6
Chem. Charakteristik: Oligomineralisches Wasser, Radioaktivität 67,5 Bq/1
Anwendung: Bäder, Trinkkuren.

EREMITENWASSER:
Temp.: 7,7° C
R/180°: 167, 7 mg/kg
Analyse: 1934, Turano, mg/kg: Na + K 11,9, Ca 39,8, Mg 4,7, Cl 2,4, HCO_3 135,7, SO_4 28,7, SiO_2 8,4.
Chem. Charakteristik: Oligomineralisches Wasser, Radioaktivität 74,2 Bq/1

SAUERBRÜNNL
Es liegt am Weg von Dreikirchen nach Unterflor, ca. 25 m vor einer Brücke über den Zargenbach. In der balneologischen Literatur bisher nicht erwähnt, jedoch ungewöhnliche Zusammensetzung.
Analyse: 1971, Institut für Balneologie, Universität Innsbruck, Prof. C. Job, mg/kg: Na 3,9, K 1,8, Ca 67,3, Mg 26,8, Al 30,0, Mn 5,0, Li 0,16, SO_4 445,4, F 1,6, SiO_2 31,7, sauer schmeckend, pH 3,7.
Die Besonderheit entsteht durch das Gestein (Quarzphyllit) der Quellumgebung. Man findet Krusten und Ausblühungen von Calcium- und Aluminium-Sulfat mit Beimengungen von Mn, F und Li.

BOZEN

SCHWEFELBAD MORITZING (260 m)
Nahe der Straße nach Meran steht das heutige Hotel, in dem bis zum 2.Weltkrieg Bäder verabreicht wurden. Die Quelle kommt aus den ignimbritischen Lipariten (vorgeschichtliche Funde).
Temp.: 14,5° C
R/180°: 313 mg/kg
Analyse: Ohne Datum, Turano, mg/kg: Na 12,0, K 8,0, Ca 69,0, Mg 17,0, Al 0,6, Fe 0,5, Cl 3,0, SO_4 25,3, HCO_3 300,7, SH 0,9, SiO_2 15,3, NO_3 5,5.
Chem. Charakteristik: Mittelmineralisches Calcium-Magnesium-Hydrogencarbonat-Wasser mit einem Sulfid-Gehalt, der die Bezeichnung „Schwefelwasser" (Soll über 1 mg/kg) knapp rechtfertigt. Radioaktivität 21,6 Bq/1.
Anwendung: Bäder, Trinkkuren.

BAD SÜSS (1.449 m) AM RITTEN
Der Name des Bades in der klassischen Bozner Sommerfrische soll vom süßen Geschmack des Wassers kommen, das aus dem Quarzporphyr fließt. Bekannt ab dem 19. Jh., 1935 ausgebaut, um 1970 eingestellt.[18]

Temp.: 6,7° C
R/180°: 65,5 mg/kg
Analyse: 1943 Dr. Colm, mg/kg: Na + K 2,4, Ca 14,6, Mg 2,5, HCO_3 52,0, SO_4 7,5, SiO_2 11,4
Chem. Charakteristik: Oligomineralisches Wasser. Radioaktivität 43,2 Bq/1
Anwendung: Bäder

BRENNERBAD
Die einzige Thermalquelle Südtirols am Brennerpaß ist seit dem 15. Jh. bekannt. Nach dem Eisenbahnbau 1867 entstand ein vielbesuchtes Kurzentrum. Es verfiel während des 1. Weltkrieges und wurde 1924 mit 170 Betten wieder aufgebaut. Die Blüte dauerte nur kurz, und das Badehotel ging neuerdings zugrunde. Im Jahr 1980 wurde das Mineral-Thermal-Kurbad („Zacharias Quelle") in der Nähe errichtet. 1988 wurde der Konkurs angemeldet. Man schätzt, daß das Wasser aus einer Tiefe von 800–1.000 m kommt und auf seinem Weg nach oben Kalk, Kalkschiefer, Granit, Kohlenstoffphyllit und Paragneis durchquert.
Schüttung: 50–148 l/Sek
Temp.: 20,6° C (bei Lufttemp. –15° C)
R/180°: 380 mg/kg
Analyse: 1929 und 1931, Turano; 1981 Inst. für Physiologie und Balneologie, Universität Innsbruck, Prof. P. Deetjen/M. Egger, mg/kg: Na 8,8, K 1,9, Ca 110,7, Mg 12,1, Cl 9,9, SO_4 119,5, HCO_3 253,1, F 0,4, NO_3 0,6, SiO_2 7,6.
Chem. Charakteristik: Mittelmineralische Calcium-Magnesium-Hydrogencarbonat-Sulfat-Therme. Radioaktivität 6,37 Bq/1
Anwendung: Bäder, Trinkkuren
Auskunft: Kurverwaltung I-39040 Gossensass.

BRIXEN

MINERALWASSER PLOSE
Von der Plose-Quelle AG wird eine in 1.830 m Seehöhe im Brixner Quarzphyllit gelegene Quelle gefaßt und das Wasser in die seit 1957 bestehende Abfüllanlage in der Brixner Industriezone geleitet.
Temp.: 5,9° C
R/180°: 26 mg/kg
Analyse: 1987, PLTN (lt. Etikette) mg/kg: Na 1,0, K 0,2, Ca 2,8, Mg 1,5, HCO_3 16,8, SO_4 2,3, SiO_2 6,2
Chem. Charakteristik: Oligomineralisches Wasser, Radioaktivität 9,7 Bq/1
Auskunft: Plose-Quelle AG, I-39042 Brixen.

BAD BURGSTALL (1.066 m)
Auf halbem Weg zur Plose nahe von St. Leonhard liegt dieses einmalige Bad, das schon 1711 der fürstbischöfliche Arzt empfahl. Über das aus dem Quarzphyllit stammende Wasser liegen wenig Angaben vor. Es handelt sich

um ein oligomineralisches Wasser, ähnlich wie das Plosewasser. Temperatur 9,4° C, Radioaktivität 13,5 Bq/l.

KURHAUS SANATORIUM GmbH (566 m)
Der von der 3. Generation der Familie geführte und 1890 gegründete Kurbetrieb beschäftigt sich mit allen Arten der Hydro- und Balneotherapie (Kneipp-Anwendung) und mit Diätkuren. Im Vordergrund stehen chronische Erkrankungen des Herzens und der Gefäße, des Nervensystems und des Stoffwechsels. Für die Bädertherapie wird Leitungswasser mit Zusätzen verwendet, für Trinkkuren Plose Mineralwasser.
Auskunft: Kurhaus Dr. von Guggenberg, I-39042 Brixen.

SCHALDERER BAD (1.183 m)
Seit 1660 im Besitz des Klosters Neustift und 1682 durch ein bischöfliches Jagdhaus erweitert. Ab 1800 Privatbesitz als Bad mit 30 Wannen, Neubau 1904, Badebetrieb im 2. Weltkrieg eingestellt, heute Ferienkolonie. Mehrere Quellen kommen aus dem Quarzphyllit.

BADEQUELLE (fälschlich „Eisenquelle" genannt):
Temp.: 9,3° C
R/180°: 35,6 mg/kg
Analyse: 1932 Turano,1969 C. Job/M. Egger, 1982 LLBZ Nr. 6.201, mg/kg: Na + K 3,9, Ca 4,8, Mg 2,6, Fe Spuren, Cl 1,4, HCO_3 18,7, SO_4 13,3, SiO_2 4,7.
Chem. Charakteristik: Oligomineralisches Wasser, Radioaktivität 22,9 Bq/1
Anmerkung: C. Job/M. Egger 1969 bestätigten die Zusammensetzung als oligomineralisches Wasser (R/180° 33,3 mg/kg) und fanden, daß die Badequelle nahezu die gleiche Zusammensetzung wie der Talbach (Arzventbach) hat.
Anwendung: Bäder

MAGENQUELLE:
Temp.: 6,5° C
R/180°: 20,0 mg/kg
Analyse: 1969, C. Job/M. Egger, mg/kg: Na 1,0, K 0,4, Ca 1,9, Mg 0,7, HCO_3 6,2, SO_4 3,8, SiO_2 4,3
Chem Charakteristik: Oligomineralisches Wasser.

VAHRNER BADL (670 m)
Das Wasser aus dem metamorphen Schiefer wurde bis 1867 genutzt. Eine Teilanalyse des LLBZ Nr. 10.529, 1982, ergab ein oligomineralisches Wasser (HCO_3 28,0, SO_4 28,o mg/kg).

FREIENFELD/WIPPTAL

WILDBAD MÖDERS (950 m)
Erwähnt 1509, bekannt im 19 Jh., neues Badhaus 1905, aufgelassen 1940. Die Quelle (3,2 1/sec) entspringt im Glimmerschiefer.
Temp.: 8,1° C

R/180°: 1176 mg/kg
Analyse: 1886, H. Plattner, berechnet Dr. Job mg/kg: Na 135,9, K 44,2, Ca 115,4, Mg 84,2, Fe 22,1, HCO_3 719,2, SO_4 392,6, PO_4 12,3, SiO_2 9,9.
Chem. Charakteristik: Magnesium-Natrium-Calcium-Hydrogencarbonat-Sulfat-Mineralwasser. Der Eisengehalt rechtfertigt die Bezeichnung „Eisenquelle", Radioaktivität 47,2 Bq/l.
Anwendung: Bäder, Trinkkuren.

GADERTAL/ENNEBERG

BAD RAMWALD (1.314 m)

Es liegt am Westeingang des Tales nahe von Onach. Im dortigen Quarzphyllit entspringen fünf Quellen. 1704 wurde ein Bademeister genannt, zu Anfang des 19. Jh.s erfolgte ein primitiver Ausbau, 1908 als „Sommerbadl" bekannt. Die Hauptquelle wird fälschlicherweise als „Eisenquelle" bezeichnet.
Temp.: 5,3° C
R/180°: 265,6 mg/kg
Analyse: 1932, Turano, mg/kg: Na + K 95,2, Ca 4,1, Mg 3,5, Fe Spuren, Cl 3,4, HCO_3 199,3, SO_4 60,9
Chem. Charakteristik: Mittelmineralisches Natrium-Hydrogencarbonat-Sulfat-Wasser.
Anwendung: Bäder

BAD VALDANDER (1.443 m)

Nahe dem Ort Untermoi wurde 1820 ein Badhaus errichtet, das trotz der Modernisierung 1980 den Typ des „Bauernbadls" (Holzwannen, Bade- und Ruhezeit) bis heute bewahrt hat. Die Quelle kommt aus den Bellerophonschichten.
Temp.: 5,5° C
R/180°: 1958 mg/kg
Analyse: 1932 Turano, 1988 Balneol. Inst. der Univ. Innsbruck, M. Egger, mg/kg: Na 0,5, K 1,6, Ca 493,0, Mg 47,2, HCO_3 236,8, Cl 0,6, SO_4 1.178,4.
Chem. Charakteristik: Calcium-Sulfat-Mineralwasser mit hohem CaS_4 (Gips) Gehalt. Radioaktivität 8,1 Bq/1.
Anwendung: Bäder
Auskunft: Gasthof Bad Valdander, Untermoi.

BAD RUMUSTLUNGS (1.412 m)

Das auf der östlichen Talseite in der Gemeinde Wengen gelegene „Schwefelbad", ist seit dem 18. Jh. bekannt. Es wurde um die Jahrhundertwende ausgebaut. Der Badebetrieb wurde 1978 eingestellt, jetzt Gasthaus. Das Wasser kommt aus den Konglomeraten der Buchensteiner Schichten.
Temp.: 7,5° C
R/180°: 289,4 mg/kg
Analyse: 1932, Turano, mg/kg: Na + K 21,4, Mg 19,5, Ca 55,0, Cl 2,7, HCO_3 222,4, SO_4 71,9, HS 2,24, SiO_2 4,0

Chem. Charakteristik: Mittelmineralisches Calcium-Magnesium-Hydrogencarbonat-Sulfat-Wasser. Der Sulfidgehalt von 2,2 mg/kg rechtfertigt die Bezeichnung „Schwefelwasser". Radioaktivität 41 Bq/1.
Anwendung: Bäder

PEDRATSCHES (1.325 m)
Die um die Jahrhundertwende benützte „Schwefelquelle" kommt aus den Anisisch-ladinischen Trias-Horizonten, in der Literatur mehrfach erwähnt.
Temp.: 8,1° C
R/180°: 209,2 mg/kg (stimmt mit 282,4 mg/kg berechnet nicht überein)
Analyse: 1932, Turano, HS-Wert korrigiert, mg/kg: Na + K 17,2, Ca 50,4, Mg 10,4, HCO_3 173,6, SO_4 19,8, HS 2,1.
Chem. Charakteristik: Mittelmineralisches Calcium-Hydrogencarbonat-Wasser. Unter Annahme der Richtigkeit der Analyse ist die Bezeichnung „Schwefelwasser" gerechtfertigt.

CORTINABAD (1.188 m)
Seit 1830 bekanntes, jedoch seit längerem aufgelassenes Bad in St. Vigil. Die Quelle entspringt aus den Buchensteiner bzw. Werfener Schichten.
Temp.: 6,9° C
R/180°: 743,6 mg/kg
Analyse: Datum unbekannt, Turano, mg/kg: Na 14,7, Ca 155,9, Mg 48,0, HCO_3 254,6, SO_4 391,9, SiO_2 4,0
Chem. Charakteristik: Mittelmineralisches Calcium-Magnesium-Sulfat-Hydrogencarbonat-Wasser. Radioaktivität 83,7 Bq/1.

INNICHEN/PUSTERTAL

Das seit dem 16. Jh. bekannte „Wildbad Innichen" (1.315 m) mit einem berühmten Kurhotel (erbaut 1854) wurde im 1. Weltkrieg zerstört. Die fünf bekannten Quellen kommen aus den Bellerophonschichten nach Durchquerung eines Dolomitblocks. Kaiserwasser (8,2 1/Sek) und Lavaredowasser (6,5 1/Sek) werden in den Abfüllanlagen der Firma SATIB (Soc. Atesiana Imbottigliamento Bevande S.P.A., I-39040 Auer) in Innichen (erbaut 1968) in Flaschen gefüllt. Im Wildbad-Gelände stehen „Freibrunnen" zum kostenlosen Gebrauch.[91]

KAISERWASSER
Temp.: 4,9–5,8° C
R/180°: 498,2 mg/kg
Analyse: 1974 G. Malagò; 1987 PLTN lt. Etikette. Diese Analyse stimmt in der Kationen-Anionen-Bilanz, nicht jedoch mit dem Trockengewicht überein. Im folgenden die Analyse von Malagò, die beiden Kriterien entspricht, mg/kg: Na 3,0, K 0,8, Ca 108,5, Mg 39,5, HCO_3 282,8, SO_4 200,8, SiO_2 4,2.
Chem. Charakteristik: Mittelmineralisches Calcium-Magnesium-Hydrogencarbonat-Sulfat-Wasser. Radioaktivität 0,7 Bq/1.
Anwendung: Kochsalzarmes Tafelwasser Marke „Kaiserwasser", Trinkkuren.

MAGENWASSER „LAVAREDO“
Temp.: 6,5° C
R/180°: 1488,5 mg/kg
Analyse: 1974 G. Malagò, 1987 PLTN lt. Etikette. Diese Analyse stimmt mit der Kationen-Anionen-Bilanz, nicht jedoch mit dem Trockengewicht überein. Nachfolgend die Analyse von Malagò, die beiden Kriterien entspricht, mg/kg: Na 2,9, K 0,9, Ca 364,2, Mg 68,5, HCO_3 368,4, SO_4 860,7, SiO_2 7,1.
Chem. Charakteristik: Calcium-Magnesium-Sulfat-Mineralwasser.
Radioaktivität 12,7 Bq/1.

LAXIERWASSER „CANDIDA“
Temp.: 5,5° C
R/180°: 664 mg/kg
Analyse: 1974 Malagò, mg/kg: Na 2,4, K 1,2, Ca 112,6, Mg 54,5, HCO_3 249,50, SO_4 316, SiO_2 0,8
Chem. Charakteristik: Mittelmineralisches Calcium-Magnesium-Sulfat-Hydrogencarbonat-Wasser; ähnlich dem Kaiserwasser, jedoch mit im Verhältnis zum $CaSO_4$ (Gips) größerem Mg SO_4 (Magnesiumsulfat, Bittersalz) Anteil, der zum Unterschied von Gips abführend wirkt.
Radioaktivität 14,8 Bq/1.

SCHWEFELWASSER „SULFUREA“
Temp.: 6,9–7,1° C
R/180°: 2035 mg/kg
Analyse: 1974 Malagò, mg/kg: Na 5,3, K 1,1, Ca 478,9, Mg 96,6, HCO_3 333,2, SO_4 1279,2, HS 0,2, SiO_2 7,0
Chem. Charakteristik: Calcium-Magnesium-Sulfat-Mineralwasser. Radioaktivität 35,5 Bq/1. Die Bezeichnung „Schwefelwasser“ ist nicht gerechtfertigt, der Gehalt an zweiwertigem Schwefel ist zu nieder (Soll über 1 mg/kg).

EISENWASSER „FERRUGINOSA“
Der Eisengehalt soll aus dem Siderit der Bellerophonschichten und dem Grödner Sandstein kommen.
Temp.: 5,6–6,1° C
R/180°: 2297,8 mg/kg
Analyse: 1974, Malagò, mg/kg: Na 9,0, K 2,8, Ca 579,6, Mg 85,0, Fe 0,9, HCO_3 492,1, SO_4 1360,7, SiO_2 13,1.
Chem. Charakteristik: Calcium-Sulfat-Hydrogencarbonat-Mineralwasser mit geringem Eisengehalt. Die Bezeichnung „Eisenwasser“ ist z. B. nach den österr. Vorschriften (mindestens 10 mg Fe/kg Wasser) nicht gerechtfertigt. Dafür hoher Ca SO_4 (Gips) Anteil. Radioaktivität 46,3 Bq/1.
Anwendung: Bäder.

KALTERN/ÜBERETSCH

BAD PFUS
In der Nähe der Kirche zum hl. Rochus (Krankenpatron) liegt der gleich-

namige Gasthof, der an den Badebetrieb im vorigen Jahrhundert erinnert. Eine Analyse des kalkhaltigen Wassers liegt nicht vor.

LANA/BURGGRAFENAMT

BAD GFRILL (1.183 m)

Das an der Straße zum Gampenpaß liegende Gasthaus wurde um die Jahrhundertwende wegen des heilenden Wassers gerne besucht. Nach alten Analysen handelt es sich um ein Mineralwasser (R/180° über 2.000 mg/kg) mit vorherrschenden Sulfat- und Carbonat-Verbindungen von Ca, Na und Mg.

VÖLLANER BADL (832 m)

Die Quelle wurde 1815 vom Meraner Arzt Dr. Oedl entdeckt. Der heutige Gasthof bewahrt die Tradition des sommerlichen Bauernbadls (4 Wannen).
Temp.: 7,2° C
R/180°: über 500 mg/kg
Analyse: 1982, LLBZ, Teilanalyse Nr. 10.433, mg/kg: HCO_3 129, SO_4 320, Cl 2,0, SiO_2 1,4.
Chem. Charakteristik: Mittelmineralisches Calcium-Magnesium-Sulfat-Hydrogencarbonat-Wasser. Radioaktivität 33,0 Bq/1.
Anwendung: Bäder
Auskunft: Gasthof Völlaner Badl, Familie Gruber.

LATSCH/VINSCHGAU

BAD LATSCH

Im vorigen Jh. stand dort ein Gasthof mit Bademöglichkeit. Eine Teilanalyse des LLBZ Nr. 5.374, 1981 ergab ein oligomineralisches Wasser ($HC0_3$ 76,0, SO_4 40,0, Cl 3,0, NO_3 5,4 mg/kg.

LAAS/VINSCHGAU

SCHWEFELQUELLE

Eine Teilanalyse des LLBZ Nr. 5.370, 1981 ergab ein mittelmineralisches Wasser (HCO_3 269,0, SO_4 34,0, SiO_2 13,6, NO_3 1,1 mg/kg). Der Sulfidgehalt (SH 1,16 mg/kg) entspricht den Anforderungen für „Schwefelwasser".

MARTELLTAL

BAD GAND

Drei Quellen wurden untersucht (LLBZ Nr. 5.371-73, 1981) und als oligomineralisches Wasser (R/105° C, 84,55,83 mg/kg) klassifiziert.

BAD SALT (1.148 m)
Vor und nach dem 1. Weltkrieg bestanden zwei Badegasthöfe „Neues Bad“ und „Altes Bad“. Heute besteht nur eine Ferienkolonie. Das Wasser wurde weit oberhalb des Ortes gefaßt und zugeleitet. Analysen (Eisenquelle ?) liegen nicht vor. Radioaktivität 170,1 Bq/1.

MERAN (324 m)

Geologische Forschungen führten zur Entdeckung radioaktiver Quellen im Ortho- und Paragneis des Vigiljoches, welche ab 1940 für Bäderzwecke genutzt wurden. Ein Stollen von 1.206 m Länge (S-Portal 1.502 m, N-Portal 1.488 m Seehöhe) dient ab 1960 zu Sammlung des Quellwassers. In einer Leitung gelangt das Wasser in das Kurzentrum der Meraner Kurbad AG. Von dort aus werden die Bäder der Hotels beliefert.
Temp.: 11,9° C (Schüttung 82 1/Sek)
R/180°: 69 mg/kg
Analyse: 1988, PLTN Nr. 4.753, mg/kg: Na 4,0, K 1,2, Ca 8,8, Mg 2,4, F 1,2, SO_4 8,2, HCO_3 39,5, SiO_2 21,8.
Chem. Charakteristik: Oligomineralisches Wasser mit einer Radioaktivität von 1203,8 Bq/1.
Auskünfte: Meraner Kurbad AG, I-39012 Meran, Piavestraße oder Kurverwaltung, Freiheitsstraße 45.

MINERALWASSER
Die Firma Aquaforst AG, Meran, Marlingerstraße 75 füllt aus ihren St.Vigil-Quellen zwei Sorten Wasser in Flaschen ab, die mit Kohlensäure künstlich angereichert werden. Die Aquaforst AG bezieht das Wasser von der Örtlichkeit „Bärenbad“; dort wurden in Höhen von 1.525—1.630 m acht Quellen gefaßt, die durch eine 10 km lange Leitung vom 12 Hektar großen Quellschutzgebiet zur Abfüllstation gelangen.

MERANER MINERALWASSER
Temp.: 5,4° C
R/180°: 21 mg/kg
Analyse: 1984, PLTN lt. Etikette, mg/kg: Na 2,2, K 0,4, Ca 3,2, Mg 1,0, HCO_3 15,3, F 1,1, Cl 0,8, SiO_2 14,0, SO_4-Spuren.
Chem. Charakteristik: Sehr salzarmes oligomineralisches Wasser, Radioaktivität 1074,6 Bq/1, gemessen an der Qelle.
Verwendung: Tafelwasser, besonders geeignet für natriumarme Ernährung, Verdauungsförderung und Harnsäureabsonderung. Markenname „Meraner Mineralwasser San Vigilio“.

MERANER NATÜRLICHES HEILWASSER
Analyse: 1982, Institut Fresenius, Taunusstein lt. Etikette, mg/kg: Na 3,1, K 0,7, Ca 4,4, Mg 0,8, Fe 0,014, F 1,09, Cl 0,49, SO_4 4,4, HCO_3 17,3, SiO_2 20,9.
Chem. Charakteristik: Oligomineralisches Wasser.
Verwendung: Chronische Entzündungen und Steinerkrankungen der harnführenden Wege sowie Harngries, Kariesprophylaxe. Markenname „Meraner Heilquellen San Vigilio“.

MÜHLBACH/PUSTERTAL

BAD BACHGART (861 m)
Erwähnt 1588, Neubau 1880, Erweiterung vor 1914, Ende des Badebetriebes im 2. Weltkrieg, heute Ferienheim. Die Quelle entspringt im Quarzphyllit.
Temp.: 8,9° C
R/180°: 196 mg/kg
Analyse: 1931 Turano, 1969 Job/Egger, letztere fanden in mg/kg: Na 7,1, K 1,1, Ca 39,5, Mg 7,3, HCO_3 52,0, SO_4 97,9, Cl 0,4, F 0,6, NO_3 0,2, SiO_2 10,5.
Chem. Charakteristik: Oligomineralisches Wasser, Radioaktivität 10,8 Bq/1.
Anwendung: Bäder

BAD VALS (1.180 m)
Seit 1842 bekannt, 1914 abgebrannt. Eine Teilanalyse 1982 des LLBZ Nr. 10.530 ergab ein oligomineralisches Wasser HCO_3 28,0, SO_4 28,0, SiO_2 4,9 mg/kg. Radioaktivität 40,5 Bq/1.

NIEDERDORF/PUSTERTAL

BAD MAISTATT (1.243 m)
Bekannt und mehrfach beschrieben seit dem 16. Jh. Im 19. Jh. Trinkkuren und Nachkuren von Altprags und Salomonsbrunn. Heute Ferienkolonie. Eine Teilanalyse 1982 des LLBZ Nr. 10.640 ergab ein oligomineralisches Wasser, mg/kg: HCO_3 72,0, SO_4 34,0, SiO_2 0,9.

WEIHER- ODER KOHLERBAD (1.165 m)
Erwähnt 1583, Neubau 1851. Um die Jahrhundertwende beliebte Sommerfrische, seit dem 1.Weltkrieg geschlossen. Drei Quellen (Stefanie-, Forellen- und Badequelle), deren Wasser aus dem Phyllit kommt, wurden 1982 durch das LLBZ Nr. 11.011-13 untersucht und ergaben ein mittelmineralisches Wasser an der unteren Grenze mit folgendem Gehalt in mg/kg: HCO_3 152,0, SO_4 23,0, SiO_2 2,6.

NATURNS/VINSCHGAU

BAD KOCHENMOOS (460 m)
Seit 1695 als Bad bekannt wurde dieses durch ein Badhaus 1860 erweitert und ein immer mehr eingeschränkter Badebetrieb bis 1984 aufrecht erhalten. Heute nur mehr Gasthof. Die Quelle (1 l/Sek) entspringt in der Vinschgauer Schieferzone nahe dem Haus.
Temp.: 12,9° C
R/180°: 295 mg/kg
Analyse: 1987, PLTN Nr. 5.086/87-2, mg/kg: Na 22,1, K 6,5, Ca 55,3, Mg 17,0, HCO_3 164,2, SO_4 110,0, F 0,91, Cl 3,2,, HS 0,03, SiO_2 13,0.
Chem. Charakteristik: Mittelmineralisches Calcium-Magnesium-Hydrogencarbonat-Sulfat-Wasser. Radioaktivität 48 Bq/1
Auskunft: Gasthof Hotel Bad Kochenmoos, I-39020 Staben-Naturns.

OLANG/PUSTERTAL

BAD BERGFALL (1.331 m)
Drei seit der Römerzeit bekannte Quellen entspringen im Quarzphyllit bzw. in den Bellerophonschichten. Im 18. Jh. wurde ein Badhaus mit 30 Wannen gebaut, nach 1938 zählte man noch 650 Gäste/Jahr. 1960 wurde der Badebetrieb eingestellt, im Jahr 1980 Umbau zu einem Gasthof.

SCHWEFELQUELLE
Temp.: 8,7° C
R/180°: 2417 mg/kg
Analyse: 1929, Turano, mg/kg: Na + K 321,2, Mg 87,2, Ca 435,2, SO_4 749,9, HCO_3 1628,0, SiO_2 fehlt.
Chem. Charakteristik: Calcium-Natrium-Hydrogencarbonat-Sulfat-Mineralwasser. Die Bezeichnung Schwefelquelle ist nicht gerechtfertigt.
Radioaktivität 13,5 Bg/l.
Anwendung: Bäder

EISENQUELLE
Temp.: 5,5° C
R/180°: nicht bekannt
Analyse: 1890, Turano, kein Eisen nachgewiesen, Radioaktivität 8,2 Bq/l, vermutlich oligomineralisches Wasser.

MAGENWASSER
angeblich ein „weiches Wasser“, keine Analyse.

BAD SCHARTL (1.440 m)
Durch die „Schartl-Lieder“ Hermann von Gilms, die 1842–45 entstanden, in die Tiroler Literaturgeschichte eingegangen. Wasser aus Quarzphyllit, zuletzt Gasthof, aufgelassen 1960, heute Privatbesitz.
Temp.: 4,8° C
R/180°: unbekannt
Teilanalyse: 1982, LLBZ Nr. 11.015/25, mg/kg: Fe 0,03, HCO_3 156,0, SO_4 12,0, läßt auf oligomineralisches Wasser schließen.
Anwendung: Bäder, Trinkkuren

PASSEIERTAL

BAD VERDINS (835 m)
Das Bad liegt an der östlichen Talflanke in der Gemeinde Schenna. Es war im 19. und z. T. im 20. Jh. in Gebrauch. Heute besteht nur mehr der Gasthof. Die Quelle (0,2 l/Sek) kommt aus dem Gneis.
Temp.: 10,0° C
R/180°: 118,8 mg/kg
Analyse: 1931 Turano und 1982 Teilanalyse LLBZ Nr. 10.429, 10.430 (Werte in Klammern), mg/kg: Na + K 13,5, Ca 16,3, Mg 3,9, Fe 4,8 (6,5), Cl 2,1 (4,0), SO_4 32,5 (40,0), HCO_3 70,1 (76,0), SiO_2 6,5 (13,5).

Chem. Charakteristik: Oligomineralisches Wasser mit mäßigem Eisengehalt. Radioaktivität 13,5 Bq/l.
Anwendung: Bäder, Trinkkuren

Weitere Quellen im Passeiertal nach der Teilanalyse 1981 des LLBZ Nr. 8.235 und 8.236:
GASTHOF BAD SAND
Temp.: 8,3° C
R/105°: 155 mg/kg
Chem. Charakteristik: Oligomineralisches Wasser

BAD FALLENBACH BEI ST. LEONHARD
Temp.: 12,7° C
R/105°: 313 mg/kg
Chem. Charakteristik: Mittelmineralisches Wasser.

PARTSCHINS, TÖLL/VINSCHGAU

BAD EGART (506 m)
Das am rechten Etschufer gelegene Bad ist seit altersher bekannt und wurde ab 1730 mehrfach beschrieben. Der Gast- und Badebetrieb wurde 1970 eingestellt. Das Wasser kommt aus der Vinschgauer Schieferzone.
Temp.: 14,6° C
R/180°: 230,4 mg/kg
Analyse: 1929, Turano, mg/kg: Na + K 45,9, Ca 47,3, Mg 3,1, Cl 3,5, HCO_3 229,0, SO_4 37,0, SiO_2 13,8.
Chem. Charakteristik: Mittelmineralisches Calcium-Natrium-Hydrogencarbonat-Wasser. Radioaktivität 44,5 Bq/l.
Anwendung: Bäder

PRAGSER TAL

BAD ALTPRAGS (1.383 m)
Bekannt seit dem 16. Jh. um 1800 Ausbau. Ab 1897 bis in die dreißiger Jahre Modebad (280 Betten, 26 Badekabinen). Jetzt im Verfall begriffen. Drei Quellen kommen aus den permischen Vulkaniten.

Badequelle (1,6 l/sec)
Temp.: 6–8,7° C
R/180°: 903 mg/kg
Analyse: ohne Datum, Turano und 1977 Job (Werte in Klammern) mg/kg: Na 4,5 (1,9), K 1,7 (1,1), Ca 175,0 (178,4), Mg 62,1 (67,0), SO_4 505,2 (513,3), HCO_3 220,2 (211,0), SiO_2 11,0 (6,4)
Chem. Charakteristik: Mittelmineralisches Calcium-Magnesium-Sulfat-Hydrogencarbonat-Wasser — nahe der Grenze zum Mineralwasser. (1.000 mg/kg). Radioaktivität 6,7 Bq/l.
Anwendung: Bäder, Trinkkuren

Anmerkung: Hinsichtlich der zwei anderen Quellen „Augenwasser" und „Trinkwasser" liegen keine Angaben vor. C. Job kommt in seinem Gutachten (1977) über vier untersuchte Altpragser Quellen zu folgenden Schlüssen: Es handelt sich um Ca-Mg-Sulfat-Hydrogencarbonat-Wasser mit einem Mineralgehalt von rund 1.000 mg/kg und ausreichender Schüttung bei denen eine medizinisch anerkannte Heilwirkung zu erwarten ist.

BAD NEUPRAGS oder ERLACHBAD (1.325 m)
Bekannt seit dem 18. Jh., ab 1900 Hotel Neuprags, Ende nach dem 1.Weltkrieg. Quellgestein sind die Werfener Schichten.

Badequelle
Temp.: 9,1° C
R/ 180°: 512 mg/kg
Analyse: ohne Datum, Turano und 1982 Teilanalyse LLBZ Nr. 10.641 mg/kg: HCO_3 248,0, SO_4 155,0, Cl 0,5, SiO_2 0,8.
Chem. Charakteristik: Mittelmineralische, Radioaktivität 13,5–25,6 Bq/l.
Anwendung: Bäder

SARNTAL

BAD SCHÖRGAU (934 m)
Bekannt seit dem 17. Jh. Blüte um die Jahrhundertwende, jetzt Gasthof und Sauna. Das Quellwasser kommt aus den Perm-Vulkaniten.
Temp: 8,20° C
R/180°: 61,6 mg/kg
Analyse: 1932, Turano, mg/kg: Na + K 6,7, Ca 10,5, Mg 4,2, Cl 2,8, SO_4 12,5, HCO_3 50,1
Chem. Charakteristik: Oligomineralisches Wasser, Radioaktivität 24,3 Bq/l.
Anwendung: Bäder

BAD RUNGG (1.000 m)
Um 1930 im Besitz eines Arztes, nach dem 2. Weltkrieg aufgelassen. Die Quelle entspringt in der Grenzzone Phyllit/Porphyr.
Temp.: 10,1° C
R/180°: 77,8 mg/kg
Analyse: 1932, Turano, mg/kg: Na + K 10,6, Ca 10,0, Mg 7,4, Cl 4,8, HCO_3 70,0, SO_4 13,6
Chem. Charakteristik: Oligomineralisches Wasser, Radioaktivität 70,2 Bq/l.
Anwendung: Bäder

SEIS AM SCHLERN

BAD RATZES (1.205 m)
Seit dem 18. Jh. bekannt, im 19. Jh. ausgebaut, vielfach beschrieben; heute Hotel. Die zwei Quellen kommen aus den Trias-Vulkaniten: die Schwefelquelle aus dem Kalk und die Eisenquelle aus den Buchensteiner Schichten.

SCHWEFELQUELLE
Temp.: 7,5° C
R/180°: 172,8 mg/kg
Analyse: ohne Datum, Turano, mg/kg: Na + K 10,5, Ca 40,3, Mg 33,4, Cl 8,3, HCO_3 204,4, SO_4 76,3, HS 1,3.
Chem. Charakteristik: Mittelmineralisches Calcium-Magnesium-Hydrogencarbonat-Sulfat-Wasser mit ausreichendem Sulfidgehalt um die Bezeichnung Schwefelquelle zu rechtfertigen. Radioaktivität 6,7 Bq/l.
Anwendung: Bäder

EISENQUELLE
Temp.: 7,2° C
R/180°: 625,2 mg/kg
Analyse: 1934, Turano, mg/kg: Na + K 17,6, Ca 108,7, Mg 45,2, Fe 6,2, Cl 2,1, HCO_3 144,1, SO_4 370,1, SiO_2 3,3.
Chem. Charakteristik: Mittelmineralisches Calcium-Magnesium-Sulfat-Hydrogencarbonat-Wasser mit hohem $CaSO_4$ (Gips) und mäßigem Eisen-Gehalt. Radioaktivität 21,6 Bq/l.
Anwendung: Bäder

HEUBAD VÖLS AM SCHLERN: vergl. Anhang „Heubäder“.

SEXTEN

BAD MOOS (1.368 m)
Der Quellhorizont der Bellerophonschichten liegt am Fischleinboden und ist seit dem 17. Jh. bekannt. Der um 1930 eingestellte Badebetrieb wurde im Rahmen des neuen Sport- und Kurhotels ab 1979 wieder aufgenommen.
Temp.: 5,8–6,1° C
R/180°: 2336 mg/kg
Analyse: 1980, PLTN Nr. 4577, mg/kg: Na 2,4, K 0,4, Ca 529,1, Mg 73,0, Fe 0,15, As 7,3, HCO_3 231,0, SO_4 1402, Cl 0,8, SiO_2 6,4, HS Spuren, F 0,2. Eine 1980 im Balneol. Inst. der Univ. Innsbruck vorgenommen Analyse ergab Abweichungen beim Ca- (562,7) und Mg- (55,0) Gehalt und beim F (1,2). Bei der Bestimmung des SH- (Sulfid) Gehaltes wurden 0,4 mg/kg gefunden. Sulfatwässer enthalten nicht selten Sulfid, das aus dem Sulfat durch biologische Reduktion mittels Schwefelbakterien entsteht. Derartige Bakterien wurden im Quellschlamm nachgewiesen. Die jodometrische SH-Bestimmung muß unmittelbar nach Entnahme der Wasserprobe erfolgen.
Chem. Charakteristik: Calcium-Sulfat-Mineralwasser. Für die Bezeichnung Schwefelwasser ist der Sulfidgehalt nach balneologischen Kriterien zu gering. Radioaktivität 1,2 Bq/l
Anwendung: Bäder
Anmerkung: Weitere historische Quellen sind die Eisenquelle, Magenquelle (7,6° C, R/180° 416,8, Turano) und Augenquelle (8,6° C, R/180° 22.63, Turano).
Auskünfte: Sporthotel Bad Moos, I-39030 Sexten, Moos.

ST. SIGMUND/PUSTERTAL

BAD ILSTERN (804 m)
Das Bad war schon vor dem Bau der Kapelle im 13. Jh. bekannt und wird in allen Badebeschreibungen der Folgezeit genannt. Jetzt Gasthof. Über die Eigenschaften des Wassers, das aus dem Brixner Quarzphyllit kommt, liegen nur wenig Angaben vor. Nach den Daten von Turano handelt es sich um ein oligomineralisches Wasser (Temp. 9,3° C, R/180° 160,4 mg/kg), Radioaktivität 78,3 Bq/l.

STERZING

MAIBAD
Die nahe der Roßkopfseilbahn beim Haus Kinsberger entspringende Quelle ist in der Bäder-Literatur nicht verzeichnet. Eine Teilanalyse 1982 des LLBZ Nr. 6.199, ergab ein mittelmineralisches Wasser mit einem hohen Chlorgehalt: HCO_3 213,0, SO_4 115,0, Cl 71,0 mg/kg.

TAUFERER TAL

BAD SCHLOSS NEUHAUS (926 m)
Nordwestlich von Gais liegt die im 12. Jh. erbaute Burg, die später verfiel. Im vorigen Jh. wurde ein Badgasthaus gebaut, das 1924 abbrannte. Aus dem kristallinen Gestein entspringen zwei Quellen.

BADEQUELLE
Nach einer Teilanalyse 1982 des LLBZ Nr. 10.534 handelt es sich um ein oligomineralisches Wasser: HCO_3 3,0, SO_4 10,7 mg/kg. Radioaktivität 20,2 Bq/l. Über die Teichquelle (5,5° C), Radioaktivität 113,4 Bq/l, liegen keine Angaben vor.

BAD MÜHLBACH (1.695 m)
Die Örtlichkeit liegt nordöstlich von Gais im Mühlbachtal. Dort war ein im vorigen Jh. beliebtes Bauernbadl, mit angeblicher Eisenquelle und schwacher Radioaktivität 39,1 Bq/l. Teilanalysen 1982 des LLBZ Nr. 10.531-32 weisen sie als oligomineralisches Wasser aus: R/180° 90, HCO_3 42,0, SO_4 10,2, SiO_2 2,6, Eisen-Spuren, mg/kg.

BAD WINKEL (860 m)
Bei Sand i. T. entspringt aus dem Gneis die nur während der Sommermonate sprudelnde Quelle (0,2 l/Sek). Das Bad mit Kapelle wurde im 17. und 18. Jh. erwähnt und hat viele Veränderungen erfahren. Badebetrieb bis heute.
Temp.: 6,6–6,9° C
R/180°: 92,0 mg/kg
Analyse: 1929, 1931, Turano und Teilanalyse LLBZ Nr. 10.533, Werte in Klammer, mg/kg: Na + K 9,7, Ca 24,0, Mg 1,6, Cl 2,1, HCO_3 95,4 (70,0), SO_4 6,1 (10,0), (SiO_2 3,1, NO_3 3,75).

Chem. Charakteristik: Oligomineralisches Wasser, Radioaktivität 6,7 Bq/l.
Auskunft: Hotel Bad Winkel, I-39030 Sand in Taufers.

TIERS

WEISSLAHNBAD (1.179 m)
Der 1811 erbaute Badegasthof wurde 1893 an den Alpenverein verkauft und entwickelte sich zu einem Sommerfrischeort. Nunmehr Hotel mit beschränkter Bademöglichkeit für Gäste. Die Quelle kommt aus der mittleren und unteren Trias.
Nach den unvollständigen Analysendaten (Labor Dr. Aufrecht, Berlin, ohne Datum) die im Hausprospekt angegeben werden, handelt es sich um mittelmineralisches Calcium-Magnesium-Hydrogencarbonat-Sulfat-Wasser.
Radioaktivität 76,9 Bq/l
Anwendung: Bäder, Trinkkuren
Auskunft: Hotel Weißlahnbad, I-39050 Tiers, St. Cyprian.

TSCHERMS, VIGILJOCH, MERAN

TAUFERER BADL (600 m)
Badebetrieb ab 1815, heute Gasthof. Die Quelle (0,2 l/Sek) entspringt im Quarzphyllit.
Temp.: 11,3° C
R/180°: 246 mg/kg
Analyse: 1931, Turano und 1982 Teilanalyse LLBZ Nr. 10.431/32, Werte in Klammer, mg/kg: Na + K 19,7, Mg 1,7, Ca 58,7, HCO_3 115, 3 (130,0), SO_4 95,0 (90,0), SiO_2 10,0 (3,29); Fe-Spuren (1,7).
Chem. Charakteristik: Mittelmineralisches Wasser mit geringem Eisengehalt.
Radioaktivität 36,4 Bq/l
Anwendung: Bäder.

ULTENTAL

Im metamorphen Gestein an der Grenze von Kristallin und Porphyr treten mineralhaltige Quellen zu Tage. Neben seinerzeitigen Bädern für Einheimische (Stoflahnerbad, Helenerbad, Bad im Thalhof, Bad zu Wasser, Bad Kuppelwies, Bad Lad, Innerbad) bestanden auch solche überregionaler Bedeutung. G. Oberthaler hat der Geschichte der Ultener Bäder eine ausführliche Darstellung gewidmet[107].

MITTERBAD (973 m)
Bekannt seit dem 15. Jh. im Jahre 1825 über 2.000 Gäste, seit 1827 von einem Badearzt betreut, zahlreiche prominente Besucher u. a. Bismark. Nach immer mehr eingeschränkten Gasthaus- und Badebetrieb endgültige Auflassung 1970. Gebäude und Anlagen verfallen.
Neuere Analysen liegen nicht vor. Aus den vorhandenen Angaben (Temp. 7,3° C, R/180° 856,8 mg/kg) ist zu schließen, daß es sich um ein mittelmineralisches Wasser handelt. Radioaktivität 93,8 Bq/l.

BAD ÜBERWASSER (950 m)
Badebetrieb vom Anfang des 19. Jh.s bis 1935. Bis 1956 Gasthaus, jetzt Wohnhaus. Die Quelle entspringt im Glimmerschiefer. Aus den wenigen Daten (1929, Turano) ist zu entnehmen, daß es sich um ein oligomineralisches Wasser (Temp. 8,3° C, R/180° 104, 8 mg/kg) handelt.

TAFELWASSER „MAGNESIACA"
Von 1900–1920 wurde in Untermarson/St. Walburg und bis 1935 in St.Pankraz Wasser in Flaschen abgefüllt. Es handelt sich um ein oligomineralisches Wasser (Temp. 6,7° C, R/180° 185,6 mg/kg).

TAFELWASSER „BERGKRISTALL"
Ab 1972 war die Verwertung einer Quelle im Grabenwald (1.320 m) bei St. Nikolaus von der Firma „Getränke Impex" (Lana) geplant. Das Projekt wurde nicht realisiert.
Eine Teilanalyse 1972 des LLBZ wurde von G. Oberthaler[107] veröffentlicht: Temp. 5° C, R/105° 87 mg/kg, HCO_3 48,8 Cl 2,4, NO_3 0,6, SO_4 Spuren. Es handelt sich um ein oligomineralisches Calcium-Hydrogencarbonat-Wasser.

VILLNÖSSTAL

BAD FROY (1.125 m)
Urkundlich 1547 erwähnt, im 19. Jh. ausgebaut und 1904 an das Kloster Neustift verkauft. Obwohl man 1928 noch 1.000 Gäste zählte wurde das Bad mit Ende des 2. Weltkrieges aufgelassen. Vier unterschiedlich mineralisierte Quellen entspringen im quarzhaltigen Phyllit, der auch Kohlenstoff und Sulfide enthält. Es sind mittelmineralische Wässer mit ähnlicher Zusammensetzung und unterschiedlicher Radioaktivität.

„EISENQUELLE" AM LINKEN BACHUFER
Temp.: 7,3° C
R/180°: 295,2 mg/kg
Analyse: 1931, Turano und 1969 C. Job/M. Egger, Werte in Klammern mg/kg: Na + K 39,3, (Na 4,9, K 1,1), Ca 53,3 (52,7), Mg 2,0 (14,0), Fe 8 (0,3), Cl 1,3 (0,6), HCO_3 155, 6 (106,3), SO_4 107,1 (107,5) SiO_2 6,1 (8,8).
Chem. Charakteristik: Mittelmineralisches Calcium-Magnesium-Hydrogencarbonat-Wasser mit schwankendem Eisengehalt. Radioaktivität am Quellursprung bis zu 1.347 Bq/l.
Anwendung: Bäder, Trinkkuren.

"SCHWEFELQUELLE" AM LINKEN BACHUFER
Temp.: 7,8 ° C
R/180°: 248 mg/kg
Analyse: 1931, Turano, mg/kg: Na 32,9, Ca 44,9, Mg 1,6, Fe 1,8, Cl 1,1, HCO_3 146, SO_4 68,6, SiO_2 5,9.
Chem. Charakteristik: Mittelmineralisches Calcium-Hydrogencarbonat-Sulfat-Wasser. Kein SH nachgewiesen, Name Schwefelquelle nicht gerechtfertigt.
Anwendung: Bäder, Trinkkuren

RADIO-AKTIVE MAGENQUELLE beim ehemaligen Wirtschaftsgebäude
Temp.: 7,9° C
R/180°: 282,5 mg/kg
Analyse: 1931 Turano und 1969 C.Job/M. Egger, Werte in Klammer, mg/kg: Na + K 30,0, (Na 4,7, K 13,8), Ca 45,5 (43,0), Mg 15,5 (16,3), Cl 2,0 (8,8), HCO_3 193,3 (98,3), SO_4 78,1 (79,4), SiO_2 11,0 (15,4) (NO_3 27,3).
Chem. Charakteristik: Mittelmineralisches Calcium-Magnesium-Sulfat-Hydrogencarbonat-Wasser. Verunreinigt (KNO_3–Gehalt)! Radioaktivität 588,6 Bq/l.
Anmerkung: In der Umgebung von Bad Froy war früher auch das Gstammerhof Bad, das von vier eisenhältigen Quellen gespeist wurde. Ferner waren die Flitzer-Quellen bekannt. Das „Flitzer-Wasser" hatte auf Grund des Gehaltes an Fe und $MgSO_4$ = Bittersalz einen zusammenziehenden „tintigen" Geschmack und abführende Wirkung.

WELSBERG/PUSTERTAL

WALDBRUNN ODER WELSBERGER BAD (1.150 m)
Das im 18. und 19. Jh. bekannte Bad wurde 1910 zu einem Großhotel ausgebaut. Das Bad wurde 1930 aufgelassen, das Haus ist jetzt ein Ferienheim. Das Wasser kommt aus dem Quarzphyllit. Nach einer Teilanalyse 1982 des LLBZ Nr. 11.014 handelt es sich um ein oligomineralisches Wasser, mg/kg: HCO_3 156,0, SO_4 12,0, Cl 2,0, SiO_2 2,2, NO_3 3,3.

*

HEUBÄDER

Der Vollständigkeit halber dürfen bei der Aufzählung der Heilbäder die Heubäder nicht fehlen. G. Bergna hat im Buch „Die grüne Sauna"[7] diese Therapie, die sich aus dem Heugebrauch der Bauern entwickelte, medizinisch erläutert: Kurzyklus 12–20 Tage, die ersten vier Tage 10–15 Min. im gärenden Heu, dann 30 Min. Ruhe („Reaktion"). Ab dem 6. Tag Verweildauer 20–30 Min. Therapeutische Faktoren: Wärme (Fermentation des Heues bei 40–60° C), Schwitzen, Wirkung der Gräser und ihrer Stoffwechselprodukte auf Haut und Organe usw. Indikationen: Arthrose, Ischias, Muskel- und Gelenks-Rheuma, Fettleibigkeit. Abzuraten bei: Herzerkrankungen, Allergie, Arteriosklerose. Die Zusammensetzung der Pflanzen wurde untersucht und gefunden, daß nur Gras, das über 1.500 m auf ungedüngtem Boden wächst und die Formenvielfalt der Südalpen (Etschbecken, 2.693, Nordtirol 1.854 Arten) aufweist , für die Heuphytothermaltherapie geeignet ist. Verwendet wird frisch gemähtes Gras von Mitte Juli bis Anfang September.

HEUBAD JOCHGRIMM (1.997 m) — vergl. Wanderung Nr. 16.
Walter Daldass betreibt bereits in der 3. Generation das 1870 eingerichtete

Bad. Er mäht täglich das benötigte Gras. Im Winter wird für Langläufer eine Kräutersauna, für die der Besitzer selber die Pflanzen sammelt, betrieben. **Auskünfte:** Gasthaus Jochgrimm, I-39040 Aldein.

HEUBAD VÖLS AM SCHLERN (908 m)
Beginn 1880 in einem Stadel, um 1920 Ausbau in Zusammenarbeit mit dem Gemeindearzt Dr. Clara. Heute ist an den Gasthof „Heubad Völs" ein sanitär bestens ausgestattetes Badhaus angegliedert, das durch die genaue Beachtung aller Hygieneregeln bekannt ist.
Auskünfte: Gasthaus Heubad, I-39050 Völs am Schlern.

*

ÜBERSICHTS- UND NACHSCHLAGEWERKE (AUSWAHL)

LANDESKUNDE
Widmoser E. 1982–88: Südtirol A–Z; bisher 3 Bände.
Südtiroler Gebietsführer; über 40 Bände, Athesia Verlag, Bozen.
Tirol-Atlas, ab 1962: Kartographische Dokumentation mit Begleittexten von Nord-, Süd- und Osttirol, Univ.-Verlag Wagner, Innsbruck.

GEOLOGIE
Klebelsberg R. v., 1935: Geologie von Tirol; Borntraeger, Berlin.
Staindl A., 1976: Kurze Geologie von Südtirol; Verlag Weger, Brixen.
Folie K., 1983: Die Mineralien Südtirols und des Trentino, Tappeiner Verlag, Meran.

MINERALOGIE
Exel R., 1980: Die Mineralien Tirols, Bd. 1 Südtirol und Trentino, Athesia, Bozen.

BERBAUGESCHICHTE
Srbik R., 1929: Überblick des Bergbaues von Tirol und Vorarlberg in Vergangenheit und Gegenwart, Innsbruck.
Perna G.,(Hrsg.) 1964—1975: L´Industria Mineraria nel Trentino - Alto Adige, Vol. 1–Vol. 4.

BERGBAUKULTUR
Heilfurth G., 1984: Bergbaukultur in Südtirol, Athesia Verlag, Bozen.

BERGBAU EXKURSIONEN
Kuntscher H., 1986: Höhlen, Bergwerke, Heilquellen in Tirol und Vorarlberg, Steiger Verlag, Berwang/Innsbruck.

HÖHLENKUNDE
Trimmel H., 1968: Höhlenkunde, Vieweg Verlag.

HEILQUELLEN
Frass H., und **Riedl F. H.,** 1978: Heilbäder und Heilwässer in Südtirol, Athesia Verlag, Bozen.
Turano V., 1974: Umwelt und Hydrothermalmineralquellen in Südtirol, Zweisprachiger Bericht der Internationalen Thermaltagung 1974 in Bozen.

WEITERFÜHRENDE LITERATUR

1 Amelung B., Evers E. (Hrsg.), 1962: Handbuch für Bäder- und Klimakunde, Stuttgart.

2 Andergassen G., 1981: Die Warmlöcher auf dem südl. Ausläufer des Mitterberges bei Pfatten. Der Schlern 55, S. 158–159.

3 Andergassen G., 1988: Das Geheimnis der Warmlöcher. Dolomiten Nr. 70 v. 24. 03. 1988.

4 Auckenthaler E., 1948: Wie alt ist der Gossensasser Bergbau? Der Schlern 22, S. 152.

5 Bakos F., Brondi A., Perna G., 1973: I giacimenti di fluorite del Trentino–Alto Adige. In: Le fluoriti Italiane, Bd. 2, Teil 1, Torino.

6 Barnaba P. F., 1964: Il giacimento Pb-Zn di Terlano in Alto Adige. In Perna (Hrsg.) L'Industria Mineraria nel Trentino-Alto Adige, Vol. 1, S. 133–158.

7 Bergna G. E., 1983: Die Grüne Sauna. Artigrafiche Vallagarina AG, Calliano (Trento).

8 Bevilacqua E., 1953: Aspetti morfologici della regione di Fanes. C.N.R. Centro Studi per la geografica fisica; Bd. 1, S. 1–67 (Faenza).

9 Brigo L., 1965: Il giacimento a Pb–Zn di S. Martino di Monteneve in Alto Adige. In: Perna (Hrsg.) L'Industria Mineraria in Trentino–Alto Adige, Vol. 2, S. 63-118.

10 Brigo L., 1968: Il giacimento piombo–argentifero di M. del Lago (Seeberg) nelle Alpi Sarentine orientali; Rend. I st. Lomb. Sc. Lett. cl. A. Vol. 102, Milano.

11 Brigo L., 1971: Mineralizzazione metallogenesi nel area della Fillada quarzifera di Bressanone nelle Alpi Sarentine. Stud. Trentini Sc. Nat. Vol. 48, Nr. 1 Trento.

12 Broglio A. u. Lunz R., 1978: Eine epipaläolithische Niederlassung auf Jochgrimm in den Dolomiten. Der Schlern, 52, S. 492–498.

13 Carlé, W., 1975: Die Mineral- u. Thermalwässer von Mitteleuropa. Wissenschaftl. Verlagsges., Stuttgart.

14 Castegnaro E., 1953: Geolog. Karte der Klausner Umgebung 1:50.000.

15 Christomannos Th., 1900: Die Latemargruppe, Zeitschr. des Deu. u. Österr. AV, Bd. 30, S. 300–323.

16 Colbertaldo D. di, Leonardelli A., 1964: Il giacimento cuprifero di S. Valentin di Predoi. In: Perna (Hrsg.) L'Industria Mineraria di Trentino–Alto Adige, Vol. 1, S. 189–204.

17 Colm H., 1950: Einiges über die wichtigsten Heilquellen des Pustertales. Der Schlern, 24, S. 173–175.

18 Colm H., 1954: Bad Süss am Ritten. Der Schlern, 28, S. 447–449.

19 Conci C., Galvagni A., 1952: La grotta di Castello Tessino. 70. Publicazione della Soc. Museo Civico in Rovereto.

20 Dalla Torre K.W., 1913: Junks Naturführer Tirol, Vorarlberg, Liechtenstein, Berlin; Nachdruck Imst 1980.

21 Dal Ri L., 1972: Spuren urgeschichtlicher Erzgewinnung in den Sarntaler Alpen. Der Schlern, 64, S. 592–601.

22 Demetz St., 1988: Zum Belegungsbeginn des röm. Gräberfundes von Tiers. Der Schlern, 62, S. 25–28.

23 Dorfmann G., 1974: Der Bergbau im Raum Klausen. Diss. Innsbruck/Padua.

24 Druckschrift, o.Jz.: Die neue Fachschule für Steinbearbeitung in Laas. Hrsg. Direktion Schlanders, Franziskusweg 4.

25 Druckschrift, 1984: Dorfgeschichte Prad um 1900. Hrsg.: Kultur- und Freizeitverein Obervinschgau.

26 Druckschrift 1988: Lehrpfad Bergwerk Prettau. Hrsg. Gemeinde Prettau.

27 Dusini Ch., 1977: Bergbau in Südtirol. Diss. Innsbruck/Padua.

28 Egen A., Dissertori A., Sölva M., 1988: Die Mendelbahn in Kaltern, Athesia, Bozen.

29 Eisenstecken O., 1974: Dolomitenhöhlen. Der Schlern, 48, S. 666ff.

30 Eisenstecken O., 1979: Das Altenburger Bergwerk. Der Schlern, 53, S. 371–372.

31 Enzenberg S., Preuschl-Haldenberg O., 1959: Der Ahrner Handel. In: Gritsch J. (Hrsg.), Schlernschrift 208 (Trapp-Festschrift), S. 31–56.

32 Exel R., 1976: Neue Mineralvorkommen in Südtirol. Der Aufschluß, Jg. 26, Heft 12, Heidelberg.

33 Exel R., 1980: Die Mineralien Tirols, Bd. 1, Südtirol u. Trentino. Athesia Bozen.

34 Favretto L., 1964: La mineralizzazione del massiccio granitico di Bressanone fra la Valle di Dosso e l'Alpe Valnisca. In: Perna (Hrsg.), L'Industria Mineraria di Trentino–Alto Adige, Vol. 1, S. 159–171.

35 Fink H., 1960: Die Bedeutung des Worters „Hund(t)" im Namen. Der Schlern, 34, S. 115–125.

36 Fink H., 1975: Knappenlöcher. Österr. Zeitschr. f. Volkskunde, S. 82–88 (Kirnbauer Festschrift).

37 Fischer K., 1987: Karst in den Enneberger

Dolomiten. Der Schlern, 61, S. 220–240.
[38] Förster H., 1963: Die Pb–Zn-Erzlagerstätte Schneeberg Südtirol. Diss. T. H. Aachen.
[39] Förster H., Schmitz K., 1972: Die Pb–Zn-Lagerstätte Pflersch/Südtirol. Erzmetall 25.
[40] Folie K. (Hrsg.), 1984: Die Mineralien Südtirols und des Trentino. Tappeiner, Meran.
[41] Folie, K., 1987: Silber, Kupfer, Blei. Boder-Verlag, Haltern (BRD)..
[42] Frass H., Riedl F. H., 1978: Heilbäder und Heilwässer in Südtirol. Athesia, Bozen.
[43] Friedrich O. M., 1959: Bemerkungen über die Kieslagerstätte Prettau im Ahrntal. Veröff. Mus. Ferdinandeum, Nr. 39, S. 133ff.
[44] Frizzo P., 1976: La serie metallifera delle Breonie affiorante nelle Valli Ridanna e Fleres. Studi di Trentini Sc. Nat. Vol. 53, Nr. 5A. Trento.
[45] Gamper W., Marsoner F., 1978: Ultental. Südtirol. Gebietsführer, Nr. 6. Athesia, Bozen.
[46] Gasser G., 1913: Die Mineralien Tirols einschl. Vorarlbergs und der Hohen Tauern. Wagner, Innsbruck.
[47] Gasser G., 1921: Alte und neue Erzbergbaue in der Umgebung von Bozen. Der Schlern, 2, S. 152–154.
[48] Gasser G., 1923: Die Mineralien des Sarntaler Gebietes. Der Schlern, 4, S. 290–294.
[49] Giussani A., Leonardelli A., 1965: Le mineralizzazioni a fluorite della zona tra Cavalese e il passo di Lavazé. Atti Symp. Internat. Giac. Min. Alpi, Nr. 2.
[50] Gorfer A., 1978: Das Tal der Mocheni. Arti Grafiche Manfrini, Trento.
[51] Gorfer A., 1977: Erben der Einsamkeit. Arte Grafiche Saturna, Trento.
[52] Gruber A., Pfeifer L., 1978: Reggelberg. Südtir. Gebietsführer, Nr. 15, Athesia, Bozen.
[53] Haller F., 1978: Die Welt der Felsbilder in Südtirol. Horung-Verlag, München.
[54] Handschrift, 1787: Mus. Ferdinandeum, FB 2586.
[55] Heilfurth G., o. Jz.: Südtiroler Sagen aus der Welt des Bergbaues. Weger, Brixen.
[56] Heilfurth G., 1984: Bergbaukultur in Südtirol, Athesia, Bozen.
[57] Heyl, J. A., 1987: Volkssagen, Bräuche und Meinungen aus Tirol, Brixen.
[58] Hofmann D., 1972: Die Knappenkapelle St. Magdalena in Mareit/Ridnaun. Athesiadruck, Brixen.
[59] Hofmann D., 1985: Kirchen und Kapellen. In: Ratschings–Ridnaun–Jaufen. Südtir. Gebietsführer, Nr. 42, Athesia, Bozen.
[60] Holzmann H., 1970: Sterzing. Der Schlern, 44, S. 393ff.
[61] Hossfeld J., 1977: Die Mineralien im Sterzinger Gebiet. Athesiadruck, Brixen.
[62] Innerebner G., 1922: Die Höhle im Tschamintal. Der Schlern, 3, S. 29ff.
[63] Innerebner G., 1928: Die Höhle bei der Kemetscharte. Der Schlern, 9, S. 464–467.
[64] Innerebner G., 1936: Das Altenburger Bergwerk. Der Schlern, 17, S. 134–136.
[65] Innerebner G., 1946: Wallburgenforschung in Südtirol. Der Schlern, 20, S. 340–343.
[66] Innerebner G., 1948: Höhlen in Südtirol. Der Schlern, 22, S. 404–408.
[67] Innerebner G., 1953: Der Burgstall in der Fanesgruppe. Der Schlern, 27, S. 293–295.
[68] Innerebner G., 1972: Grenzsteine von 1547 von Guflreit bis Klausen. Der Schlern, 46, S. 360–367.
[69] Innerhofer G., 1980: Taufers, Ahrn, Prettau. Athesia, Bozen.
[70] Isser M. v., 1886: Tiroler Landreim. Österr. Zeitschr. f. Berg- u. Hüttenwesen, Bd. 34, Nr. 35.
[71] Isser, M. v., 1888: Die Montanwerke und Schurfbaue Tirols in Vergangenheit und Gegenwart. Berg- und Hüttenmännisches Jb., Bd. 36.
[72] Isser M. v., 1909: Das Blei- und Zinkvorkommen im Eggental nächst Sterzing. Der Erzbergbau, Heft 19, S. 362–364.
[73] Isser M. v., 1912: Beiträge zur Bergwerksgeschichte von Gossensass. Die Heimat, Bl. für tirol. Heimatkunde, S. 7–12 und 31–37.
[74] Kaser P., Niedermayr W., Pichler F., 1987: Begleitpublikation zur Ausstellung „Künstlerprojekt: Bergwerk Schneeberg 1987". Forum Arge Kunst, Galerie Museum, Bozen.
[75] Klebelsberg R. v., 1929: Geologische Einführung. Der Hochtourist, Bd. 7, Bibl. Inst. Leipzig.
[76] Klebelsberg R. v., 1930: Geolog. Einführung. Der Hochtourist, Bd. 6, Bibl. Inst. Leipzig.
[77] Klebelsberg R. v., 1935: Geologie v. Tirol. Borntraeger, Berlin.
[78] Klebelsberg R. v. (Hrsg.), 1959: Die Deutschgegend am Nonsberg. Schlernschriften, Nr. 191. Wagner, Innsbruck.
[79] Köll L., 1956: Einiges über den Laaser Onyx, einem Stein für Ziergegenstände. Der Schlern, 30, S. 393–394.
[80] Köll L., 1964: Laaser Marmor. Tiroler Wirtschaftsstudien, Bd. 19., Wagner, Innsbruck.
[81] Kofler E., 1980: Barbian, Villanders. Südtir. Gebietsführer, Nr. 25. Athesia, Bozen.
[82] Krüse K., 1910–1942: Beiträge zur Kenntnis der Radioaktivität der Mineralquellen Tirols. 9 Mitteilungen in div. Periodika. Schriftenverz.: Der Schlern, 37, S. 433–435 (1963).
[83] Kuntscher H. 1986: Höhlen, Bergwerke,

Heilquellen in Tirol u. Vorarlberg, Steiger Verlag, Berwang/Landsberg a. Lech.
84 Lattuca G., 1979: Relazione tecnico-economica sulle miniere di Monteneve e Vallarsa in Provincia di Bolzano. (Archiv Bergbauamt Bozen).
85 Loose R., 1975: Siedlung u. Bergbau im Suldental. Tiroler Heimat, Bd. 39, S. 33–41.
86 Lunz R., 1980: Archäologie Südtirols. Bd. 7 der Reihe Archäolog.-Histor. Forschungen in Tirol. Arte Grafiche Manfrini, Trento.
87 Mader J., 1929: Bäder u. Heilquellen im Hochetsch. Bozen
88 Mahlknecht B., 1976: Sarntal. Südtiroler Gebietsführer, Nr. 9, Athesia, Bozen.
89 Mahlknecht B., 1979: Das alte Gericht Neuhaus. Die Gemeinden Terlan, Andrian, Nals. Südtiroler Gebietsführer, Nr. 23. Athesia, Bozen.
90 Mahlknecht B., 1979: Kaltern und Umgebung. Südtiroler Gebietsführer, Nr. 20. Athesia, Bozen.
91 Malagò G., 1974: Die fünf Mineralquellen von Innichen. Siehe Turano.[144]
92 Menara H. P., 1980: Südtiroler Urwege. Athesia, Bozen.
94 Menara H. P., 1986: Südtiroler Waalwege. Athesia, Bozen.
95 Meusburger K., 1936: Alte Bergbaue am Aferer Bach. Der Schlern, 17, S. 187–190.
96 Morgante S., 1964: Il giacimento di Corvara in Val Sarentino. In: Perna G. (Hrsg.). L'Industria Mineraria nel Trentino–Alto Adige. Vol. 1, S. 269–304.
97 Moroder E., 1977: Il Busc d. Lores. Bericht der Gruppe Sportivo La Baita, B. Galvan. Atti 4° Convegno Regionale di Spel. del Trentino–Alto Adige, Arco.
98 Morra A., Vighi L., 1964: Miniera di Prestavel. In: Perna G. (Hrsg.). L'Industria Mineraria nel Trentino–Alto Adige, Vol. 1, S. 331–347.
99 Murara G., Perna G., 1970: Talco. In: Perna G. (Hrsg.), L'Industra Alto Adige, Vol. 3.
100 Mutschlechner G., 1972: Das Bergwerk am Pfunderer Berg. Der Schlern, 46, S. 347–359.
101 Mutschlechner G. 1977: Historisches über den Bergbau und die Erzverhüttung im Sarntal. Der Schlern, 51, S. 208–214.
102 Mutschlechner G., 1978: Aus der Geschichte des Kupferbergbaues Prettau im Ahrntal. Der Schlern, 52, S. 382ff.
103 Mutschlechner G., 1982: Rote Farbe vom Latemar 1562. Der Schlern, 56, S. 348–349.
104 Mutschlechner G., 1987: Frühe Erwähnung der Eislöcher in Eppan. Der Schlern, 61, S. 706–707.
105 Mutschlechner G., 1988: Beiträge zum Erzbergbau Schneeberg. Veröffentl. Museum Ferdinandeum, Bd. 68, S. 31–74.
106 Nothdurfter G., 1978: Das Kupferbergwerk Prettau. Der Schlern, 52, S. 401ff.
107 Oberthaler G., 1987: Das Ultental und seine Bäder. Hrsg. Museumsverein Ulten.
108 Ortner P., Mayr Ch., 1979: Südtiroler Naturführer. Athesia, Bozen.
109 Ottaviani A., 1964: Brevi cenni sul giaciamento della Val di Fleres. In: Perna G. (Hrsg.), L'Industria Mineraria nel Trentino–Alto Adige, Vol. 1, S. 86–90.
110 Ottaviani A., 1964: La miniera di Monteneve. In: Perna G. (Hrsg.), L'Industria Mineraria nel Trentino–Alto Adige, Vol. 1, S. 91–101.
111 Pagel H., 1975: Zur Erzführung u. Geochemie in den neuerschlossenen Teilen der Zn-Erzlagerstätte in Schneeberg. Diss. T. H. Berlin.
112 Pardeller J., 1949: Einiges vom Bergbau im oberen Vinschgau. Der Schlern, 23, S. 162–164.
113 Paulin K., 1980: Die schönsten Tiroler Sagen. Pinguin-Verlag, Innsbruck.
114 Perathoner K., Kostner A. A., 1980: Ladinisches Vermächtnis. Hrsg. Perkos, St. Ulrich/Gröden.
115 Perna G., 1964–1975: Hrsg. des Sammelwerkes L'Industria Mineraria nel Trentino–Alto Adige. Vol. 1 (1964), Vol. 2 (1965), Vol. 3 (1970), Vol. 4 (1975).
116 Perna G., 1964: Galena e blenda. In: Perna G. (Hrsg.) L'Industria Mineraria usw., Vol. 1, S. 70–77.
117 Perna G., 1965: Le mineralizzazioni sulfuri misti di Annaberg in Val Venosta. In: Perna G. (Hrsg.), L'Industria Mineraria usw., Vol. 2, S. 161–164.
118 Perna E., Perna G., 1974: Die Mineralwässer in Trentino-Südtirol. Siehe: Turano V.
119 Perwanger H., o. Jz.: Am Fuß von Weißhorn u. Schwarzhorn. Eigendruck, Zirmerhof, Radein.
120 Perwanger H., o. Jz.: Geologisch Beachtenswertes auf der Hochfläche von Radein. Eigendruck, Zirmerhof, Radein.
121 Pferschy A., 1929: Karte der nutzbaren Minerallagerstätten der Prov. Bozen u. Trient. Berg- u. Hüttenmänn. Jahrb., Bd. 77, Nr. 3.
122 Pölt E., 1985: Der Kreuzgang zu Brixen imMittelpunkt dreier Kreise. Der Schlern, 59, S. 609–613.
123 Posepny F., 1880: Die Erzlagerstätten am Pfunderer Berg bei Klausen. Archiv f. prakt. Geologie, Bd. I, S. 441ff.
124 Preuschen E., 1968: Bronzezeitlicher Kupferbergbau im Trentino. Der Anschnitt, XX, Nr. 1, S. 3ff.

125 Rabeder G., 1989: Paläontologische Grabungen in der Cunturines-Höhle. In: Denkmalpflege in Südtirol 1987/88, S. 257–262. Athesia, Bozen.
126 Rampold J., 1969: Ein Streifzug durch das Fersental. Jahrb. des ÖAV, Bd. 94, S. 123–129.
127 Rampold J., 1977: Vinschgau. Südtiroler Landeskunde in Einzelbänden Bd. 1. Athesia, Bozen.
128 Rampold J., 1977: Eisacktal. Südtiroler Landeskunde in Einzelbänden, Bd. 5. Athesia, Bozen.
129 Riedmann J., 1978: Bergbau im Fersental. In: Atti del Convegno „La valle del Fersina e le isole linguistiche di origine tedescha nel Trentino".
130 Sagui C. L., 1924: Un nuovo prodotto Minerale italiano. Le ematiti di colore di Latemar. La miniera Italiana, Bd. 8, Januarheft, S. 8–10. Rom.
131 Schmoranzer J., 1934: Zur Topographie der vor- u. frühgeschichtlichen Fundstellen des Meraner Beckens. Der Schlern, 15, S. 497–506.
132 Schulz O., 1977: Karte der mineralischen Rohstoffe von N-, S- und O-Tirol, 1:300.000. Tirol-Atlas, Innsbruck.
133 Schwazer Bergbuch (Bilderkodex 1556): Faksimileausgabe des Codex 10.852 der Österr. Nationalbibliothek, Akadem. Druck- u. Verlagsanstalt, Graz 1988.
134 Seelaus G., 1921: Einiges über das Thinnetal u. den Bergbau am Pfunderer Berg bei Klausen. Der Schlern, 2, S. 409–412.
135 Sperges J., 1765: Tyrolische Bergwerksgeschichte. Wien.
136 Srbik R. v., 1929: Überblick des Bergbaues von Tirol u. Vorarlberg in Vergangenheit u. Gegenwart. Ber. des Naturwiss.-Medizin. Vereins, Bd. 41, Innsbruck.
137 Stacul P., 1981: Das Knappenloch bei St. Nikolaus ober Kaltern. Der Schlern, 55, S. 462–467.
138 Staffler J. J., 1838–1846: Tirol u. Vorarlberg, statistisch u. topographisch, 5 Bände. Reprint Athesia, Bozen.
139 Statist. Jahrbuch f. Südtirol, 1987: Hrsg. Landesinstitut f. Statistik, Bozen.
140 Staindl A., 1976: Kurze Geologie von Südtirol. Verlag Weger, Brixen.Schneeberg/Passeier. Der Schlern, 23, S. 480ff.
141 Sterzinger Heimatbuch, 1965: Schlernschriften Nr. 232.
142 Tasser R., 1979: Geschichte des Kupfer-Bergwerks Prettau von den Anfängen bis 1670. Diss. Univ. Innsbruck.
143 Tasser R., 1989: Das Landesmuseum Bergbau. In: Informationsschrift Nr. 52, Pressedienst d. Südtiroler Landesregierung.
144 Turano V., 1974: Umwelt u. Hydro-Thermomineralquellen in Südtirol. Internationale Thermaltagung, Bozen.
145 Verkehrsverein Ratschings, 1985. Ratschings, Ridnaun, Jaufental. Südtiroler Gebietsführer, Nr. 42, Athesia, Bozen.
146 Voelckel H. M., 1978: Chronik vom Schneeberg. Innsbruck/München.
147 Voelckel H. M., 1981: Die Silbergruben am Telfer Weißen. Südtirol in Wort u. Bild, Heft 2, S. 30–33.
148 Voelckel H., 1989: Schneeberg, 800 Jahre Bergbau. Hrsg.: Gemeinden Ratschings u. Moos/Passeier.
149 Vuillermin F., 1964: Nota preliminare su alcuni filoni quarzoso-fluoritici in Trentino-Alto Adige. In: Perna, G. (Hrsg.), L'Ind. Min. usw. Vol. 1, S. 305–321.
150 Vuillermin F., 1965: Il giacimento fluoritico Vallarsa Sud nella Vallarsa di Laives. Atti Symp. Internaz. Giac. Min. Alpi, Vol. 2, Trento.
151 Wallnöfer H., 1947: Über das Goldbergwerk Seeberg–Villanderer Alpe–Klausen. Der Schlern, 21, S. 293–294.
152 Wallnöfer H., 1949: Etwas über das Kirchlein am Bergbau-Betrieb
153 Wallnöfer H., 1950: Streiflichter aus einem hoch- u. abgelegenen Bergbau-Betrieb. Der Schlern, 24, S. 458ff.
154 Weirather L., 1958: Der Enneberger Karst der Dolomiten. Der Schlern, 32, S. 192–194.
155 Widmoser E., 1982–1988: Südtirol von A–Z, 3 Bände. Südtirol-Verlag, Innsbruck/München.
156 Wolff K. F., 1981: Dolomitensagen, 15. Aufl., Tyrolia, Innsbruck.
157 Wolfstrigl-Wolfskron M. v., 1901: Geschichte des Bergbaues im Berggericht an der Etsch S. 1472–1659. Österr. Zeitschr. für Berg- u. Hüttenwesen, 49. Jg., S. 318ff.
158 Wolfstrigl-Wolfskron M. v., 1903: Die Tiroler Erzbergbaue S. 1301–1665. Innsbruck.
159 Wüstermann K., 1977: Fersental – das Tal der Mocheni. Schriftenreihe des Altreier Kreises, Heft 3.
160 Wurzer B., 1977: Die deutschen Sprachinseln in Oberitalien. Athesia, Bozen.
161 Zambotto M., 1985: Un carso d'alta quota: l'Alpe di Sennes. Natura Alpina, Vol. 36, Heft 2–3, S. 47–52. Museo Sc. Nat. Tridentino, Trento.
162 Zambotto P., 1985: Carsismo e grotte dell'Alto Adige. Natura Alpina, Vol. 36, Heft 2–3, S. 41–46.
163 Zehentner J., 1893: Die Mineralquellen Tirols, Zeitschr. Mus. Ferdinandeum, Bd. 37, S. 1–142, Innsbruck.

164 Zeitung Dolomiten, 1987: Knochen im Gadertal ... Ausg. 250 v. 29. 10. 1987

Sachwortregister

*

Verzeichnis der Fotografen und Bildstellen

Bergbaukomitee Ridnaun: Abb. Seite 35 oben;
— aus dem Arbeitsbuch von Josef Pirbamer 1902, Illustr. Seite 41, 42, 43, 44, 156, 157.
Berghauptmannschaft, Innsbruck, Pläne und Illustr. Seite 40, 83, 154.
Inderst Heinrich, Ridnaun, Abb. Seite 35 unten.
Ischia Nicol, Gruppo Speleologico SAT, Arco, Abb. Seite 206 oben.
Rottomane Rico, La Villa, Valbad, Abb. Seite 197.
Sammlung Fr. Marotto, Sterzing, Abb. Seite 33.
Dr. Herbert Kuntscher - alle übrigen Farbaufnahmen.

Wegeskizzen: Kartographische Anstalt W. Mayr, Innsbruck.
Höhlenpläne und Zeichnungen Seite 153, 163, 172, 195, 211, 212, 213 von Alfred Brötz.

*